T0198503

Sammlung Metzler
Band 327

Christoph Strosetzki

Calderón

Verlag J.B. Metzler Stuttgart · Weimar

Der Autor

Christoph Strosetzki, Professor für Romanistik an der Universität
Münster; zahlreiche Veröffentlichungen zur spanischen (z.B. zu Cervantes) und zur lateinamerikanischen Literatur seit dem 16. Jahrhundert.

Die Deutsche Bibliothek – CIP-Einheitsaufnahme

Strosetzki, Christoph:
Calderón / Christoph Strosetzki.
– Stuttgart ; Weimar : Metzler, 2001
   (Sammlung Metzler ; Bd. 327)
   ISBN 978-3-476-10327-7

SM 327

ISBN 978-3-476-10327-7   ISBN 978-3-476-02743-6 (eBook)
DOI 10.1007/978-3-476-02743-6
ISSN 0558 3667

© 2001 Springer-Verlag GmbH Deutschland
Ursprünglich erschienen bei J.B. Metzlersche Verlagsbuchhandlung
und Carl Ernst Poeschel Verlag GmbH in Stuttgart 2001
www.metzlerverlag.de
info@metzlerverlag.de

Inhalt

1. Zur Einführung

1.1 Calderón

Pedro Calderón de la Barca wird am 17. Januar 1600 als Sohn eines adligen Ratsschreibers in Madrid geboren. Seine Familie stammt aus der Gegend um Santander. Da er der zweitälteste Sohn ist, wird ihm durch das Testament der Großmutter mütterlicherseits und durch den Willen des Vaters nahegelegt, Priester zu werden. Als er mit zehn Jahren seine Mutter und fünf Jahre später seinen Vater verliert, kommt es zu Erbstreitigkeiten mit den Geschwistern. Mit acht Jahren besucht er das Colegio Imperial, eine Jesuitenschule, deren Theater und Lehren auch später noch Einfluss auf ihn ausüben. 1614 immatrikuliert er sich in Alcalá. Nach dem Tod seines Vaters ändert er seine Pläne und geht nach Salamanca, um dort bis 1619 Jura zu studieren. 1621 entscheidet er, zunächst nicht Priester zu werden. In Madrid schließt er sich adligen Kreisen an und tritt in den Dienst des Condestable de Castilla. So beginnt Calderóns erfolgreicher Aufstieg, der im Dienst des Königs seinen Höhepunkt findet. Angel Valbuena-Briones (1997, 25) unterscheidet vier Phasen in Calderóns Entwicklung: Seine Lehrjahre fallen in den Zeitraum von 1618 bis 1624, eine Zeit besonders intensiver Inspiration und Produktion folgt bis 1640; politische Krisen, der Katalonienkrieg, der Tod der Brüder Diego und José lassen die Jahre zwischen 1641 und 1651 zu einer Zeit der Reflexion und religiösen Besinnung werden; der vierte und letzte Zeitraum schließlich von 1652 bis 1681 ist durch den Glanz des höfischen Lebens und seiner Festlichkeiten geprägt.

Mit zwanzig Jahren nimmt er an einem Dichterwettbewerb anlässlich der Seligsprechung des Isidor teil und schreibt sein erstes Theaterstück *Amor, honor y poder* (*Liebe, Ehre und Macht*), das 1623 im Real Palacio del Alcázar aufgeführt wird. Von Calderón werden bis zum Jahr 1630 die Stücke *La gran Cenobia (Die große Zenobia)*, *El sitio de Bredá (Die Belagerung von Breda)*, *El príncipe constante (Der standhafte Prinz)*, *La cisma de Inglaterra (Das Schisma von England)*, *La dama duende (Dame Kobold)* und *Casa con dos puertas mala es de guardar (Ein Haus mit zwei Türen ist schwer zu hüten)* aufgeführt. Besonders bekannte Stücke schreibt er in den Jahren von

1635 bis 1640. Dazu gehören *La vida es sueño* (*Das Leben ist ein Traum*), *El médico de su honra* (*Der Arzt seiner Ehre*), *El alcalde de Zalamea* (*Der Bürgermeister von Zalamea*) und *La devoción de la Cruz* (*Die Andacht zum Kreuz*). 1636 erscheint ein erster, von seinem jüngeren Bruder José herausgegebener Sammelband *Primera parte de comedias*, 1637 ein zweiter. Im selben Jahr erhält er von Philipp IV. als Auszeichnung für seine Verdienste die Ernennung zum Santiago-Ritter. Als er 1640 und 1642 an militärischen Unternehmungen im katalanischen Krieg teilnimmt, stagniert seine literarische Produktion. Der Duque de Alba nimmt ihn in seinen Dienst. Als die Königin Isabella 1644 stirbt, wird Staatstrauer verordnet. Die Theater bleiben geschlossen – eine Situation, die infolge des Todes des Erbprinzen Baltasar Carlos 1646 bis zum Jahr 1649, dem Jahr der Heirat von Philipp IV. mit Marie Anna von Österreich andauert. Mit dem Beginn der Staatstrauer endet Calderóns erste Schaffensphase, in der er primär für das Corraltheater arbeitet.

Die **zweite Schaffensperiode** beginnt, als sich Calderón 1651 zum Priester weihen lässt. Gleichzeitig erhält er die Kaplanspfründe, die ihm seine Großmutter vererbt hat, und 1653 das Amt eines Kaplans an der Kathedrale von Toledo, um das sich ein Konkurrent beworben hat, der gegen Calderón vorbringt, Unterhaltungstheater und Priesteramt seien unvereinbar. Dank der Intervention des Königs kann sich Calderón durchsetzen. Aber er beschränkt sich künftig auf autos sacramentales (s. Kap. 6) und Theaterstücke für den Hof, mit dem er in enger Verbindung bleibt. Immer wieder bereichert er königliche Feste durch mythologische Stücke mit Musik und großem bühnentechnischen Aufwand. Als er 1663 zum Ehrenkaplan des Königs ernannt wird, verlässt er Toledo und zieht wieder nach Madrid. Nach dem Tod des Königs Philipp IV. im Jahr 1665 werden im Zeichen erneuter Staatstrauer Theateraufführungen am Hof wie an den städtischen Theatern wieder untersagt, bis 1670 am Hof Calderóns *Fieras afemina amor* (*Wilde macht Liebe weiblich*) inszeniert wird. Die Aufführungen am Hof werden zu barocken Gesamtkunstwerken, in denen neben der Schauspielkunst auch die Musik, die Lyrik, Bühnentechnik, Malerei, Gesang und Architektur zur Geltung kommen. Calderóns letzte comedia *Hado y divisa de Leonido y Marfisa* (*Schicksal und Devise von Leonido und Marfisa*) kommt 1680 zur Aufführung. Calderón stirbt am 25. Mai 1681.

Er hinterlässt mehr als 120 comedias, etwa 80 autos sacramentales und zahlreiche entremeses (s. Kap. 7.1). Zu seinen Lebzeiten erschienen die beiden bereits genannten, von seinem Bruder José herausgegebenen **Sammelbände**, ein dritter von Sebastián Ventura de

Vergara beueuter Band sowie ein vierter mit einem Vorwort, in dem Calderón selbst die Titel aufzählt, die ihm fälschlich zugeschrieben werden. Ignacio Arellano (1995, 458) erscheinen der dritte und der vierte Band wenig verlässlich. Daneben sind zu nennen zwölf autos sacramentales in einem von Calderón 1677 veröffentlichten Band. Die Verlässlichkeit späterer Ausgaben, wie die der *Nueve partes* von comedias, die Calderóns Freund Juan de Vera Tassis y Villarroel nach dessen Tod ab 1685 zusammentrug, ist umstritten. Nicht zuletzt deshalb ist die Neuedition Calderónscher Werke schwierig, da es zu seiner Zeit zahlreiche Raubdrucke, unautorisierte und fehlerhafte Abschriften gab. Auch änderte Calderón bereits fertige und aufgeführte Stücke, wenn sie gedruckt werden sollten, so dass von einigen Stücken zwei Fassungen erhalten sind. Das Projekt einer Gesamtausgabe der meisten comedias und autos sacramentales ist in den vierziger Jahren des 20. Jahrhunderts von Juan Eugenio Hartzenbusch in der *Biblioteca de Autores Españoles* und in den fünfziger Jahren beim Verlag Aguilar in Madrid von Luis Astrana Marín, Angel Valbuena Briones und Angel Valbuena Prat realisiert worden. Von den bekanntesten Stücken gibt es inzwischen zuverlässige neuere Einzelausgaben, jedoch von zahlreichen ebenso wichtigen Stücken noch nicht, was die Benutzung älterer Ausgaben unerlässlich macht. Dem anspruchsvollen Unternehmen einer kritischen Gesamtausgabe der autos sacramentales in von unterschiedlichen Spezialisten betreuten Einzelbänden hat sich Ignacio Arellano, unterstützt durch M. Carmen Pinillos, gewidmet. Inzwischen sind knapp dreißig hochwertig ausgestattete Bände in der Edition Reichenberger in Kassel erschienen. Wenn man mit José M. Ruano de la Haza (2000) bedenkt, dass seit 1973 insgesamt 74 Stücke neu ediert wurden, dann ist dies ein verhältnismäßig hoher Anteil. Eine von José Alcalá-Zamora und José María Díez Borque zuverlässig betreute Auswahl der wichtigsten Werke erschien zum vierhundertsten Jahrestag des Geburtstages Calderóns im Jahr 2000.

1.2 Theaterpraxis

Der Literaturbetrieb des Siglo de Oro unterscheidet sich in mehrfacher Hinsicht von dem des heutigen Spanien. So wurden neue Theaterstücke von den Autoren direkt an die Theaterdirektoren, die ihrerseits »**autores**« genannt wurden, verkauft. Die Veröffentlichung eines Stücks in Buchform konnte im nachhinein erfolgen, war aber

nicht die Regel. Die Tatsache, dass durch den Verkauf an die Theaterdirektoren und nicht durch den Druck eines Buches Geld verdient wurde, erklärt, warum so zahlreiche Stücke verfasst wurden
und warum gemessen an der großen Zahl so wenige in gedruckter
Form überliefert sind. Stücke waren das Resultat der Arbeit eines
einzelnen; sie entstanden aber auch in **Teamwork**. Nach Ann L.
Mackenzie (1993, 6f) arbeitete Calderón in den 1630er Jahren in
Madrid mit den Schülern Rojas Zorrilla, Antonio Coello und anderen zusammen. Noch zu Ende des Jahrhunderts spricht sein Schüler
Bances Candamo mit großem Respekt von seinem Lehrer. Nicht selten war es aus Zeitnot erforderlich, dass aus einem oder mehreren
vorhandenen Stücken Teile entnommen und in einem neuen Stück
verwendet wurden. Es entstanden dabei keine Plagiate, sondern
Neuschöpfungen, die den Vorlagen an künstlerischem Wert zum
Teil überlegen waren. Die in Zusammenarbeit verfassten Stücke sind
zwar in Stil und Struktur kohärent, weisen aber oft Brüche in der
psychologischen Entwicklung der Figuren auf. Während Calderóns
Schüler bei religiösen Stücken mit allzu vielen Wundern, Effekten
und Sensationen übertrieben, übertrafen sie in den Stücken mit
komischen Verwicklungen manchmal ihren Meister. Nach Mackenzie (1993, 91) wurde vor allem die »comedia de figurón« von den
Schülern Rojas Zorrilla, Moreto und Cubillo kunstvoll weiterent-
wickelt.

Calderón selbst hat in seinem Stück *Los cabellos de Absalón* (*Die
Haare Absalóns*) als zweiten Akt den dritten Akt von Tirsos *La ven-
ganza de Tamar* (*Die Rache Tamars*) übernommen und ihm im neu-
en Kontext eine völlig neue Bedeutung gegeben. Beide Stücke verar-
beiten die in Samuel II, 13 von Amon, Tamar und Absalon, den
Kindern Davids, erzählte Geschichte. Tirsos erster Akt zeigt, wie
Amon sich in Tamar verliebt. Dies fehlt bei Calderón, der in seinem
ersten Akt sogleich mit der Handlung von Tirsos zweitem Akt, den
Umständen der Verführung Tamars, einsetzt. Amons Tötung durch
Absalon ist bei Tirso Gegenstand des dritten, bei Calderón des zweiten Akts. Absalons Verschwörung gegen seinen Vater David und
sein Tod sind die Themen von Calderóns drittem Akt, die bei Tirso
fehlen. Calderóns dritter und besonders langer Akt ist also völlig
neu, während der erste eine vollständige Überarbeitung von Tirsos
zweitem und der zweite eine weitgehende Übernahme von Tirsos
drittem Akt darstellt. Zum Einheit stiftenden Faktor für die Geschichten von Amon und Absalon wird bei Calderón der König David, der psychologisch differenzierter gestaltet ist als bei Tirso. Hatte
Calderón den dritten Akt Tirsos einfach übernommen, weil er ihn

für so gut hielt, dass ihm jede Veränderung ausgeschlossen schien? A.E. Sloman (1958, 127) ist der Meinung, dass er unter Termindruck gestanden haben oder das Interesse an diesem Stück bald verloren haben könnte. Jedenfalls ergibt sich bei Calderón eine Verschiebung. Während bei Tirso Amon im Zentrum der Handlung steht, kommt bei Calderón noch die Geschichte Absalons hinzu, dessen ehrgeizige Pläne Calderón anders als Tirso schon im ersten Akt deutlich werden lässt.

Eine **Theateraufführung** zur Zeit des Siglo de Oro beschränkte sich nicht auf ein einziges Stück. Zunächst hörte man laute Klopfgeräusche oder es wurden Musikstücke vorgeführt, um dem Publikum zu signalisieren, dass mit einem baldigen Beginn des Schauspiels zu rechnen ist. Auch gab es Unterbrechungen zwischen den drei Akten einer comedia, in denen eingeschobene kleine Stücke (entremeses) aufgeführt wurden, und ein Vorprogramm z.B. mit einer loa, einem Text in Versform, der mit wenig Handlung Wohlwollen und Aufmerksamkeit des Publikums erregen und auf die Situation bezug nehmen konnte, und Nachprogramm z.B. mit einer mojiganga, einem lustigen Stück zum Abschluss. Im religiösen, am Fronleichnamsfest aufgeführten auto sacramental, das nur einen Akt hat, waren Unterbrechungen nicht möglich. Hier wurden entremeses und mojiganga am Ende des Stückes dargeboten.

An drei unterschiedlichen Orten kamen Theaterstücke zur Aufführung: im **Corraltheater**, auf einer improvisierten Bühne im Freien und im Hoftheater. Das Theater der **corrales** (Innenhöfe) entspricht am ehesten heutigen Schauspielhäusern, ist aber wesentlich kleiner, da es nicht mehr Raum hat als die anderen Häuser der Reihe, in der es steht. Die Fassade unterscheidet sich kaum von den übrigen, der gesamte Innenhof hat kein Dach und ist zum Theater mit Bühne, Parkett, Logen und Rängen umgebaut. Im Parkett, dem patio, waren die Plätze billig und die männlichen Zuschauer, die mosqueteros, für die dieser Bereich vorgesehen war, unruhig, da man dort im allgemeinen stehen musste. 1696 kostete der Eintritt für die billigen Stehplätze weniger als ein Fünftel eines Tageslohns, so dass der Theaterbesuch für jeden erschwinglich war.

Damit man von jedem Platz aus etwas sehen konnte, war die **Bühne** immerhin 2,5 Meter höher als der Boden. Unter der Bühne waren getrennte Umkleideräume für Schauspielerinnen und Schauspieler. Die Bühne selbst hatte Fallen und Öffnungen, um das plötzliche Auftreten oder Verschwinden von Figuren zu ermöglichen. Die Bühnenausstattung, mit der Türen, Schränke und Zimmer, aber auch Berge, von denen man hinabstieg, evoziert werden konnten, war nicht prunkvoll, sondern funktional. Den Aufstieg eines Heiligen in den Himmel oder mythischen Helden in den Olymp wurde, wie Agustín de la Granja (im Druck) nachweist, durch Kräne oder unsichtbare Flaschenzüge mit Gegengewicht ermöglicht, von denen es schnellere oder langsamere Ausführungen gab. Kranähnliche Vorrichtungen dienten dem Schweben, Fliegen oder Absteigen. Nach Ruano de la Haza (1996, 309) hatte die Bühnentechnik vor allem den Zweck, Information zu verschaffen, die für das Verständnis des Stückes erforderlich waren.

Durch ein Geländer von den mosqueteros getrennt war eine halbkreisförmige Plattform vor der Bühne, die luneta, die prominentem **Publikum** vorbehalten war. Ränge gab es auf den beiden Seiten und hinten. Die seitlichen hießen gradas und hatten Sitzmöglichkeiten. Über ihnen lagen in zwei Reihen die Logen, aposentos, die oft auch den Raum der Nachbarhäuser mitbeanspruchten. Da die seitlichen aposentos in Madrid von zahlreichen hohen Adligen gemietet und jährlich bezahlt wurden, waren die für jede Vorstellung bezahlten Eintrittsgelder der mosqueteros für die laufenden Ausgaben des Ensembles wichtiger. So ergibt sich nach J. J. Allen (1993) das Paradox, dass einerseits der Adel über die unterschiedlichen Aufsichtsgremien großen Einfluss auf das Theater ausübte, es andererseits aber das einfache Volk war, von dem das Theater lebte. Die hinteren gradas waren für die weiblichen Zuschauern vorgesehen. Sie werden auch cazuela genannt. In manchen Theatern gab es auch eine zweite cazuela, die über der ersten lag und den Honoratioren der Stadt vorbehalten war. Nicht nur wurden im Publikum Männer von Frauen getrennt, auch die verschiedenen sozialen Schichten wurden durch bis zu acht verschiedene Eingänge separiert und blieben auf Distanz. Auch wenn der unterschiedliche Bildungsstand der sozialen Gruppen dazu führte, dass die Theaterstücke mehr oder weniger differenziert und auf unterschiedlichen Ebenen verstanden wurden, waren Weltsicht und Wertesystem jedoch allen Zuschauerinnen und Zuschauern gemeinsam.

Da es kein Scheinwerferlicht gab, war man gezwungen, das Tageslicht zu nutzen, das den Hof erhellte, den manchmal ein Tuch gegen das Sonnenlicht schützte, der aber kein Dach zum Schutz gegen Regen hatte. Die Vorführungen begannen am frühen Nachmittag, 16 Uhr im Sommer und 14 Uhr im Winter. In Madrid gab es mit dem 1582 errichteten Corral del Príncipe und dem 1579 erbauten Corral de la Cruz zwei bekannte Theater, die im selben Stadtviertel nicht weit voneinander entfernt lagen. Auch kleinere Städte wie Alcalá, Almagro, Burgos, Oviedo und Zamora hatten eigene

Schauspielhäuser. Bei aller Vergleichbarkeit rät Agustín de la Granja (1998, 159, 181f), auch an die Unterschiede zu denken. So waren die Innenhöfe nicht gleich groß, und die Bestuhlung war ebenso unterschiedlich, wie die bühnentechnischen Möglichkeiten. Auch war die Trennung des Publikums nach sozialer Hierarchie nicht überall gleichermaßen ausgeprägt.

Ihre **Entstehung** verdanken die Corraltheater Laienbruderschaften, die es schon seit dem Mittelalter gab. In Spanien kam es seit der zweiten Hälfte des 16. Jahrhunderts zu Vereinbarungen, in denen sich die jeweilige Bruderschaft verpflichtete, für die Kleidung und Ernährung einer bestimmten Anzahl von Armen bzw. für den Unterhalt von Krankenhäusern zu sorgen, wofür die Stadtverwaltung ihrerseits das exklusive Recht zur gewinnbringenden Aufführung von Theaterstücken verlieh. Immerhin darf nach J.E. Varey (1991, 9-17) der Einfluss der Krankenhäuser und wohltätigen Vereine auf den Ausbau und die Liberalisierung zugunsten der Publikumswirksamkeit nicht unterschätzt werden, da sie von möglichst hohen Einnahmen profitierten. So wurde der Rahmen geschaffen, in dem die Einrichtung eines für Theatervorführungen vorgesehenen Hauses und einer fest angestellten Truppe von Schauspielern möglich wurde. Zunächst wurde einmal in der Woche gespielt, dann, abgesehen von der vorösterlichen Fastenzeit, täglich. Die Anordnung des Jahres 1591, nur noch zwei Aufführungen in der Woche statt wie bisher tägliche zuzulassen, wurde nicht auf Dauer befolgt. Für die Institutionalisierung des Schauspiels war die Schaffung der Schauspielhäuser ein Fortschritt, verglichen mit dem Wandertheater oder mit den durch adlige Mäzene unregelmäßig veranlassten Aufführungen in Privathäusern.

Obwohl sich das Theater wachsender Beliebtheit beim Publikum erfreute, gab es doch zahlreiche **Theoretiker und Theologen**, die es verurteilten. Da im Siglo de Oro die Arbeit als Tugend gesehen wurde, musste die Inaktivität als Laster bewertet werden. Muße erscheint seit Aristoteles' *Nikomachischer Ethik* sinnvoll als Erholung von der Arbeit, um neue Kräfte zu gewinnen, nicht aber als Selbstzweck. In der Bibel heißt es bei Matthäus (12, 36) »In Wahrheit sage ich euch: Für jedes unnütze Wort, das die Menschen sagen, müssen sie sich beim Jüngsten Gericht verantworten«, oder (7, 19) »Der Baum, der keine Frucht trägt, wird abgesägt und ins Feuer der Hölle geworfen,« und schließlich bei Hiob (5, 7) »Der Mensch ist zum Arbeiten, der Vogel zum Fliegen geboren«. Argumente für oder gegen Unterhaltung bzw. Spiel galten gleichermaßen dem Theater, dem Stierkampf, dem Kartenspiel, dem Glücksspiel oder dem Tanz-

vergnügen. Um die Verschuldung und den Ruin der Spieler zu ver-
hindern, schien es sinnvoll, Glücksspiele zu verbieten. Um aber
nicht die darauf zu erhebenden Steuern zu verlieren, entschieden die
Behörden, ähnlich wie beim Corraltheater, an bestimmte Häuser
Konzessionen zu erteilen. Während Glücksspiele Leidenschaften wie
Zorn, Faulheit und Völlerei entfachten, warfen Traktateschreiber
Theaterveranstaltungen vor, zu Leidenschaften, zur Verweichlichung
und zur Gefräßigkeit zu verleiten. Maßvoll habe man daher mit
Theaterbesuchen und anderen Freizeitvergnügungen umzugehen
(Strosetzki 1996; 1998). Hinzu kamen in der Debatte über die Er-
laubtheit des Theaters noch zwei weitere Anklagepunkte: Auf der
Bühne zeige man unmoralische Vorfälle, die ein schlechtes Beispiel
abgeben, die Jugend auf falsche Gedanken bringen und verführen.
Zudem sei es unpassend, übelbeleumdete Schauspieler und Schauspielerinnen auftreten und die Rollen adliger oder sogar heiliger Gestalten spielen zu lassen (Arellano 1995, 141). Doch hat es den Anschein, als hätten derartige Bedenken kaum Wirkungen hinterlassen.
Manfred Tietz (2000, 279) sieht sogar deutliche Bestrebungen des
literarischen Diskurses, sich vom theologischen zu emanzipieren
und das allgemein-normative, auf Autoritäten bezogene Denken
aufzugeben zugunsten eines neuen, konkreten, auf Erfahrungen ba-
sierten Wissens über den Menschen und seine Leidenschaften.

Nicht zu unterschätzen ist die Wirkung der zahlreichen religiösen und weltlichen öffentlichen **Feste**, die in Madrid bereits in den
letzten zwanzig Jahren des 16. Jahrhunderts Anlass für theaterähnli-
che Aufführungen gegeben haben, bei denen unterschiedlichste
Stoffe und Möglichkeiten erprobt werden konnten. Besondere Bedeutung hat hier das jährlich wiederkehrende und gut vorbereitete
Karnevalsfest, aus dem sich die spätere mojiganga (s. Kap. 7.4.) entwickelte. Als weitere religiöse Feste nennen de la Campa, Gavela
und Noguera in ihrem gemeinsamen Artikel »Corpus, Santa Ana,
Santiago o Cuasimodo« (1997, 97), als profane die Feiern anlässlich
der Geburt von Prinzen oder des Einzugs von zuvor abwesenden
Mitgliedern der Königsfamilie oder von anderen Prominenten in die
Stadt. Als Beispiele für die prunkvollen Feste der zweiten Hälfte des
17. Jahrhunderts am Hof hat T. Zapata Fernández de la Hoz (1991)
die Feierlichkeiten anlässlich der ersten und zweiten Heirat von Karl
II. in den Jahren 1679 und 1690 untersucht, bei denen jedes Mal
Stücke von Calderón zur Aufführung kamen.

1608, 1615 und 1641 hatte die Stadt Madrid Anordnungen für
die Corraltheater erlassen. Die höchste **Kontrollinstanz** war der pro-
tector als Vorsitzender eines Gremiums, dessen Mitglieder für Ruhe

und Ordnung während der Vorstellung, für das ordnungsgemäße Eintreiben der Eintrittsgelder und für eine der Premiere vorausgehende Zensur der Aufführung zu sorgen hatten. Als allerdings das bewährte Finanzierungssystem in Unordnung geriet, weil einerseits viele Adlige ihre aposentos nicht termingerecht bezahlten und andererseits die Theater Verpflichtungen gegenüber zu vielen Krankenhäusern eingegangen waren, veranlasste der König 1638 die Stadt Madrid zur kontinuierlichen monatlichen Subventionierung der Abgaben an die Krankenhäuser. Dies hatte die Folge, dass auch die Kontrollgremien der Theater mit städtischen Vertretern besetzt wurden.

Verglichen mit dem Corraltheater zeichnete sich das **Palasttheater am königlichen Hof** durch sehr viel größeren Aufwand aus. Im Jahre 1640 wurde das Coliseo im neuerbauten Palast des Buen Retiro eröffnet, das sich in seinem Aufbau mit patio, aposentos, cazuela und Ehrenloge am Corraltheater orientierte. Schon zur Zeit Karls V. bis in die Zeit von Philipp III. dienten nach Ferrer Valls (1991) die höfischen Aufführungen immer auch repräsentativen Zwecken. Da in der Ehrenloge des Hoftheaters der König saß, dessen Reaktionen von den aposentos aus beobachtet werden konnten, diente eine Aufführung zugleich auch immer der Demonstration königlicher Macht und königlichen Glanzes. Das fiktionale Spiel auf der Bühne wurde so ergänzt durch ein reales, das in der Reaktion des Königs auf das Vorgeführte und der Reaktion der anderen Zuschauer auf den König bestand.

Während im Corraltheater Ortswechsel oder Dunkelheit der Nacht durch Worte evoziert wurden, hatte man im Hoftheater die Möglichkeit, dies durch **technische Effekte und Kulissenwechsel** für die Augen sichtbar zu machen, was ein exaktes Zusammenspiel zwischen Bühnentechnikern und Schauspielern erforderte. Fliegende Pferde oder Drachen traten auf. Paläste öffneten sich und machten den Blick frei für Gärten mit Quellen und Seen, und Vulkane sprühten Feuer. Zu Beginn des Jahrhunderts allerdings war man noch gezwungen, die Räume des Alcázar zu benutzen, in denen auch Turniere und Festbankette stattfanden. Auch muste man mobil sein, um dem Hof zu seinen unterschiedlichen Aufenthaltsorten etwa nach Valladolid, Burgos oder Toledo zu folgen. Während man zu diesem Zweck noch mit einem Bühnenaufbau, der zwar auch prunkvoll war, den man aber wegtransportieren können musste, vorlieb nahm, kamen im Coliseo die komplizierte Bühnentechnik, ein prunkvolles Bühnenbild und opernähnliche Musik zur Repräsentation königlichen Glanzes voll zur Geltung. Gerade Calderón

schrieb für dieses Haus in seiner zweiten Schaffensperiode zahlreiche
Stücke. Mit Calderóns *El golfo de las Sirenas* (1657) (*Der Golf der Sirenen*) begann in Spanien die Geschichte der Zarzuela des Siglo de
Oro, einer Gattung des höfischen Theaters, oft mythologischen Inhalts, in der anders als in der Oper die gesungenen Passagen durch
gesprochene unterbrochen wurden.

Überhaupt spielt die **Musik** im Theater Calderóns eine große
Rolle. Mehr als die Hälfte seiner comedias enthält musikalische Einlagen. In jeder loa kommt Musik vor. In den autos sacramentales
unterstreicht die Musik nicht nur das Bekenntnis zum Glauben und
seinem Sieg, zugleich sind die gesungenen Texte die inhaltlich zentralen Strukturelemente, um die herum sich die übrige Handlung
entfaltet. Der Gesang des im allgemeinen auf der Bühne nicht sichtbaren Chors verkörpert die Stimme des Schicksals, des Gewissens
oder einer außerirdischen Macht, die zu einer Handlung rät oder
von ihr abrät. Musik dient dazu, die Harmonie des Universums
oder der moralisch richtigen Handlungen auszudrücken. Sie findet
aber auch allegorische Verwendung, z.B. zum Ausdruck der Verführung durch den Teufel, wie Agustín de la Granja (1989) am Beispiel
von *El mágico prodigioso* (*Der wunderbare Zauberer*) und dem an-
onymen Stück *Los valles de Sopetrán* (*Die Täler Sopetráns*) zeigt.
Aber auch die Stimme Gottes, Psalmen und Hymnen der Bibel werden gesungen.

Musik wurde genutzt, um die Veränderung des Gemütszustandes
der Protagonisten von einem Augenblick auf den anderen zu zeigen,
um Traurigkeit in Freude zu verwandeln. Hintergrundmusik wurde
zur Überbrückung gebraucht. Nicht selten wurden die Trompeten
der Militärmusik der lieblichen höfischen Musik entgegengesetzt.
Tiresias hört in *La hija del aire* (1951, 633) (*Die Tochter der Luft*)
zugleich von einer Seite die Schrecken des Krieges evozierenden
Trompeten und Trommeln und auf der anderen schmeichelnde und
von Liebe kündende Stimmen und Instrumente: »Allí trompetas y
cajas, / de Marte bélico horror, / y allí voces e instrumentos, / dulces
lisonjas de amor, / escucho;« Miquel Querol (1981, 1983), der eine
Anthologie musikalischer Einlagen Calderóns herausgegeben hat,
weist nach, dass Calderón in seinen Stücken zahlreiche Fachtermini
verwendet, die darauf schließen lassen, dass er sich auch in der Mu-
siktheorie gut auskannte.

Trotz der unterschiedlichen Möglichkeiten kam es nicht selten
vor, dass ein im Palasttheater aufgeführtes Stück später auch im
Corraltheater vorgeführt wurde. Der Neapolitaner Julio César Fon-
tana kam 1622 an den Hof, um sich wie nach ihm 1626 **der Italie-**

ner **Cosimo Lotti** um die königlichen Gärten und Vergnügungen zu kummern. Zu den von beiden eingeführten Neuerungen gehörten eine die Perspektive andeutende Bühne, Kulissen, künstliches Kerzenlicht und ein Vorhang vor der Bühne. Weder den Vorhang noch die künstliche Beleuchtung hatte es zuvor im Corraltheater gegeben. Noch vor Fertigstellung des Coliseo konnte Lotti das Arsenal seiner Künste zum Einsatz bringen, als 1635 auf dem zum Palast gehörigen Teich Calderóns mythologisches Stück *El mayor encanto amor* (*Der größte Zauber ist Liebe*) vorgeführt wurde. Nachfolger Lottis wurde 1651 der Italiener Baccio del Bianco, der 1653 die Aufführung von Calderóns mythologischem Stück *Fortunas de Andrómeda y Perseo* (*Schicksale der Andrómeda und des Perseus*) betreute.

Das Hoftheater erlebte vor allem dank der Stücke Calderóns eine Blütezeit, die nur durch die Trauerzeit nach dem Tod Philipps IV. 1665 bis 1670 unterbrochen wurde. Die Erfindung immer neuer technischer Finessen und eindrucksvollerer Bühnengestaltung entwickelte sich zum Selbstzweck. Dass der italienische Einfluss bereits im 16. Jahrhundert begann und sich nicht nur auf die Bühnentechnik beschränkte, sondern auch auf die von der commedia dell'arte beeinflusste Schauspielkunst und das »Theater-Marketing« erstreckte, hat María Grazia Profeti (1995, 87) belegt. Zur Konkurrenz für das Corraltheater entwickelte sich das Hoftheater, als auch Zuschauer aus der Stadt zugelassen wurden, deren Eintrittsgelder wiederum der Finanzierung von Krankenhäusern zugeführt wurden. Der große Aufwand musste dieses Publikum so beeindrucken, dass es das einfache Corraltheater bald minderwertig fand.

Der dritte Schauplatz war die **Straße,** wo anlässlich des Fronleichnamsfests auf mehreren transportablen Wagen mit turmartigem Kulissenaufbau ein **auto sacramental** aufgeführt wurde, ein Stück religiösen Inhalts zum Lob des Sakraments der Eucharistie. Das Wort ›auto sacramental‹ ist aus dem lateinischen »actus« abzuleiten und bezieht sich auf eine kurze dramatische Dichtung ohne Aktreinteilung. Ob dazu nur Stücke zu zählen sind, die das Sakrament der Eucharistie thematisieren, oder alle, die zu Fronleichnam aufgeführt wurden, auch wenn ihre Thematik weiter entfernt ist, das ist, wie Frauke Gewecke (1974) dargelegt hat, eine Frage der Definition und der geschichtlichen Entwicklung. Da es sich um ein öffentliches Fest handelte, das von der Stadt und der Kirche finanziert wurde, waren auch hier sehr aufwendige Inszenierungen möglich, wovon nicht zuletzt die Beteiligung des italienischen Bühneningenieurs Baccio del Bianco an der Gestaltung der carros in den fünfziger Jahren des 17. Jahrhunderts zeugt. Die autos wurden auf

einem Podium vorgeführt, hinter dem die Wagen mit den Kulissen
aufgebaut waren, die zum Teil während der Aufführung auch betreten und ins Spiel einbezogen wurden. Bis 1648 waren es zwei,
danach vier Wagen. Nach Ruano de la Haza (1996, 321) wurden
manchmal zwei Wagen hinter dem Podium und zwei neben dem
Podium aufgestellt, manchmal aber auch alle vier hinter dem Podium.

Zu dieser Zeit hatte das **Fronleichnamsfest** einen geregelten Ablauf: Am Vormittag fanden ein feierlicher Gottesdienst und eine
Prozession statt. Erst am Nachmittag begann die erste Aufführung
der autos sacramentales, der in Madrid das Königspaar beiwohnte.
Anders als der Gottesdienst fand diese im Freien statt und war, so
sah es ein königlicher Erlass von 1624 vor, prinzipiell der Gesamtheit des Volkes, dem gebildeten wie dem ungebildeten, dem rangho-
hen wie dem einfachen Zuschauer, zugänglich. Um dem Andrang
Herr zu werden, folgten schon ab 1637 weitere Aufführungen für
einflussreiche Körperschaften an anderen Orten der Stadt an demselben Tag, manchmal aber auch an darauf folgenden Tagen. Der
finanzielle Aufwand diente wie im Theater des Königspalastes der
Zurschaustellung von Macht und Glanz und war also nicht wie in
der comedia in den Corral-Häusern auf die Erwirtschaftung von
Gewinnen ausgerichtet.

In der **Provinz** waren Dorf- und Kleinstadtbewohner sehr darauf
bedacht, die Aufführung der autos mit nicht geringerer Würde und
mit vergleichbarem Glanz wie in der Hauptstadt zu erleben und die
neueste Neuerung nicht zu verpassen, wie J.E. Varey (1994, 15f)
nachweist. Als einen Prozess der Demokratisierung deutet es José
María Díez Borque (1991, 1996, 193-204), wenn autos sacramentales auch im Corraltheater gespielt werden. 1647 ersuchte die Stadtverwaltung von Madrid den König, dies zu erlauben. Es mögen
auch finanzielle und ideologische Gründe der Theaterdirektionen
dazu beigetragen haben: Gegen profane Stücke wuchs die Polemik,
gegen sakrale war nichts einzuwenden. Immerhin hatte das Publikum der autos sacramentales im Corraltheater zu bezahlen und kam
mit einer anderen Erwartungshaltung als beim Fronleichnamsfest.
Dessen Enttäuschung mag dazu beigetragen haben, dass die Gattung des auto sacramental im 18. Jahrhundert im Corraltheater ihren Niedergang erlebte.

Für die **Schauspieler** bedeutete die Existenz von drei Theaterformen die Chance, je nach Bedarf in drei unterschiedlichen Bereichen
tätig werden zu können, wobei es saisonale Schwerpunkte gab. Von
den als »autores« bezeichneten Theaterdirektoren, die an der Spitze

eines Ensembles standen, war bereits die Rede. Ihnen folgen in der Hierarchie die Schauspieler der Hauptrollen, dann die der Nebenrollen und schließlich das Hilfspersonal. Ernste Rollen erfreuten sich eines größeren Prestiges als komische. Es hatten sich nach J. de J. Prades (1963) unterschiedliche Fächer herausgebildet, die oft in jedem der drei Bereiche gebraucht wurden: die schöne, adlige, reiche und verliebte Dame, der ebenso schöne, adlige, reiche und verliebte Liebhaber, der Machthaber, meistens der König, manchmal aber auch ein höhergestellter Adliger, der ebenso ehrenwerte wie tapfere Alte, der gesellschaftlich untergeordnete männliche bzw. weibliche gracioso, über den oder mit dem man lacht. Die Spezialisierung auf ein Fach erleichterte es den Schauspielern, den häufig wechselnden Spielplan zu bewältigen. Ein Stück wurde selten länger als an fünf oder sechs aufeinander folgenden Tagen gespielt.

Mit Musikern und Hilfspersonal bestand ein durchschnittliches Ensemble aus nicht mehr als zwanzig Personen. Die jeweils für eine Spielzeit gebildeten Ensembles waren durch eine feste Organisationsstruktur gekennzeichnet und können mit Josef Oehrlein (1998, 261) sowohl als wesentliches stabilisierendes Element des Theaters im Verlauf des 17. Jahrhunderts, als auch als Grund für dessen Niedergang gegen Ende des Jahrhunderts gesehen werden. Obgleich die Schauspieler nicht selten von offizieller Seite als lasterhaft und arbeitsscheu kritisiert wurden, gab es doch nicht wenige, die sich beim Publikum eines besonderen Ansehens erfreuten. Es soll sogar Kanzelprediger gegeben haben, die ins Theater gingen, um von der Sprachtechnik und der Gestik der Schauspieler zu lernen. Der berühmteste Schauspieler war Juan Rana, der mit seinem bürgerlichen Namen Cosme Pérez hieß und der von so herausragender Bedeutung war, dass eigens für ihn vierzig entremeses geschrieben wurden.

Die Professionalisierung des Schauspielerberufs, zu der nach J. L. Canet Vallés (1997) systematisches Erlernen der notwendigen Fertigkeiten und regelmäßiges Ausüben der Tätigkeiten gegen Bezahlung gehörten, begann in Spanien, als in den Jahren 1540-1560 wohlhabende Bürger in ihre Häuser zahlreiche Gäste zur Vorführung von Theaterstücken einluden. Agustín de la Granja (1995) hat anhand von zeitgenössischen Texten gezeigt, welche Möglichkeiten dem Schauspieler zugetraut wurden, seinen Ausdruck mit den Augen, dem Mund, den Lippen, mit einer klaren oder verstellten Stimme, mit Kopfbewegungen oder mit Händen und Fingern zu unterstützen. Indem die Schauspieler beim auto sacramental im kirchlichen Ritual des Fronleichnamsfests eingebunden waren, entwickelten sie gegenüber der Kirche nicht jene kritische Haltung, die

z.B. für einen Molière in Frankreich charakteristisch ist. Auch war,
wie Josef Oehrlein (1986, 10f) hervorhebt, anders als bei Molière,
in Spanien der Beruf des Schauspielers streng von dem des Schrift-
stellers getrennt.

Schließlich ist als Besonderheit hinzuzufügen, dass in Spanien
anders als in England auch Frauen den Schauspielerberuf ergreifen
konnten. Allerdings darf nicht übersehen werden, dass es im 16.
Jahrhundert mehrfache Verbote für Schauspielerinnen gab. 1586
wurde der Auftritt von Frauen verboten, was im darauf folgenden
Jahr widerrufen wurde. Dafür wurde 1587 Männern verboten, Frau-
enrollen zu spielen. 1596 wurde ebenfalls für kurze Zeit Frauen der
Auftritt auf der Bühne verboten. A. de la Granja (1991) weist darauf hin, dass 1588 verboten wurde, Kardinäle und Bischöfe zu
Theaterfiguren zu machen. Da die Schauspieler Abläufe und Funktionen der einzelnen unterschiedlichen Theaterformen kannten und
mit ihrem Spiel perpetuierten, bezeichnet sie Oehrlein (1986, 47)
als »rituell Sachkundige« mit der Aufgabe, »die zum Ereignis der
Aufführung Versammelten aus der Alltagsrealität heraus in die Welt
der Theaterillusion zu führen.«

1.3   Theaterpoetik

Schon vor Lope de Vega gab es einzelne Versuche, die aristotelische
Poetik des Theaters, die durch die humanistischen Theoretiker der
Renaissance zu neuem Leben erweckt war, zu modifizieren. Ignacio
Arellano (1995, 119) nennt unter anderen El Pinciano, der in seiner
Ende des 16. Jahrhunderts verfassten *Filosofía antigua poética* einen
mit Komik vermischten Typ der Tragödie gestattet und Luis Alfonso
de Carvallo, der in *Cisne de Apolo* die Aufmerksamkeit des Publikums zu erringen, zur obersten Forderung macht und für das Drama eine Struktur in drei Teilen empfiehlt. **Lope de Vegas** *Arte nuevo
de hacer comedias en este tiempo* erscheint 1609 in den an die Madrider Akademie gerichteten *Rimas* und enthält, wie J. M. Rozas
(1976) zeigt, die Programmatik des Theaters des 17. Jahrhunderts.
Lope de Vega (1562-1635) ist der zweite große Theaterautor des 17.
Jahrhunderts in Spanien und kann als Vorläufer und Wegbereiter
Calderóns betrachtet werden. Durch seine zahlreichen Stücke und
seine Poetik wandte sich in Spanien der Publikumsgeschmack vom
humanistischen, an der aristotelischen Poetik orientierten Theater
ab.

Im einzelnen wendet sich Lope gegen die strikte aristotelische Trennung von Tragödie und Komödie, die darin besteht, dass in der Tragödie, die durch Furcht und Mitleid eine Katharsis beim Zuschauer bewirkt, Gesellschaftsschicht und Sprachstil gleichermaßen hoch sind und die Problematik von besonderer Bedeutung ist, während in der Komödie einfache Leute eine einfache Sprache sprechen, um durch Unbedeutendes das Publikum zum Lachen zu bringen. Aurora Egido (1998, 76) weist darauf hin, dass vor der Wiederentdeckung der aristotelischen Poetik in der Renaissance die Trennung zwischen Komischem und Tragischem unüblich war und im Mittelalter von der Hagiographie bis zur Epik Stile gemischt wurden. Lope konnte aber nicht nur darauf zurückgreifen, sondern auch auf das Vorbild der Tragikomödie *Amphitryon* des Plautus, in der Götter und Menschen auftreten, und auf Terenz' *Praenotamenta*, die auch im 16. Jahrhundert bekannt war. Letztere galt als Mischung von Gattungen und Stilen, von unterschiedlichen Figuren, von Freude und Leid und als »doble purgación que implica una nueva cátarsis provocada por la risa«. (»doppelte Reinigung mit einer neuen durch Lachen hervorgerufenen Katharsis«).

Den Tragödien der Renaissance wird schon bei López Pinciano im Jahr 1596 jene Unpopularität bescheinigt, die im 17. Jahrhundert nach Mercedes Blanco (1998, 43, 48, 60) zum Siegeszug der comedia führte. Noch im ersten Jahrzehnt des 17. Jahrhunderts ließ Lope de Vega sein Stück *El Duque de Viseo* mit folgendem Satz schließen: »Aquí acaba la tragedia del Gran Duque de Viseo a quien dio muerte la envidia que da muerte a muchos buenos.« (Hier endet die Tragödie des Gran Duque de Viseo, der wie viele andere gute Menschen durch Neid zu Tode kam«). Doch 1633 scheint González de Salas mit *Nueva idea de la tragedia antigua* einen bereits verschwundenen Gegenstand wiederfinden und erneuern zu wollen. M. Blanco konzediert, dass z.B. *El médico de su honra* und *La dama duende* nicht über einen Kamm geschert werden können, unterscheidet daher zwischen comedias »ligeras«, »graves«, »patéticas« und »divertidas« und sieht dort, wo unter Benutzung von Stoffen des 16. Jahrhunderts doch noch Tragödien geschrieben werden, je nach Bühnentechnik, Einbeziehung des Publikums und Geschick der Schauspielerinnen und Schauspieler gelungene Kompromissversuche mit der den Trend vorgebenden comedia. Dem hält María Luisa Lobato (2000, 66) entgegen, dass **der Begriff** ›comedia‹ im 17. Jahrhundert so weit gefasst wurde, dass man darunter jedes Theaterstück zu verstehen hatte und die Tragödie unter diesem Begriff subsumiert war. Sie zitiert Juan de Caramuel, der 1668 in seiner »Epístola XXI« schrieb:

»comedia tiene un significado más amplio que tragedia, pues toda tragedia
es comedia, pero no al contrario. La comedia es la representación de alguna
historia o fábula y tiene final alegre o triste. En el primer caso retiene el
nombre de comedia; en el segundo es llamado comedia trágica, tagicomedia
o tragedia. Esta es la verdadera distinción de las palabras, no obstando el
que otros arguyan lo contrario.«

(»Comedia hat eine weitere Bedeutung als tragedia, da jede tragedia eine
comedia ist, was aber nicht vom Gegenteil gilt. Die comedia ist die Darstellung von irgendeiner Geschichte oder Sage und hat einen heiteren oder
traurigen Schluß. Im ersten Fall heißt sie comedia, im zweiten comedia trágica, tragicomedia oder tragedia. Dies ist der wahre Unterschied zwischen
den Bezeichnungen, egal ob andere das Gegenteil behaupten«).

Wenn Lope die **Mischung von tragischen und komischen Elementen** postuliert, ergibt sich daraus die Vermischung sprachlicher Stile
und gesellschaftlicher Ebenen, z.B. von Herrschaft und Diener-
schaft. Er begründet diese Forderung mit dem Hinweis auf größere
Realitätsnähe. Alfonso de Toro (1985, 45) leitet daraus die Existenz
der Tragikomödie als neuer Gattung ab, in der angesichts der Vermischung kompatibler und inkompatibler Elemente die Katharsis
durch admiratio oder perturbatio ersetzt werde: »De fundamental
importancia es que en la tragicomedia española se substituye la ›kát-
harsis‹ por ›admiratio‹ y ›perturbatio‹ y se mezclan tanto los ele-
mentos compatibles y los incompatibles.« Das bedeutet nicht, dass
die Mischung komischer und tragischer Elemente die Tragödie unmöglich macht. Dass gemäß aristotelischer Forderung auch in der
Calderónschen Tragödie Furcht und Mitleid erweckt werden, haben
Francisco Ruiz Ramón (1983), Bruce Wardropper (1983) und Everett W. Hesse (1984) belegt. Denn in der Tragödie können komische
Figuren oder solche, von denen man Komisches vergeblich erwartet,
die Tragik noch erhöhen. Es kommt auch auf die Quantität, die
Funktion und die Wirkung der komischen Elemente an. Wie Marc
Vitse (1997, 61) hervorhebt, identifiziert sich der Zuschauer in der
Tragödie mit dem Protagonisten und ängstigt sich mit ihm, wäh-
rend in der Komödie eine Distanzierung, eine affektive Anästhesie
herrscht. Vitse zitiert aus der Poetik des Alonso López Pinciano:

»y la diferencia que hay de los temores trágicos a los cómicos es que aqués-
tos se quedan en los mismos actores solos, y, aquéllos pasan de los represen-
tantes en los oyentes; y ansí las muertes trágicas son lastimosas, mas las de
las comedias, si alguna hay, son de gusto y pasatiempo.«

(»und der Unterschied zwischen der Furcht bei der Tragödie und der Komödie ist, daß erstere sich auf die Schaupieler beschränkt, während sich
letztere von den Schauspielern auf das Publikum überträgt; so erregen tragi-

sche Todesfälle Mitleid, während die der Komödien, wenn es sie überhaupt gibt, vergnüglich und unterhaltsam sind«).

Ob es tatsächlich im Theater Todesfälle geben kann, über die man lacht, fragt kritisch James A. Parr (2000, 514) und hält dies bestenfalls bei einem vom Publikum durchschauten vorgetäuschten Todesfall für möglich. Sein Argument aber, über den Tod des gracioso Clarín in *La vida es sueño* könne man nicht lachen, lässt sich leicht mit dem Hinweis widerlegen, dass das Stück keine Komödie ist. Schließlich schlägt Parr vor, die Ermordung einer Nebenfigur nicht als tragisch, sondern als bedauerlich zu bezeichnen, und stellt **Furcht und Mitleid** als Kriterien für die Tragödie in Frage. Während Furcht eine distanzierende Wirkung habe, resultiere Mitleid aus der Identifikation mit dem Protagonisten. Hinzukommen müsse die Katharsis, bei der unklar sei, ob sie sich nur im Zuschauerraum des Theaters oder auch bei der privaten Lektüre des Buches einstelle. Jedenfalls hält Parr (2000, 518) die Plausibilität von B. Wardroppers (1983) Beobachtung fest, dass die Tragödie des spanischen 17. Jahrhunderts bemerkenswerte Taten und zunehmende Isolierung des männlichen Adligen vorführt, während die Komödie Listen und Verwicklungen zeigt, die von weiblichen Figuren ausgehen, die am Ende wieder in die Gesellschaft integriert werden.

Den eigentlichen **tragischen Konflikt** situiert Marc Vitse (1983) zwischen den Generationen: Im ersten Viertel des 17. Jahrhunderts werde er dadurch gelöst, dass sich die ältere Generation durchsetzt. Später sei es, wie im Fall von Segismundo in *La vida es sueño*, die jüngere, die den Sieg davonträgt. Letzteres erscheint dadurch legitim, dass der Vertreter der älteren Generation sich – wie Basilio – durch Fehlverhalten schuldig gemacht hat. Während bei Vitse die Stelle der älteren Generation auch durch Brüder oder Ehemänner eingenommen werden kann, hält dies Wolfgang Matzat (1986, 59) zumindest bei der Komödie für unmöglich. Für ihn ist es ein Charakteristikum der Entwicklung der Komödie, dass »der Agon zwischen Jung und Alt weitgehend in den Hintergrund gegenüber Konflikten, die sich innerhalb der Gruppe der Jungen abspielen«, tritt. Die komische Auseinandersetzung sei nivelliert und erfolge nicht mehr auf Kosten des Älteren.

Kann man überhaupt von Tragödie sprechen, wenn tragische Konflikte zu einem frommen oder patriotischen Ende im Einklang mit Gott, dem König oder dem Heimatland führen? Diese Frage veranschaulicht A. A. Parker (1962) mit Blick auf Eusebio in *La devoción de la Cruz*, wo Eusebios tragischer Tod nach abschließender

Reue und Beichte durch christliche Erlösung überwunden wird.
Dennoch erscheint der Gesamtverlauf der Entwicklung Eusebios be-
ginnend mit seiner Aussetzung als Neugeborener tragisch. Ein neues
Modell führt Parker ein, indem er nach der moralischen Verantwortung für Eusebios Tod sucht, diese angesichts einer ganzen Kette
von Verantwortlichkeiten bei keiner Einzelperson verankern kann
und daher von einer »**diffused responsibility**« spricht, die charakteristisch für Calderóns Tragödie sei: »all human acts engender others
in an unbreakable chain of cause and effect, the lesser evil that one
man does can combine with that of others to engender a major
evil.« (Parker 1962, 228, 230).

Welche **Effekte** sind es, die dem Zuschauer signalisieren, dass er
es mit einer Komödie zu tun hat? Ignacio Arellano (1986) nennt als
»paralinguistische« Effekte den Gebrauch von spezifischen Jargons,
wie dem der Schwarzen, der Mauren oder der Landbevölkerung, bei
dem lächerliche Verformungen die Unwissenheit oder Eigenart dessen zeigen, der sich ihrer bedient. Komisch wirken auch der Gebrauch des mittelalterlichen Spanisch oder des makkaronischen, d.h.
des mit der Volkssprache vermischten Lateins. Komische Effekte bewirken beschwörende Wiederholungen, wiederholte Ausrufe von
»ay!« als Ausdruck von Schmerz oder Furcht, fingierte Dialoge, in
denen der gracioso die Stimme seines Herrn imitiert und ihn in lä-
cherlicher Weise reden lässt, schnelles Reden oder peinliche Pausen,
wie z.B. wenn der Tor lesen will, aber nicht kann. In der Gestik und
Mimik resultiert die Komik meist aus der Übertreibung, z.B. wenn
graciosos sich schlagen, Furcht zeigen, auf den Boden fallen, wenn
der eine den anderen entlaust, wenn sie gierig essen oder wenn ein
Geschenk höflich abgelehnt und zugleich mit der Hand genommen
wird. Komisch kann es auch wirken, wenn ein Diener dem anderen
nachläuft oder ein Ordnungshüter einen Adligen verfolgt, wenn der
gracioso auf die Frage, wie er hineingekommen ist, antwortet »an-
dando«, wenn zahlreiche Auftritte und Abgänge einander folgen, bei
denen der Galan sich vor dem Vater oder Bruder verstecken muss,
wenn bei einer Schlägerei die räumliche Distanz eines Unbeteiligten
genutzt wird oder wenn der Aufforderung zur Schnelligkeit mit besonderer Langsamkeit begegnet wird.

Dekoration und Bühnenbild ermöglichen komische Effekte,
wenn Möbelstücke in ihrer Funktion verfremdet werden, z.B. der
Schreibtisch als Versteck oder als Bollwerk einer Tür dient, wenn geheime Verbindungstüren wie in *La dama duende* Verwirrung und
Dynamik steigern, wenn die Bühne aus zwei Ebenen besteht und
dem gracioso von oben der Inhalt des Nachttopfes auf den Kopf ge-

schüttet wird, oder wenn jemand beschmutzt und voller Erde aus einem geheimen Tunnel kommt. **Kleidung** mit komischer Wirkung wird häufig in der Regieanweisung gefordert. Dazu gehört etwa, wenn die Figur des »Pensamiento« in einem auto wie ein Verrückter vielfarbig gekleidet auftritt. Der Bruch des »decorum« hat komische Wirkung, wenn Personen niederen Standes als hochgestellte Persönlichkeiten verkleidet ihre gewöhnliche Art zu sprechen beibehalten und im umgekehrten Fall. Während die Verkleidung der Frau als Mann oft gesellschaftlicher Notwendigkeit folgt, wirkt die des Mannes als Frau nicht selten komisch. Sich in Mänteln oder Umhängen zu verhüllen kann zu komischen Verwechselungen führen. Komik wird angekündigt oder hervorgerufen durch bestimmte Gegenstände wie der Weinflasche, den Instrumenten der Körperpflege, der Keule und den Schlagstöcken.

Festzuhalten ist, dass sich die Komik nicht auf den gracioso beschränkt und dass trotz der Wirksamkeit der genannten nonverbalen Mittel die verbalen wirksamer sind. Gerade für die **Sprachkomik** durch Wortspiele oder durch Häufungen von Paronomasien gibt Alberto Navarro González (1981) zahlreiche Belege. Die Wiederholung des Wortes »mismo« durch den gracioso Morlaco in *La exaltación de la Cruz* (*Kreuzerhöhung*) ist ein solches Beispiel: »Le trataré desde aquí / como á tu persona mesma. / Verbi gracia: pues, señor, / tú mismo asimismo intentas / lo mismo hacer que yo, estando / yo mismo aquí mismo, suelta / el mismo cubo, y yo mismo / iré a la misma cisterna / por la misma agua, y no vaya / tu misma persona mesma.« (361f).

Es gibt **Figuren**, die wie der Angeber oder der unzivilisierte Riese schon durch ihr Auftreten komisch wirken können. Jakob Kellenberger (1975) nennt den villano gracioso, den ebenso unhöflichen wie dummen Bauern, der mit Vorliebe als Zuschauer einer Schlacht, der er gerade feig entkommen ist, vorgeführt wird. Der überaus opportunistische, schwatzhafte und Geschichten erzählende gracioso dagegen ist nicht nur eine lächerliche Gestalt, sondern er kann auch bewusst Komik erzeugen. Der Zuschauer kann mit ihm über andere lachen, die seine Opfer geworden sind. Der figurón ist von sich aufgrund seines Standes, seines Reichtums oder seiner Schönheit so überzeugt, dass er meint, seine Aufmerksamkeit müsse für eine Frau außerordentliches Glück und Ehre bedeuten. Er ist vergleichbar dem Verblendeten, dessen Komik sich daraus ergibt, dass er die wirklichen Umstände und Realitäten nicht sieht oder nicht sehen will.

Komische Figuren können in einem ansonsten ernsten Stück die Funktion einer pathosmildernden Ablenkung haben und eine mo-

mentane Relativierung der Fiktionsebene zur Folge haben. Durch
seine Kommentare kann ein **gracioso** die Reaktion des Publikums in
eine bestimmte Richtung lenken oder dem einfacheren Zuschauer
das Grundproblem des jeweiligen Stückes verdeutlichen. Er kann
für sich das exemplarisch kommentieren, was die Erfahrung des
Protagonisten der Haupthandlung ist. So sagt der sterbende Clarín
in *La vida es sueño* dem König Basilio, dass es ein Fehler sei zu glauben, man könne durch eigene Vorkehrungen dem bevorstehenden
Schicksal entgehen. Francisco Ruiz Ramón (1985, 109) unterstreicht die Mittlerrolle des gracioso zwischen Bühne und Zuschauer
wie zwischen den auf der Bühne vorgeführten Räumen und Ideolo-
gien. »Es ese doble estatuto de ›insider-outsider‹, de estar sin ser en
los espacios del poder -palacio o código- lo que permite al gracioso
de las tragedias calderonianas hacer caer las distintas máscaras del
poder.« (»Es ist dieser doppelte Status des ›insider-outsider‹, der
gleichzeitigen Präsenz und Absenz in der Sphäre der Macht, des Palastes oder des Sittenkodex, der es dem gracioso der Calderónschen
Tragödien erlaubt, die unterschiedlichen Masken der Macht zu Fall
zu bringen«). Für den gracioso des 17. Jahrhunderts gibt es mehrere
Vorgänger. Françoise Cazal (1994) nennt den pastor bobo des Diego
Sánchez de Badajoz, dessen Theaterstücke 1554 in Sevilla veröffent-
licht wurden. Dieser Schäfer drückt sich über die Körpersprache
aus, isst und trinkt überaus gern, ist feige, schreckhaft, versteht
nicht oder falsch, was man ihm sagt, bittet immer wieder um neue
Erklärungen und ist ebenso gutgläubig wie abergläubisch. Mit dem
Publikum steht er in einem spielerischen und einvernehmlichen
Dialog.

Eine **Mischung sprachlicher Ebenen** ergibt sich, wenn in einem
einzelnen Stück der König in einem erhabenen Stil, die Figur des
Alten in einem belehrenden, die des Liebenden in einem petrarkisti-
schen und die des gracioso in einem komischen Stil spricht. Das ist
für jede Figur angemessen und ergibt insgesamt die gewünschte Mischung. Zwar ist die mittlere Sprachhöhe nicht einer »Mittelschicht«
vorbehalten, sondern bei Bauern wie Pedro Crespo ebenso wie bei
Adligen und städtischen Damen beliebt. Dennoch darf nach Rafael
Lapesa (1997, 54) nicht übersehen werden, dass dort wo Fürsten
oder bedeutende biblische Figuren auftreten ein höherer Stil über-
wiegt. Entsprechendes gilt für symbolische Dramen. Wahrscheinlichkeit und moralische Angemessenheit ist eine weitere aristotelische Forderung, aus der im Theater des 17. Jahrhunderts das Verbot
der Darstellung von Ehebrüchen und Volksaufständen wie die
Forderung nach der Entsprechung von Erwartungshaltungen, die

bestimmten gesellschaftlichen Schichten entgegengebracht werden, resultiert. Dabei erschien die Forderung nach Wahrscheinlichkeit nicht unvereinbar mit der Darstellung von Wundern in religiösen Dramen.

Aristoteles hatte die **Einheit der Handlung** gefordert, seine italienischen Kommentatoren fügten in der Renaissance die Forderung nach Einheit von Zeit und Ort hinzu, mit denen man seit Lope großzügig umgeht. Der Einheit der Handlung stimmt auch Lope de Vega zu, vorausgesetzt, dass dies bedeutet, dass alle unterschiedlichen Handlungsstränge aufeinander bezogen sind. So sind also mehrere Nebenhandlungen etwa der graciosos möglich, wenn diese nur in Zusammenhang mit der Haupthandlung stehen. Die fünf aristotelischen Akte reduziert Lope auf drei. Dabei kann der Dreischritt von Exposition, Knoten und Auflösung so verteilt sein, dass die Exposition am Beginn des ersten Akts und die Auflösung am Ende des dritten Akts steht.

Unterschiedliche **Klassifikationsversuche** der Dramen sind nach thematischen Gesichtspunkten vorgenommen worden. Praktisch undurchführbar ist der Vorschlag, die Stücke chronologisch nach dem jeweiligen Entstehungsanlass zu ordnen, der auch für Kontext und Sinn des Stückes Aufschluss bietet. Die neueste, von José María Díez Borque (2000) herausgegebene Anthologie unterscheidet »tragedias«, »dramas«, »comedias«, »teatro mitológico«, »autos sacramentales« und »teatro breve cómico«. Wir gehen in ähnlicher Weise vor, wobei noch die Kategorie des »teatro religioso« hinzugefügt wird, das eigene Charakteristika hat. Die Kategorie »dramas« nennen wir »comedia seria«, da »drama« eigentlich der Oberbegriff für alle anderen ist. Verwechslungskomödien, in denen die Ehre durch Verkleidungen, Missverständnisse und unblutige Duelle gefährdet, aber aufrechterhalten wird, werden zusammen mit den dieselbe Thematik verarbeitenden Ehrentragödien, wie *El médico de su honra* oder *El pintor de su deshonra* (*Der Maler seiner Schmach*), in denen die Verletzung der Ehre zu Rache und Tod führt, in einem Kapitel vorgestellt.

1.4 Zeitgeschichte

Calderón ist einer der wichtigsten Autoren des **Siglo de Oro**, des Goldenen Zeitalters Spaniens. Diese Epochenbezeichnung wird im allgemeinen auf das 16. und 17. Jahrhundert bezogen und ist darauf zurückzuführen, dass im 16. Jahrhundert Spaniens Einflussbereich und politische Macht einen weder zuvor noch später erreichten Höchststand verzeichneten, während sich das 17. Jahrhundert durch besondere kulturelle Blüte auszeichnet, zu der neben Calderón u.a. auch Cervantes, Lope de Vega, Tirso de Molina, Gracián, Quevedo und Góngora beitrugen. Über das Ende des Goldenen Zeitalters ist die Meinung geteilt. Für die einen geht es mit Calderóns Tod 1681, für die anderen mit dem Jahr des Westfälischen Friedens 1648 zu Ende.

Deutlicher dagegen zeichnet sich das **Datum des Beginns** des Siglo de Oro ab. 1492 hatten die Katholischen Könige, Ferdinand und Isabella, die zuvor schon die Kronen Kastiliens und Aragóns vereinigten, das Königreich Granada von den Moslems zurückerobert und damit die Reconquista der iberischen Halbinsel abgeschlossen. 1492 hatte Columbus Amerika entdeckt und damit die Voraussetzung geschaffen für die Eroberung und Kolonialisierung Lateinamerikas durch die Spanier und Portugiesen. Ebenfalls im Jahr 1492 war die erste Grammatik der spanischen Volkssprache erschienen und konnte die Herrschaftsexpansion durch eine sprachliche Vereinheitlichung begleiten. Ab 1516 übernahm Karl I. als König von Spanien die Herrschaft; er regierte von 1519 bis 1556 zugleich auch als Herr der österreichischen Erblande, deutscher König und Kaiser Karl I. Kern seiner Herrschaft waren die burgundischen Niederlande, wo er aufgewachsen war. So hatte sich Karl gleichzeitig um die Bewahrung der Einheit des Christentums angesichts des sich verbreitenden Protestantismus zu kümmern, obgleich er als Herrscher über Süditalien ein spannungsvolles Verhältnis zum Papst hatte. Er hatte die regionalen Interessen mit der universalen Idee des Kaisertums, ebenso wie die Kolonialpolitik Kastiliens mit der Mittelmeerpolitik Aragóns zu versöhnen und an mehreren Fronten gegen Frankreich Krieg zu führen. Karls Sohn Philipp II. übernahm von seinem Vater zwar nicht die Kaiserwürde, aber als König Spanien und seine amerikanischen Kolonien, die Niederlande, Mailand, Neapel, Sardinien und Sizilien. Als 1580 bis 1640 die Königreiche Portugal und Spanien und mit ihnen auch ihre Kolonien vereinigt waren, verstärkte sich das Interesse an der atlantischen Politik und damit der Gegensatz zu England. Im Kampf gegen England verlor Spanien 1588 große Teile seiner Flotte, der bisher als unbesiegbar geltenden Armada, und damit die Seeverbindung zu den Niederlanden.

Für die etwa 8,3 Millionen Spanier wurde die Vertreibung von 273 000 nach der Reconquista in Spanien zurück gebliebenen Mauren 1609 zu einer schweren Hypothek. Nun fehlten wertvolle Arbeits-

kräfte in der Landwirtschaft. Die erste Hälfte des 17. Jahrhunderts
war in Spanien durch Missernten und die Pest geprägt, so dass die Bevölkerung in der zweiten Hälfte auf 7 Millionen geschrumpft war.

Voraussetzung für die Erlangung eines höheren Amtes im Klerus,
am Hof, an der Universität oder in der Verwaltung war der Nachweis der »**limpieza de sangre**«, der »Reinheit des Blutes« von maurischen oder jüdischen Vorfahren, und damit der Beweis alter christlicher Familientradition. Einer erst seit wenigen Generationen
konvertierten Familie traute man nämlich zu, nur aus Opportunis-
mus zum Schein konvertiert zu sein und in Wirklichkeit an alten
Glaubensvorstellungen festzuhalten. Jenseits der durch Herkunft
und Glauben oder auch durch Armut Marginalisierten gab es die
etablierte Gesellschaft, in der eine durch Monarchie und Aristokra-
tie geprägte homogene Ideologie herrschte. Die übrigen Bevölke-
rungsschichten waren untergeordnet, waren zu steuerlichen Abgaben
und Dienstleistungen verpflichtet und hofften, durch Ämterkauf
Privilegien und Steuerfreiheit zu erlangen.

Trotz aller Bedeutung, die die Städte hatten, darf nicht vergessen
werden, dass 90 % der spanischen Bevölkerung auf dem Land lebte.
Das 17. Jahrhundert war geprägt von **wirtschaftlichen Krisen und
Konflikten** und wachsender Verelendung der Massen. Dies führte
zu einem zunehmenden Gefühl von Bedrohung und Unsicherheit,
das sich in der Literatur in Themen artikulierte wie »engaño« und
»desengaño«, Schein und Sein, Weltflucht und Weltsucht oder Einsicht in die Nichtigkeit der Welt, der gegenüber eine skeptizistische
und stoische Haltung angemessen erschien. Die dominierende Kultur des 17. Jahrhunderts wird mit dem Begriff des Barock gekennzeichnet, dessen Problematik zuletzt Ulrich Schulz-Buschhaus (1995)
vorgeführt hat.

Mit Philipp III. (1598-1621) und seinem Berater, dem Herzog
von Lerma, begann der **Niedergang der spanischen Großmacht-
stellung.** Als König sorgte er für eine glanzvolle Hofhaltung und
interessierte sich mehr für die Jagd und das Theater als für die Politik. Wegen mangelnder Finanzen, die auch nicht durch Vermehrung
der Geldmenge, Ämterverkauf, Edelmetall aus Amerika oder neue
Steuern ausgeglichen werden konnten, war er gezwungen, eine kon-
solidierende Außenpolitik zu führen. Dennoch war Spanien am
Dreißigjährigen Krieg (1618-1648) beteiligt und bemüht, nach dem
Verlust des Seeweges in die Niederlande durch militärische Mittel
einen Landweg über Graubünden und das Rheintal zu gewinnen.
Verloren hatte Spanien auch die Vorherrschaft in Übersee, wo nun
England und die Niederlande dominierten.

Auch der an Literatur und Kunst interessierte Philipp IV. (1621-1665) leistete sich einen glänzenden Hofstaat. Er bevorzugte mit seinem Berater, zunächst dem Herzog von Olivares, dann dem Duque de San Lúcar La Mayor, eine expansive Politik mit militärischen Mitteln. Mit Truppen kämpfte er für spanische Interessen in den Niederlanden, in Deutschland, in Italien und ab 1635 auch in Frankreich. Olivares verordnete dem verschuldeten Staat und der brachliegenden Wirtschaft ein absolutistisch-merkantilistisches Maßnahmenpaket, dessen anfängliche Erfolge durch erneute Erhöhung der Neuverschuldung zunichte gemacht wurden. Als Spanien 1640 nach einem Aufstand der Katalanen gegen die Madrider Zentrale Katalonien und nach Aufständen der Portugiesen gegen Steuererhöhungen auch Portugal verliert, machte sich auch in Kastilien Unmut breit, wo Geldentwertung, Steuererhöhungen, Sonderabgaben und militärische Niederlagen zu Armut, Kriminalität und sozialer Entwurzelung führten. Als 1643 Spanien in einer Schlacht bei Rocroi gegen Frankreich unterlag, ist das Zeitalter der Dominanz der spanischen Infanterie beendet. Katalonien konnte 1651 zurückgewonnen werden, Portugals Unabhängigkeit wurde 1668 von Spanien anerkannt. Mit Frankreich schloss Spanien 1659 den Pyrenäenfrieden, in dem weitere Gebiete verloren gingen und die Pyrenäen zur Grenze zwischen beiden Ländern wurden.

Militärisch und politisch war Spanien trotz erhaltener Besitztümer in Italien und in den spanischen Niederlanden auf den zweiten Rang gerückt, als Karl II. (1665-1700) auf den spanischen Thron folgte. Da er bei Regierungsantritt erst vier Jahre alt und später krank und unfähig war, kam seiner Mutter Maria Anna als Regentin besondere Bedeutung zu. Sie ließ sich zunächst von dem deutschen Jesuitenpater Eberhard Niethart und ab 1669 von Francisco Valenzuela beraten. Bis zu den achtziger Jahren blieb Spanien Spielball von Palastintrigen und Einzelinteressen. Die Staatsgewalt verlor an Autorität, Kriminalität und Terror verbreiteten sich. In den achtziger Jahren aber wurde die Geldentwertung eingedämmt. Wichtige Wirtschaftszweige begannen, produktiv zu arbeiten. Horst Pietschmann (1997, 146) sieht in dieser Zeit den im 18. Jahrhundert zu beobachtenden Aufbruch vorbereitet. Gegenüber Frankreich militärisch unterlegen, war der König gezwungen, zahlreiche Gebiete abzugeben. Sein Nachfolger wurde ein Enkel Ludwigs des XIV., also ein Bourbone, mit dem der Einfluss Frankreichs und der französischen Aufklärung in Spanien beginnt. Mit Karl II. endete also nicht nur das 17. Jahrhundert, sondern auch die Ära der Habsburger auf dem spanischen Thron.

2. Comedia seria

2.1 La vida es sueño (Das Leben ist ein Traum)

Das Stück wurde zwischen 1627 und 1629 verfasst. Es gibt zwei 1636 erschienene Versionen, wobei die zweite eine von Calderón selbst vorgenommene Überarbeitung und Verbesserung der ersten ist. Von den im 17. Jahrhundert veröffentlichten Ausgaben liegt die erste Version acht Ausgaben und die zweite vier Ausgaben zugrunde. Die Erstaufführung fand 1630 in einem Madrider Corral-Theater statt. Zahlreich sind die **Quellen**, die sich aus der christlichen und orientalischen Tradition anführen lassen. Sie sind so zahlreich, dass Arturo Farinelli 1916 in *La vita è un sogno,* die zugrundeliegende Geschichte als universelles Kulturgut aller Völker betrachtete. Dies war Félix G. Olmedo (1928) zu pauschal. Daher machte er sich die Mühe, eine ausführliche Liste von Texten der spanischen Literatur zusammenzustellen, die Calderón beeinflusst haben können.

Aus den *Märchen von 1001 Nacht* stammt die Geschichte, in der ein Monarch einen Bettler mit einem Betäubungsmittel in den Schlaf versetzt und ihn dann für einige Stunden glauben lässt, er sei der König. Sie wurde im Mittelalter durch Juan Manuel um eine christliche Dimension bereichert.

Durch Agustín de Rojas wird sie mit einer Episode in *El natural desdichado* ins Theater eingeführt. Die Idee aber, dass das Leben einem Traum vergleichbar ist und alles Große dieser Welt ebenso unbeständig wie ein Traumgebilde ist, war ein besonders beliebtes Thema in den Predigten, die während der Gottesdienste gehalten wurden. Sie kam auch häufig vor in den unterschiedlichsten Gattungen religiöser, erbaulicher und erzieherischer Literatur, in »los abecedarios y cartillas espirituales, los espejos del alma, las escuelas de perfección, los caminos del espíritu, las guías de pecadores, los memoriales de la vida cristiana, los vergeles de oración, los tratados de la vanidad y menosprecio del mundo, y en general, todos los libros espirituales y devotos.« (Olmedo 1928, 15f) Als Beispiel sei ein Text des Tomás de Villanueva aus dem Jahr 1572 angeführt:

»Esta vida mortal es muy semejante al sueño... Como los que duermen, padecemos mil desvaríos de la imaginación...! Oh, vida mortal! ¿Qué eres tú sino una apariencia engañosa, una perpetua pesadilla? Todas estas cosas que buscamos con avidez son sombras y apariencias de bienes. Yo me figuro que las almas, lo mismo las que están en el cielo que las que están en el infierno, cuando al cabo de algún tiempo se acuerden de esta vida, les parecerá que toda ella fué un sueño.« (Zit. nach Olmedo 1928, 19)

(»Dieses sterbliche Leben ist dem Traum sehr ähnlich. Wie diejenigen, die schlafen, haben wir tausend eingebildete Wahnvorstellungen. Menschliches Leben, was anderes bist Du als täuschender Schein, als ein unablässiger Alptraum. Alle Dinge, die wir mit Gier suchen, sind nur Schatten und Schein von Gütern. Ich stelle mir vor, daß die Seelen im Himmel wie in der Hölle, wenn sie nach einer gewissen Zeit an dieses Leben zurückdenken, den Eindruck haben werden, daß es insgesamt nur ein Traum war«).

In Calderóns Stück treffen zu Beginn des **ersten Aktes** Rosaura und Segismundo, die beiden Protagonisten der beiden Handlungsebenen, zusammen. Rosaura, die aus Moskau mit ihrem Diener Clarín nach Polen gereist ist, wo sie Astolfo zu finden hofft, der ihr in Moskau die Ehe versprochen und sie verlassen hat. Um ihre Ehre wiederherzustellen, muss sie ihn zum Einlösen des Versprechens bringen oder dafür sorgen, dass ihre verlorene Ehre durch Tötung des Astolfo gerächt wird. Wegen sehr ungünstiger astrologischer Konstellationen und des Todes der Mutter bei seiner Geburt erscheint Segismundo zum grausamen Tyrannen prädestiniert. Deshalb ist er von seinem Vater im Gebirge in einem Turm eingesperrt, wo er von Clotaldo bewacht wird. Rosaura reist als Mann verkleidet, um die Anonymität zu wahren. Als sie ihr Pferd verloren und sich verlaufen hat, klagt sie Clarín ihr Leid. Zur selben Zeit klagt auch Segismundo über sein Schicksal. Als die beiden Reisenden von Clotaldo ertappt werden, fürchtet dieser, sie könnten von dem versteckten Königssohn berichten und damit ein Staatsgeheimnis verraten. Er entwaffnet sie, um sie dem König vorzuführen. Da erkennt er in dem Schwert Rosauras dasjenige, das er bei seiner Geliebten Violante einst zurückgelassen hat. Er weiß nun, dass Rosaura sein uneheliches Kind ist, behält diese Erkenntnis aber für sich. Allerdings sieht er sich in einem Konflikt zwischen seinen Pflichten als schützender Vater und gehorsamer Untertan.

Unterdessen wirbt am Königshof Astolfo, der Neffe des Königs, um die Hand der Nichte des Königs, Estrella. Beide wollen heiraten und die Nachfolge des Königs Basilio antreten, der sich von der Macht zurückziehen und ganz seinen mathematischen Studien widmen will. Basilio, der dem im Prinzip zustimmt, stellt eine Bedingung: Sein leiblicher Sohn Segismundo, von dessen Existenz der Hof bei dieser Gelegenheit erstmalig erfährt, soll eine Chance bekommen: Er soll zur Probe regieren. Widerlegt er die astrologische

Vorhersage, dann müsse man ihn bei seiner Nachfolge berück-
sichtigen. Bestätigt er die Befürchtungen, dann haben Astolfo und
Estrella seinen Segen. Alle sind einverstanden. Als nun Clotaldo
Clarín und die als Jüngling verkleidete Rosaura dem König vorführt, ist deren Entdeckung des Geheimnisses um Segismundo be-
langlos geworden, da der Hof eingeweiht ist. Beide bleiben ungestraft.

Im **zweiten Akt** sorgt Clotaldo dafür, dass Rosaura die Männer-
kleidung ablegt und bei Estrella als Hofdame im Palast angenommen wird. Segismundo wird betäubt und in den Palast gebracht. Als
er erwacht, eröffnet ihm Clotaldo, man habe ihn zuvor wegen der
bedrohlichen astrologischen Vorhersagen isoliert, obwohl er Basilios
leiblicher Sohn und der rechtmäßige künftige Herrscher über Polen
sei. Da Segismundo sich von ihm belogen und betrogen fühlt, wird
er zornig und bedroht ihn. Unbeherrscht wird er auch gegenüber
Astolfo. Gegenüber Estrella, von deren Schönheit er begeistert ist,
zeigt er sich allzu galant. Einen zu wenig unterwürfigen Diener wirft
er kurzerhand aus dem Fenster ins Meer. Als Basilio davon erfährt,
weigert er sich, einem Mörder die Hand zu reichen. Segismundo
klagt Basilio an, er sei von Anfang an roh und ohne Erbarmen gewesen, als er ihn wie ein Tier aufziehen ließ und damit seine Verro-
hung geradezu provoziert habe. Basilio wirft ihm Überheblichkeit
vor.

Als Rosaura in Frauenkleidern auftritt, fühlt sich Segismundo an
eine andere Begegnung erinnert, ist beeindruckt und wird zudring-
lich. Während sich Rosaura höflich verabschieden will, droht er, ge-
walttätig zu werden. Da er schon einen Mann aus dem Fenster geworfen habe, komme es auf eine Entehrung auch nicht mehr an.
Clotaldo sieht sich nun gezwungen einzuschreiten. Rosaura holt
Astolfo, der dem schwachen und alten Clotaldo, den Segismundo
töten will, zu Hilfe kommt. Der Kampf wird unterbrochen, als Basilio erscheint, der befiehlt, Segismundo abzuführen und in den
Turm zurückzubringen. Als dieser dort erwacht, hält er das Geschehene für einen Traum. Clotaldo bestärkt ihn in dieser Ansicht und
fügt hinzu, auch im Traum komme es darauf an, gut zu handeln.
Segismundo gelangt zu der Erkenntnis, das ganze Leben sei eine Art
Traum.

Unterdessen könnten Astolfo und Estrella weitere Zukunftspläne
schmieden, wären nicht Estrella Zweifel gekommen, da sie sich daran erinnert, dass Astolfo bei seiner Ankunft am Hof ein Amulett
mit dem Bild einer anderen Frau trug. Sie verlangt das Amulett von
ihm. Ihre Vertraute Rosaura, die sich als Hofdame den Namen As-

trea gegeben hat, soll es entgegennehmen. Als Astolfo ihr entgegen-
tritt, erkennt er Rosaura und sagt ihr das. Diese geht nicht darauf
ein und betont, es müsse eine Verwechslung vorliegen. Als Estrella
hinzutritt, entwendet Rosaura ihm unauffällig das Amulett und gibt
es als ihr eigenes aus, da ihr Bild darauf ist. Damit hat sie auf der einen Seite die Situation gerettet, auf der anderen Astolfo in Verlegen-
heit gebracht, der nun kein Amulett mehr hat, das er übergeben
könnte.

Im **dritten Akt** ist es zum Aufstand gegen Basilio gekommen, da
die Volksmenge nicht den fremden Herrn aus Moskau, sondern den
eigenen Thronfolger will. Segismundo wird von Soldaten befreit. Da
er an einen neuen Traum glaubt, will er sich an die Lehren des alten
halten. Basilio und Astolfo führen die Truppen gegen die Aufständischen an. Obwohl Basilio sich schuldig sieht, da er es unterlassen
habe, Segismundo zum Prinzen zu erziehen, ist er entschlossen, ihn
im Interesse des Staatsganzen zu besiegen.

Rosaura hat inzwischen erkannt, dass sie Astolfo an Estrella verloren hat. Sie bittet daher Clotaldo, den Verlust ihrer Ehre durch
den Tod Astolfos zu rächen. Dieser sieht sich dazu außerstande, da
er Astolfo zu Dankbarkeit verpflichtet sei, der ihm das Leben gerettet hatte, als Segismundo auf ihn einschlagen wollte. Daraufhin
wendet sich Rosaura an Segismundo. Als sie ihm erklärt, dass er sie
nun zum dritten Mal sehe, versteht Segismundo, dass die Episode
im Palast kein wirklicher Traum war. Er macht sich ihr Anliegen zueigen, zeigt sich ihr gegenüber diesmal trotz aller Leidenschaft beherrscht und gewillt, alles für die Wiederherstellung ihrer Ehre zu
tun. Im Kampfgetümmel wird ausgerechnet Clarín, der sich in einem Versteck in Sicherheit fühlte, tödlich getroffen. Er klagt: »Soy
un hombre desdichado/ que, por quererme guardar/ de la muerte, la
busqué.« (3075-3077) (»Ich bin ein unglücklicher Mensch: In der
Absicht, dem Tod zu entkommen, lief ich ihm in die Arme«).

Schließlich wird Basilio dem siegreichen Segismundo vorgeführt.
Segismundo unterwirft sich dem Vater, der sich aber nicht rächen
will, sondern ihn zum Herrscher macht. In seiner neuen Würde und
Weisheit ordnet Segismundo an, Astolfo möge Rosauras Ehre wie-
derherstellen und sie heiraten. Als dieser deren ungeklärte, weil un-
eheliche Herkunft als Hindernis anführt, meldet sich Clotaldo zu
Wort, indem er bekannt gibt, Rosaura sei seine Tochter und damit
ebenso alten Adels wie Astolfo selbst. Nun gibt es für Astolfo kein
Hindernis mehr, Rosaura zu heiraten. Segismundo aber kündigt an,
er werde Estrella zu seiner Frau machen. Als der Soldat, der Basilio
verraten und seine Truppe zu Segismundo geführt hat, eine ange-

messene Belohnung fordert, bestraft ihn Segismundo als Verräter
mit der Haft in jenem Turm, den er selbst verlassen hat. Das Stück
endet mit Segismundos Worten:

»pues así llegué a saber / que toda la dicha humana, / en fin, pasa como
sueño. / Y quiero hoy aprovecharla / el tiempo que me durare, / pidiendo
de nuestras faltas / perdón, pues de pechos nobles / es tan propio el perdo-
narlas.« (3312-3319)

(»Denn ich habe eingesehen, dass das ganze Glück der Menschen schließlich wie ein Traum vorbeizieht; diesmal will ich es nützen, mag es auch nur
kurze Zeit dauern. Um Verzeihung für unsere Fehler bitte ich, denn Vergebung ist es, die edle Gemüter auszeichnet«).

Ist es nicht eigentlich ungerecht, dass Segismundo den verräteri-
schen Soldaten bestraft? Wenn dieser einen rechtmäßigen König
verraten hat, dann gilt dies doch ebenso für Segismundo, der sich an
die Spitze des Aufruhrs stellt. Ist es gerecht, wenn Basilio Segismundo verzeiht, sich des Aufstandes bedient zu haben, und Segismundo
den Anführer der Aufständischen in den Kerker schickt, weil er sich
gegen Basilio aufgelehnt hat? T. E. May (1970) hält dies für Segismundos erste politische Fehlentscheidung und für eine Perpetuie-
rung desselben Unrechts, der Bestrafung durch Haft im Turm, unter
anderen Vorzeichen. Dem ist mit Daniel L. Heiple (1973)
entgegenzuhalten, dass seit der Spätantike, aber auch in spanischen
Sprichwortsammlungen und bei Quevedo, Tirso und beim frühen
Calderón der Topos der **Bestrafung des Verräters** so geläufig ist,
dass das Publikum kaum Anstoß genommen haben dürfte. Hinzu
kommt, dass zu Calderóns Zeit in vielen Traktaten jede Art von Rebellion, auch die gegen einen tyrannischen Herrscher, abgelehnt
wurde.
    Als Rechtfertigung für Segismundos Handeln lässt sich auch an-
führen, dass er damit als neuer Herrscher exemplarisch vorführt, wie
er mit künftigen Rebellen umzugehen gedenkt. Schließlich wäre es
Calderón als mangelnde Loyalität ausgelegt worden, wenn er einen
Aufstand gegen einen König in positivem Licht und als nachah-
menswert dargestellt hätte. Also trägt er dafür Sorge, dass Segismundo seinen Vater um Verzeihung bittet und der Soldat bestraft
wird. Zudem hat der Soldat das Prinzip der Unterwerfung unter die
Autorität missachtet, als er vorlaut um besondere Berücksichtigung
und Belohnung bat. Demgegenüber zieht A. Robert Lauer (1994)
mehrere Stücke heran, um zu zeigen, in welcher Weise es dem Volk
im Theater als legitim vorgeführt wurde, eine politische Veränderung von unten herbeizuführen und Gewaltherrscher oder Volksun-

terdrücker durch eine Rebellion zu stürzen. Dass dies durchaus als
sinnvoll vorgeschlagen wurde, sieht er u.a. mit *La vida es sueño* belegt.

Wer aber ist am Ende der König Polens? Menéndez y Pelayo
(1910) meinte, es müsste Segismundo sein, da dieser die Schlacht
gewonnen hat. Auch treffe er erste Anordnungen. A.A. Parker
(1982) dagegen ist der Meinung, dass Segismundo seinem Vater
reumütig alle königlichen Rechte zurückgibt, nachdem er ihn einmal besiegt hat, so dass Basilio König bleibt. Donald McGrady
(1988) aber hält die Aussage Basilios »a ti el laurel y la palma/ se te
deben; tú venciste;/ corónente tus hazañas.« (3251-3253) für eindeutig und entscheidet sich für Segismundo als künftigen König.

Hat der **Turm** für Segismundo auch eine symbolische Bedeu-
tung? Alexander A. Parker (1982, 253) sieht eine »archetypische«:
»All men are born prisoners of the imperfectibility of life [...] it is
fatal by repression of any kind, to try to revent individual men from
doing wrong.« Francisco Ruiz Ramón (1994) stellt den Turm ins
Spannungsfeld der im Stück relevanten Orte. So sei der Turm der
Ort des seiner Freiheit und Identität beraubten Gefangenen, der
Palast der Ort des Königs, der dies zu verantworten hat, und das
Schlachtfeld der Ort, wo das binäre System gebrochen wird und
durch Gewalt der Konflikt zwischen Freiheitsstreben und Schick-
salsglauben einer Lösung zugeführt wird. Domingo Ynduráin
(1986) dagegen sieht Segismundos Veränderung vor dem Hintergrund des damals geläufigen Themas der »dignitas et miseria hominis«. Schon in Thomas von Aquins *De regimine principum* heißt es,
der Mensch sei ohne schützendes Fell geboren, ohne Waffen zur
Verteidigung gegen Feinde, aber er sei mit Vernunft und Sprache
ausgestattet; um letztere zur Vollkommenheit zu bringen, benötige
er die Hilfe anderer Menschen, müsse also in der Gemeinschaft leben. Segismundo ist am Anfang wie ein Tier mit einem Fell bedeckt
und entbehrt der Gesellschaft, die Vernunft und sprachliches Verhalten verfeinern könnten. Entsprechend verhält er sich im Turm
und nach dem Aufwachen im Palast.

Der Turm schließlich erinnert Ynduráin an die Höhle, mit der
Platon im *Staat* gleichnishaft die Unkenntnis ihrer Bewohner veranschaulicht, die wie Segismundo »gefesselt« sind und auf einem stei-
len Pfad den Weg zur Sonne, d.h. zur Erkenntnis der wahren Ideen,
finden. Diesen Gedanken führt Angel González Fernández (1996)
aus und zeigt, dass Segismundo wie der platonische Höhlenbewoh-
ner in drei Stufen zur Wahrheit findet: Wie Schatten sind für ihn
die Ausführungen und Beschreibungen, die Clotaldo von der Welt

macht. Sein erster Kontakt mit der Realität außerhalb vom Turm
führt ihn nur zu Abbildern. Erst am Ende gelangt er zur Einsicht in
die Welt der Ideen, von denen die Abbilder in der Welt abhängen,
die er nun richtig einzuordnen weiß.

Da Leben mit wachem Bewusstseinszustand verbunden wird, ist
es der Gegensatz zum Traum des Schlafs. Wenn in Calderóns Titel
die Gegensätze gleichgesetzt werden, dann entsteht ein **Paradox**, das
die Neugier des Publikums zu wecken geeignet ist. Ein weiteres Paradox hat man aus theologischer Perspektive im Stück angelegt gesehen: Wenn der Mensch die Willensfreiheit hat, das von ihm Ge-
wählte aber dem allwissenden Gott bekannt ist, müssen dann nicht
die menschlichen Handlungen vorherbestimmt sein, da Gott sie ja
im voraus kennt? Da die theoretische Antwort auf diese seit der Renaissance vieldiskutierte Frage dem Menschen infolge seiner be-
grenzten Verstandeskraft nicht möglich ist und ein Geheimnis
bleibt, sieht Angel Valbuena-Briones (1977, 194) in Segismundo die
langsame Einsicht in die praktische Notwendigkeit des Handelns
gemäß den Tugenden der Gerechtigkeit, der Stärke und der Mäßi-
gung. Segismundos Weg im Stück sieht er als »una serie de mo-
vimientos ascensionales y caídas hasta que obtiene el entendimiento
de la virtud y ejerce la práctica del bien.« (»eine Reihe von Auf- und
Abstiegen bis zum Erreichen der Tugend in Theorie und Praxis«).

Man könnte diesen Weg auch mit Wolfgang Matzat (1991) als
Bewährungsprobe bezeichnen. Segismundo wird ihr unterzogen einerseits durch Basilio, andererseits durch eine metaphysische Macht.
Derartige Bewährungsproben stehen auch im Zentrum von *El gran
teatro del mundo* (*Das große Welttheater*) oder des ersten Aktes von *El
médico de su honra*. Sie können auch zu Versuchungen werden, wie
etwa im Fall von Justina in *El mágico prodigioso*. Man darf nicht ver-
gessen, dass das spanische Wort »sueño« gleichermaßen Traum und
Schlaf bedeutet. In der Predigtliteratur des Siglo de Oro sind die
Beispiele häufig, in denen das Leben verglichen wird mit einem
Windhauch, einem Schatten oder mit »sueños«. Insgesamt sechs
Mal erfährt man im Stück von »sueños« im Sinne von Traum oder
Schlaf. Zunächst wird vom König Basilio erzählt, seine verstorbene
Frau habe verschiedentlich vom traurigen Schicksal ihres Sohnes ge-
träumt. Dann wird dem Publikum erzählt, dass Segismundo durch
Narkotika in den Schlaf versetzt wird, um in den Palast gebracht zu
werden. Erneut mit Narkotika betäubt, wird er in den Turm zu-
rückgeschafft. Viertens hält Segismundo seinen Aufenthalt im Palast
für einen Traum. Fünftens wirkt demgegenüber der komische
Traum Claríns entspannend. Sechstens schließlich wird der Zu-

schauer mit der Belehrung entlassen, im Leben, gleichgültig ob es
Wirklichkeit oder Traum ist, komme es auf das gute Handeln an:
»Mas sea verdad o sueño, obrar bien es lo que importa.« (2423-
2424) Segismundos »maestro un sueño«, sein »Lehrmeister, ein
Traum«, hat ihn belehrt, »que toda la dicha humana, / en fin, pasa
como sueño.« (3306, 3313-3314) (»daß das ganze Glück der Menschen schließlich wie ein Traum vorbeizieht«).

Zahlreich sind die allgemeinen **Deutungen**, die für dieses Stück
vorgeschlagen wurden. Religiös verstanden, wird ein Beispiel für
Schuld und Sühne gegeben und auf die Hinfälligkeit und Nichtigkeit des Diesseits hingewiesen. Philosophisch gesehen werden Willensfreiheit und Erkenntnistheorie thematisiert. Die Devise »obrar
bien« kann vor dem Hintergrund der katholischen Gnadenlehre als
Hinweis auf die Möglichkeit des einzelnen gelten, durch gute Taten
an seinem Seelenheil mitzuwirken; sie lässt sich aber auch wie bei
Martin Franzbach (1974, 51) »als Persönlichkeitsideal, das keine
Standesschranken kennt und das durch Selbstdisziplin zu erwerben
ist«, säkularisieren. In den Mittelpunkt gestellt werden kann weiter
die Notwendigkeit einer den sozialen Regeln angemessenen Erziehung, der Tyrannenmord, der Volkswille, die Problematik des Glaubens an wissenschaftliche bzw. astrologische Vorhersagen oder das
Weiterbestehen eines Gesellschaftsgefüges, dessen ordnungsstiftende
Kraft, der König, zum Gegenstand allgemeiner Kritik geworden ist.

Bernhard Teuber (1988, 146) erinnert daran, dass **Descartes**, der
die vernünftige von der wahrnehmbaren Welt, die res cogitans von
der res extensa, getrennt hat, Zeitgenosse Calderóns war. So verweist
in seinen Augen der Traum im Stück metonymisch »auf die Erfahrung der sinnlichen Imagination schlechthin«. Segismundo mache
bei seiner Weltdeutung dieselbe Erfahrung wie Rosaura beim Bemühen um die Wiederherstellung ihrer Ehre: »Die Wahrnehmung der
Wirklichkeit durch das Subjekt ist gestört, erweist sich als ›frenesí‹
und ›ilusión‹« (ebd., 151). Denn Segismundo beziehe aus dem
Traum eine »eigentlichere Erfahrung« (ebd.) als aus der Wirklichkeit. Teubers Deutung träfe dann zu, wenn man davon ausginge,
dass es Rosaura am Ende nicht gelungen ist, Segismundo mit ihrem
Hinweis auf die drei Begegnungen mit ihr von der inszenierten Realität seines vermeintlichen Traums zu überzeugen. Ist ihr dies jedoch
gelungen, dann hat Segismundos spätere Bezugnahme auf seinen
Traum nur metaphorischen Charakter. Interessant dagegen ist Teubers Idee, Foucaults Analogie zwischen allen Erscheinungen und
Zeichen gleichermaßen auf die Beziehung zwischen Segismundo
und seiner direkten Umwelt zu übertragen sowie in der astrologi-

schen Beziehung zwischen Gestirnen und Subjekt zu sehen. Allzu
gewagt ist es jedoch, die kurze Verwechselung Claríns mit Segismundo nicht als bloßes unterhaltsames Element, sondern als karne-
valeske Verkehrung von Auf- und Abstieg des Segismundo zu deuten.

Allgemein lässt sich fragen, welchen **Stellenwert die Astrologie**
und ein mit ihr verbundenes, determiniertes Schicksal hat. Calderóns Einstellung gegenüber der Astrologie erscheint uneinheitlich,
wenn man bedenkt, dass in *El mayor monstruo del mundo* (*Das größte Ungeheuer der Welt*) sich die Vorhersage trotz aller Gegenmaßnah-
men erfüllt, aber Herodes im ersten Akt davor warnt, der Sternendeutung allzu viel Glauben zu schenken, während es in *La vida es
sueño* heißt, die Sterne lügen nicht, aber das Vorhergesagte nicht
eintritt. In *La vida es sueño* steht: »Lo que está determinado / del
cielo, y en azul tabla / Dios con el dedo escribió, / de quien son ci-
fras y estampas / tantos papeles azules / que adornan letras doradas,
/ nunca engaña, nunca miente.« (3162-3168) (»Nie täuscht, nie lügt
das, was bestimmt ist vom Himmel und auf der blauen Tafel Gott
mit dem Finger schrieb, von dem Chiffren und Bilder, so viele blaue
Schriftstücke, die goldene Buchstaben schmücken, stammen«).
Falsch wäre es jedenfalls, die Problematik dadurch zu lösen, dass
man in der Astrologie nichts anderes als ein Symbol sieht.

Die Vorstellung von einer Seele, die für sich einen Körper aus-
wählt, der unter dem Einfluss eines Sterns steht, geht auf Platons
Timaios zurück. Die Astrologie im Siglo de Oro, z.B. in der von A.
Valbuena Briones (1965) angeführten *Reprobación de las supersticiones y hechicerías* (1539) (*Tadel des Aberglaubens und der Zauberei*) des
Ciruelo aus Salamanca beansprucht für sich, Entwicklungstenden-
zen und die Geistesart der Menschen voraussagen zu können. Sofern
die Leidenschaften dominieren, tritt das Vorhergesagte auch ein. Allein der freie Wille kann sich einem als ungünstig vorausgesagten
Schicksal und einer ungünstigen Veranlagung entgegenstellen und
zu einer positiven Entwicklung führen: »porque el hado más es-
quivo, / la inclinación más violenta, / el planeta más impío, / sólo el
albedrío inclinan, / no fuerzan el albedrío« (Calderón: *La vida es
sueño*, 787-791). Dort, wo die Leidenschaften dominieren, wie in *El
mayor monstruo del mundo* oder in *Eco y Narciso* (*Echo und Narziß*),
greift der freie Wille dagegen nicht in den Gang des Schicksals ein,
und das Vorhergesagte erfüllt sich. Es fällt auf, dass nur individuelle
Schicksale, nicht kollektive vorhergesagt werden und dass das vorhergesagte Übel -es ist meist etwas Negatives, das vorhergesagt wird
– durch Dominanz der Leidenschaften herbeigeführt wird. Erika

Lorenz (1961) greift zur Erklärung auf das aristotelische Weltbild
mit einer sublunaren und einer superlunaren Sphäre zurück, wobei
die Bewegungen der letzteren auf erstere einwirken und alle Bewegungen von einem unbewegten Beweger angestoßen werden.

Thomas von Aquin hatte präzisiert, dass die höheren Körper auf
die in jeder Hinsicht niederen wirken, d.h. auf den Körper des
Menschen, der jedoch mit der Seele eine Einheit bildet und daher
vom unabhängigen, von den Sternen freien Willen geführt wird. So
kann also die Astrologie wegen der Einflussmöglichkeit des freien
Willens nichts mit Sicherheit voraussagen. Dass die Sterne nicht lügen, ist also zugleich richtig und falsch. »Los astros inclinan la
voluntad, pero no la determinan«, die Sterne weisen den Willen in
eine bestimmte Richtung, ohne ihn aber dabei zu determinieren, erklärt Antonio Hurtado Torres (1983, 928). In Calderóns Stück *El
astrólogo fingido* (*Der falsche Astrologe*) ist zwar ein inkompetenter
Vertreter der Astrologie Ziel der Satire, nicht aber die Disziplin
selbst. Genannt wird im Stück Ginés de Rocamora y Torrano, der
Autor des astrologischen Werkes *Sphera del Universo* (Madrid 1599),
aus dem Calderón eine thomistische Bewertung der Astrologie entnehmen konnte. Jedenfalls kann die Figur dessen, der astrologische
Voraussagen macht, eine ernste sein, wie im Fall des Basilio in *La
vida es sueño*, oder eine komische, wie in *El astrólogo fingido*, wie
Ignacio Arellano (1996, 27) betont.

Während Menéndez y Pelayo (1910) Calderón vorgeworfen hat,
seine **Figuren** seien zu schematisch und hätten keinen ausgeprägten
Charakter, lässt sich aus dieser Not auch eine Tugend machen, wenn
die Figuren als Funktionsträger in einer Argumentationsstruktur stehen, in der sie eine moralische oder philosophische These demon-
strieren. Ulrich Knoke (1969, 253) zählt einige der möglichen The-
sen auf: »Alles Irdische ist Schein«, »Nur die Tugend hat Bestand vor
dem Ewigen«, »Niemand entrinnt seinem Schicksal«, »Der Mensch
entscheidet mit über sein Seelenheil«. Die Betrachtung des Stückes
als konstruiertes Thesenstück hatte schon Angel L. Cliveti (1971)
kritisiert. Ganz deutlich entfernt sich davon José M. Ruano de la
Hazas (1994) auf die Aufführungspraxis bezogene und daher besonders pragmatische Vorgehensweise. Für ihn ist Segismundo nicht
Symbol, Allegorie oder Archetyp, sondern eine Theaterfigur, deren
Handlungen und Motivationen aus dem Dramenkontext zu verstehen sind. Dass Segismundo sich bei seinem ersten Aufenthalt im
Königspalast falsch benommen hat, lässt sich aus seiner Sicht einfach auf die Wirkung der Drogen zurückführen, die er hatte zu sich
nehmen müssen, um bewusstlos vom Turm zum Palast gebracht

werden zu können. Im übrigen verhalte sich Segismundo, wie er es
von den wilden Tieren gelernt hat, bei denen die Oberhäupter gleichermaßen gefürchtet wie respektiert sind. Daher flöße er Clotaldo
und den Dienern Furcht ein, verlange von Astolfo Respekt und
wünsche, alle weiblichen Wesen, denen er begegnet, zu besitzen. Am
Ende schließlich hat Segismundo nach Ruano de la Haza nicht etwa
zur Vernunft gefunden, sondern da er dank Rosaura weiß, dass sein
Traum Realität war und sein Leben nicht fragmentarisch, sondern
kontinuierlich verlief geradezu behavioristisch auf gleiche Reize mit
angemesseneren Reaktionen geantwortet. So sagt er »y la experiencia
me enseña/ que el hombre que vive sueña.« (2155, 2156) (»Die Erfahrung lehrt mich, dass der Mensch, der lebt, träumt/schläft«.) Er
weiß, dass schlechtes Benehmen sofort und streng bestraft wird, und
entscheidet, die Lehre, die er aus seiner Erfahrung gezogen hat, bei
der nächsten Gelegenheit in die Praxis umzusetzen (Ruano de la
Haza, 1994, 51-52). Mit fortschreitender Entfernung vom Turm
entwickelt sich bei Segismundo die Sozialisation und mit ihr die
Vernunft: Aus der Furcht vor Strafe ist die vernünftige Einsicht in
die Vergänglichkeit der sinnlichen Vergnügungen und in die Bedeutung von Ansehen und Ruhm geworden. Dass Segismundo auch am
Anfang kein Tiermensch oder ein Wilder war, betont auch Ulrich
Knoke (1969, 246, 248), der in ihm »einen gefährlichen, aber
durchaus nicht ungebildeten und unwissenden Choleriker« sieht.
Ebenso wenig hält er es für sinnvoll, aus dem »übermäßig gereizten,
überall aneckenden und immer neu frustrierten Segismundo einen
überlegen handelnden Zyniker« und Machiavellisten zu machen.
   Wird bei Segismundo eine **Vater – Sohn Problematik** deutlich,
dann liegt bei Rosaura ein problematisches Vater-Tochter Verhältnis
vor. Nach Ruano de la Haza ist Rosaura primär auf der Suche nach
ihrem Vater und erst in zweiter Linie nach Astolfo. Sie hat schon relativ früh an den besorgten Reaktionen Clotaldos erkannt, dass dieser ihr Vater ist. Ihr stetes Bemühen, er möge sich um die Wiederer-
langung ihrer Ehre kümmern, ist daher nichts anderes als der
Versuch, ihn dazu zu bringen, sich als ihr Vater zu erklären. Clotaldo aber ist primär um seine eigene Ehre besorgt und zeichnet sich
durch moralische Blindheit und bedingungslose Loyalität gegenüber
Basilio aus. Basilios Verhalten gegenüber seinem Sohn ist ambiva-
lent: einerseits schenkt er der astrologischen Warnung Glauben; andererseits maßt er sich an, das Schicksal ändern zu können, indem
er Segismundo vom Hof entfernt. Die Folge ist das ambivalente Er-
gebnis, dass die Vorhersage zugleich erfüllt und nicht erfüllt wird.
Basilio aber erscheint Ruano de la Haza (1994) wie Francisco Ruiz

Ramón (1990, 1991) und Frederick A. de Armas (1986) gekennzeichnet durch einen Uranos- bzw. Kronoskomplex. Uranos, der mit Gaia gegen ihren Willen viele Kinder zeugte, hielt sie im Inneren der Erde gefangen, bis Gaia Kronos dazu bewegen konnte, sich gegen den Vater aufzulehnen. Kronos siegte und wurde Herrscher der Welt. Als er von Gaia und Uranos erfahren hatte, dass ihm eines seiner Kinder die Herrschaft nehmen würde, verschlang er nach ihrer Geburt alle bis auf Zeus, der listig verborgen wurde. Zeus wiederum lehnte sich gegen Kronos auf, besiegte und verbannte ihn. Der Vergleich zum antiken Mythos zeigt wenige, aber wichtige strukturelle Parallelitäten.

Basilios Hauptantriebsfeder ist der Wunsch, jeden Machtverlust zu vermeiden: Um nicht Gefahr zu laufen, die Macht zu verlieren, wenn Segismundo dank seines freien Willens erfolgreich alle Vorhersagen dementiert, sperrt er ihn in den Turm. Im Verlauf des Stückes schließlich bereitet er sorgfältig und genau alles so vor, dass Segismundos Bewährungsprobe scheitern muss. Allerdings bleibt Basilio nicht kalt und berechnend, sondern verändert sich und wird zunehmend menschlicher. Auch Clotaldo ist nicht einseitig zu verurteilen, wenn er seine Geliebte Violante verlässt: Er opfert die Liebe der Gefolgschaftstreue, die ihn dazu zwingt, an der Seite Basilios nach Polen weiterzureisen.

Everett W. Hesse (1965) geht von Thomas von Aquin aus, unterstreicht die Dualität des Menschen, bei dem die animalische von der vernünftigen Seite zu unterdrücken ist. Er zeigt dabei, inwiefern Calderón bemüht ist, den vollkommenen christlichen Fürsten zu thematisieren, dessen vernünftige Seite durch prudentia und temperantia gekennzeichnet sein soll. Dennoch erweist sich Basilio zu Beginn nicht nur als schlechter Vater, sondern auch als schlechter König, der, statt sich den Regierungsgeschäften zu widmen, wie Euklid oder Thales von Milet »matemáticas sutiles« (614) pflegt, sich also mit spekulativen Dingen beschäftigt, was eines Königs unwürdig ist. Seine Bevorzugung von Astolfo und Estrella als Herrscher und seine Ablehnung Segismundos werden vom Volk als Tyrannei empfunden. Die **Auflehnung gegen einen Tyrannen** aber galt als legitim. Dies unterstreicht auch Segismundo: »En lo que no es justa ley/ no ha de obedecer al rey.« (1321-1322) (»Im Fall eines nicht gerechten Gesetzes verdient der König keinen Gehorsam«). Eine solche Auflehnung greift jedoch in keiner Weise die Institution der Monarchie an und kann daher nicht – wie von Ciriaco Morón Arroyo (1981, 29) – als revolutionär bezeichnet werden. Auch geht es zu weit, dies als Indiz für einen dialektischen Schritt hin zur Aufhebung von Standesgrenzen und zur Behauptung prinzipieller Gleichheit aller Menschen zu werten. J.M. Díez Borques (1976, 143, 166, 352) Blick auf andere Stücke zeigt, dass im allgemeinen für Calderón der König der Stellvertreter Gottes auf der Erde und die Verkörperung höchster Gerechtigkeit ist, wenn man von deutlichen Ausnahmen wie dem grausamen König in *Contra valor no hay desdicha* (*Gegen Mut gibt es kein Unglück*) absieht.

Häufig wurde die Frage gestellt, ob **Rosauras Versuche zur Wiederherstellung ihrer Ehre** eine zweite Haupthandlung oder eine Nebenhandlung bilden. Unumstritten ist, dass Rosauras und Segismundos Schicksale nicht nur Parallelitäten aufweisen, sondern auch voneinander abhängig sind. Schon zu Beginn fühlen sich beide in ihrem Leid verbunden. Segismundos erster Auftritt im Palast ist nicht nur für ihn, sondern auch für sie ein Misserfolg, insofern er die Heirat von Astolfo und Estrella fördert. Von allen Begegnungen im Palast schließlich ist die mit Rosaura die wichtigste, da später Rosauras Hinweis darauf Segismundo deutlich macht, dass sein Besuch im Palast Realität war. Darauf gründet seine Erkenntnis, dass das Leben selbst so flüchtig wie ein Traum und keine beständige und verlässliche Realität ist. Schließlich macht Rosaura Segismundos Umkehr nicht nur möglich, sondern sie ist auch deren Beweis, insofern er seine Liebe zu ihr der Rettung ihrer Ehre opfert. Eine Parallelität zwischen Segismundo und Rosaura besteht darin, dass Segismundo Macht und Anerkennung seiner Rechte durch das Schwert erkämpfen muss und Rosaura, allerdings symbolisch, durch das von Clotaldo zurückgelassene Schwert ihre Identität wiedererlangt.

Möglich ist es nach Aurora Egido (1995), dass die Figur der Rosaura bei Calderón an die gleichnamige Figur in Cervantes' Schäferroman *La Galatea* anknüpft, die ihrerseits auf der Suche nach dem Geliebten ist, der sie verlassen hat und sich dabei über die Regeln der Ehre hinwegsetzt. Zwei allzu gewagte Versuche, die eines weiteren Kommentars nicht bedürfen, haben es nicht unterlassen, auch Rosaura mit antiken Figuren in Verbindung zu bringen. Nach Maurice Molho (1979) ist sie die Figur, die bei Segismundo einen Ödipuskomplex auslöst, wobei die Begehrlichkeit von der begehrten aber nicht erlaubten Rosaura schließlich auf Estrella abgelenkt wird. Für Michèle Gendreau Massaloux (1983) ist Rosaura als Opfer Astolfos und Helferin des Segismundo mit Ariadne zu vergleichen, die dem von ihr geliebten Theseus den Garn gibt, durch den es ihm gelingt, den kretischen Minotaurus zu töten und den Ausgang des Labyrinths wiederzufinden, während Theseus der Liebe die Macht vorzieht und Ariadne auf Naxos zurücklässt.

Joachim Küpper (2000, 422) geht von einem einfachen Axiom
aus: »Weil Empirie tridentinisch häretisch (protestantisch) wäre,
weil autonome Ratio christlich nicht möglich ist, kann Calderón
nicht anders, als seinen Helden am Ende des Stücks wieder in die
Obhut jener Tradition und Autorität zurückkehren zu lassen, von
der Descartes sagt, sie sei so ruinös für die Vernunft wie Traum und
Phantasie.« Es liegt auf der Hand, dass sich aus einer das Triden-
tinum (Konzil von Trient, 1545-1563) mit Protestantismus und
Häresie identifizierenden und Empirie und Ratio unspezifisch ver-
wendenden Prämisse vor allem Fehlschlüsse ergeben. Rosaura repräsentiere folgendes für die Moderne konstitutives Projekt:

> »Kontingenz [die Bedingtheit alles Seienden, das nicht wie Gott aus eigener
> Wesensnotwendigkeit existiert] und im besonderen das Interferieren von
> »adversa fortuna«, nicht mehr zu bewältigen durch Interpretation (als my-
> thische Fatalität, als göttlicher Wille), sondern durch den Versuch, die
> Schädigung zu heilen, und sei es um den Preis, die Grenzen der Schöp-
> fungs- und moralischen Ordnung zu transgredieren, damit implicite anzu-
> setzen, daß es diese Ordnungen als prästabilierte, auf alle Zeiten fixe Grö-
> ßen nicht gibt.« (384)

Rosaura repräsentiere dieses Konzept, während es »aus der Sicht des
Stückes« verwerflich und illusionär erscheine. Küpper schließt letzteres daraus, dass sie erst durch den zum »príncipe cristiano« gewandelten Segismundo zu ihrem Recht gelange. Man könnte ebenso gut
sagen, dass Segismundo seine Läuterung Rosauras dreifacher identi-
tätsstiftender Präsenz verdanke und dass keiner besser geeignet ist als
er, die Legitimität von Rosauras »modernem« Handeln zu unterstreichen und zu belohnen, nicht weil er Fürst ist, sondern weil er
anders als Astolfo und Clotaldo ihr seine Subjektfindung verdankt.
Warum Rosaura zugemutet werden muss, »die Grenzen der Schöp-
fungs- und moralischen Ordnung zu transgredieren«, um dem Konzept der Neuzeit zu genügen, bleibt unklar, es sei denn unter der
moralischen Ordnung wird fälschlicherweise die soziale Konvention
des Ehrenkodex verstanden, der einer Frau die Reise ohne Verkleidung verbietet, und Schöpfungsordnung wird fälschlicherweise mit
einer subjektiv (miss-)verstandenen »adversa fortuna« bzw. einem
ebenso subjektiv (miss-)verstandenen göttlichen Willen identifiziert.
Wenn ihr der Reitunfall zu Beginn des Stücks zum Indiz wird,
schicksalhaft dem Unglück ausgeliefert zu sein und auf niemandes
Hilfe hoffen zu können (387), dann wird dies durch ihre zahlreichen folgenden Bemühungen widerlegt, die von ihrem Glauben an
die Gestaltbarkeit ihres Schicksals zeugen. Wenn schließlich Aussa-
gen Rosauras über ihr Pferd, das ungestüm und mit Gewalt ver-

sucht, ans Ziel zu kommen, als Selbstaussagen zu bewerten sind, dann ist daraus nicht gleich der prinzipielle »Verlust der rationalen Kontrolle über das sinnliche Begehren« abzuleiten, sind ihr nicht die als »Töchter der Fleischeslust« (391) auftretenden Zustände und Verhaltensweisen zuzuschreiben. Sie kann nicht gleichzeitig geradlinig ein Ziel verfolgen und der desperatio anheimfallen. Spätestens wenn sie an Astolfo Rache nehmen will, ist sie nicht durch luxuria, sondern durch den Ehrenkodex geleitet.

Basilio erscheint Küpper als Empiriker, da er seine Prognose zu Segismundo nicht nur auf die Sternendeutung, sondern auch auf die Sonnenfinsternis bei dessen Geburt und die Vorahnungen seiner Ehefrau stützt. Seine induktiv gewonnene Prognose setzt er der Möglichkeit einer Falsifikation aus. Sein Handeln »ist Prävention von Kontingenz in einem essentiell modernen, ja die Moderne fundierenden Sinne« (395). Dies ist durchaus richtig. Falsch ist aber, dass er seinen Sohn des freien Willens beraubte und ihn damit in die Hölle brächte: Segismundo hat nie den freien Willen, wohl aber die Freiheit verloren. Und damit kann ihn Basilio nicht in die Hölle bringen. Unklar ist auch, wo im Stück der Offenbarungstext steht, in dem autonome Wissenschaft und »alles Wissen, das sich lizit [sic!] gewinnen läßt« (399) kodifiziert sind. Damit nämlich will Küpper die Basilio und Rosaura zunächst konzedierte Modernität wieder entziehen.

Weiter stellt sich die Frage, ob Segismundos zügelloses Verhalten bei seinem Auftritt am Hof, das er mit »Nada me parece justo / en siendo contra mi gusto.« (Calderón, 1417f) (»Nichts scheint mir gerecht, was mir missfällt«). kommentiert, tatsächlich als Resultat jenes Zweifels an der Realität gelten kann, der sich doch erst nach der Rückkehr in den Turm einstellt. Zeigt sich daran wirklich die »Herrschaft des physisch Stärkeren«? Küpper bejaht dies: »Radikaler Skeptizismus induziert Hedonismus, dieser wiederum den Ruin aller moralischen Maßstäbe.« (Küpper 2000, 407). Nicht jeder Skeptizismus muss radikal sein und die Gültigkeit moralischer Normen einbeziehen. Zumindest ist dies nicht, wie I. Kant gezeigt hat, Voraussetzung für das Konzept der Neuzeit, und es ist auch kein Thema des Stückes. Segismundos Aussage »sirva de ejemplo este raro / espectaculo« (3228f) bezieht Küpper nicht auf das gesamte Stück, sondern auf den Anführer der Rebellion, den Segismundo nicht belohnt, sondern einkerkert, und der damit bei Küpper eine ganz besondere Bedeutung erhält, indem sein Beispiel »auf das alle Zeiten invariante und menschlicher Interpretation entzogene göttliche Gesetz« (Küpper 2000, 414) verweise. Warum für die Verurteilung des

Aufrührers nicht politisches Taktieren, sondern gleich »das göttliche
Gesetz« den Maßstab liefert, ist ebenso unklar wie die Auffassung,
dass nunmehr mit dem Skeptizismus die Epistemologie beseitigt sei
und praktische Philosophie ohne Epistemologie als Dogma übrig-
bleibe. Hat nicht gerade die Neuzeit vom Humanismus bis zu Kant
zu zahlreichen Ansätzen einer nicht in der Transzendenz fundierten,
immanenten Philosophie der Praxis unter Ausklammerung der Metaphysik gefunden? Es ist bisher in keinerlei Weise argumentativ widerlegt, dass sich der von den Jesuiten und vom Konzil in Trient beeinflusste Calderón nicht auch eine Haltung wie die der »regla de
gran maestro« seines jesuitischen Zeitgenossen Gracián (1647, 459)
zueigen gemacht hat: »Hanse de procurar los medios humanos
como si no hubiese divinos, y los divinos como si no hubiese humanos: **regla de gran maestro**. No hay que añadir comento.« (»Menschliche Mittel soll man besorgen, als gäbe es keine göttlichen, und
göttliche, als gäbe es keine menschlichen: Regel des großen Mei-
sters. Dem ist kein Kommentar hinzuzufügen«).

2.2   *El alcalde de Zalamea*
(*Der Bürgermeister von Zalamea*)

Calderóns Stück, das ein Drama mit demselben Titel von Lope de
Vega als Vorlage hat, wurde 1640 verfasst, als die spanische Krone
gerade die Herrschaft über Portugal verloren hatte. Die Handlung
ist jedoch in die Zeit der kriegerischen Auseinandersetzungen um
die Thronfolge Portugals situiert, die zur Herrschaft Spaniens über
Portugal führten. Schauplatz ist Zalamea, ein Ort nahe der portu-
giesisch-spanischen Grenze, durch den die spanischen Truppen, die
den König begleiten, auf dem Weg nach Lissabon ziehen wollen.
Die Figur des Kommandeurs Lope de Figueroa, der eine historisch
belegte Gestalt ist und in mehreren Stücken Lope de Vegas und Calderóns auftritt, schickt eine dem Hauptmann Alvaro de Ataide
unterstellte Kompanie als Vorhut voraus. Bei der Verteilung der
Übernachtungsmöglichkeiten wird der Hauptmann im Haus des
Bauern Pedro Crespo einquartiert, dessen Tochter Isabel wegen ihrer
allseits gerühmten Schönheit sein Interesse geweckt hat. Sie allerdings weist den Hauptmann ab, wie sie schon die Avancen des armen, aber auf seinen Adel stolzen und eher platonisch liebenden
Landedelmanns Mendo abgewiesen hat. Alvaro greift zu einer List:
Er täuscht einen Streit mit dem als Soldaten dienenden gracioso Ro-

bolledo vor und inszeniert ein Duell, um bei der Verfolgung die
Räume betreten zu können, in die sich Isabel zurückgezogen hat.
Diese hält das Spiel für wahr und bittet um milde Behandlung des
Soldaten. Auch Pedro Crespo und sein Sohn Juan wohnen dem Ge-
schehen bei. Letzterer wird argwöhnisch. Es kommt zum Streit mit
Alvaro, der erst durch die Ankunft des Kommandeurs Lope de Fi-
gueroa beendet wird, der nun das Quartier Alvaros übernimmt und
diesen an einem anderen Ort wohnen lässt.

Seitdem Alvaro Isabel gesehen hat, steigert sich seine Leiden-
schaft zur Raserei. In Begleitung von Soldaten findet er sich vor ih-
rem Fenster ein und möchte sie mit einem Ständchen aufwecken.
Der Hausherr Crespo und der Kommandeur fühlen sich belästigt.
Als letzterer Alvaro befiehlt, das Dorf zu verlassen, zeigt sich dieser
gehorsam, bis er erfährt, dass der Kommandeur dem herannahenden
König entgegenreist und zudem den Widersacher, Isabels Bruder
Juan, als Begleiter angeworben hat. Nun sieht Alvaro für sich das
Feld frei, lässt sich von den beiden graciosos Rebolledo und dessen
Geliebter Chispa begleiten, raubt Isabel und bringt sie an einen ein-
samen Ort im Gebirge, wo er sie vergewaltigt. Den zu Hilfe eilen-
den Vater lässt er an einem Baum fesseln. Juan, der sich verirrt und
von der Truppe entfernt hat, hört in der Ferne Hilferufe, eilt herbei,
stellt sich dem Verführer entgegen und verwundet ihn im Kampf.
Zur Behandlung seiner Wunde bringt man Alvaro anschließend
nach Zalamea.

Isabel fragt sich, was die andern nun von ihr halten. Vom Bruder
Juan meint sie, er verdächtige sie, sich freiwillig mit Alvaro eingelas-
sen zu haben. Vom Vater erbittet sie, er möge sie töten, um seine
Ehre zu retten. Er nimmt sie stattdessen mit ins Dorf. Dort erfährt
er, dass er inzwischen zum Richter gewählt worden ist und er bereits
als ersten Fall die Verwundung des Hauptmanns auf seinem
Schreibtisch habe. Ungeachtet seiner neuen Verantwortung sucht er
das Gespräch mit Alvaro und bittet ihn inständig, Isabel zu heiraten, um die Familienehre wiederherzustellen. Als dieser jedoch
nicht darauf eingeht und die Angelegenheit am liebsten verschwiegen wüsste, wird Crespo amtlich und lässt ihn verhaften.
Nach dem Beginn des Prozesses, der mit Alvaros Verurteilung zum
Tode endet, tritt Lope de Figueroa auf und fordert die Überstellung
an ein Militärgericht. Andernfalls würde er Zalamea zerstören.
Glücklicherweise kommt es nicht dazu, da der König eintrifft, der
nachträglich die Todesstrafe für Alvaro und deren Exekution billigt,
obwohl die gerichtlichen Zuständigkeiten nicht beachtet wurden.
Crespo wird zum Richter auf Lebenszeit befördert. Lope de Figue-

roa begnadigt Juan, der wegen der Verwundung, die er seinem Hauptmann zugefügt hat, verhaftet war. Juan zieht in den Krieg, Isabel geht ins Kloster.

Auf den ersten Blick erscheinen die Protagonisten im Stück einer **verkehrten Welt** anzugehören: Der Adlige wird garrotiert, der unzuständige und nichtadlige Richter behält sein Amt lebenslang. Soldaten sind nicht tapfer, sondern lüstern und werden als »gitanos« bezeichnet (5), Pedro Crespo verabscheut zwar den Adel, lebt aber mit mehr Prunk und Stolz als ein spanischer Prinz, mit »más pompa y más presunción, / que un infante de León.« (170f) Nach A. Robert Lauer (1997, 103) zeigt das Stück »un ambiente lúdico, irónico, inferior, esperpéntico, y carnavalesco«, wo Hierarchien, Titel und Privilegien anormal und fehlerhaft erscheinen. Beziehungen und Spannungen ergeben sich nicht zuletzt aus der Tatsache, dass die Soldaten im Dorf Quartier beziehen und die Dorfbewohner verpflichtet sind, ihnen eine Unterkunft zur Verfügung zu stellen. Daraus ergeben sich nach Berislav Primorac (1995) die drei im Stück relevanten Beziehungsblöcke zwischen den Soldaten und den Dorfbewohnern im allgemeinen, zwischen den ortsansässigen Adligen und den Vasallen sowie zwischen den adligen Amtsträgern und den reichen Bauern.

In einem Satz fasst Vera Bickert (1977, 43) das Geschehen zusammen: »Das Stück handelt von der Schändung eines Bauernmädchens durch einen adligen Offizier und der Rache des Vaters der Vergewaltigten, der nach Ablehnung der zur Wiederherstellung der Ehre seiner Tochter und seiner Familie notwendigen Eheschließung in seiner gerade gewonnenen Eigenschaft als Dorfrichter den Prozess in eigener Sache führt und den Täter garrottieren lässt.« Die sich daraus ergebende Problematik hat mehrere Dimensionen: eine historisch-politische, insofern die Beziehungen zwischen Adel, Bauern und König thematisiert werden; eine juristische, insofern die Grenzen zwischen ziviler bzw. privater und militärischer Sphäre aufgehoben, die Zuständigkeit des Gerichts und die Verhandlungsführung in Frage gestellt bzw. von höherer Instanz bestätigt werden; und schließlich drittens eine moralische, da die Problematik der Ehre und des richtigen Handelns angesprochen wird.

Crespo beeindruckt, weil er sich als Richter und Bauer gegenüber dem höherstehenden Adligen und Militär Alvaro durchsetzt. Er ist stolz auf seinen Stand und lehnt es ab, durch den Kauf eines Adelsbriefs in einen höheren Stand überzuwechseln. Die Standesunterschiede sollen nicht aufgehoben, sondern aufrechterhalten werden. Juan soll Bauer bleiben (489-521) und Isabel nicht »dama«, sondern »labradora« sein (733-735). Pedro Crespo kann daher als selbstloser, in seiner Einfachheit großer Held gelobt werden. Anders als in Lope de Vegas *Fuenteovejuna*, wo sich ein ganzes Dorf erfolgreich gegen die Obrigkeit erhebt und den adligen Unterdrücker tötet, scheinen in Calderóns Stück Moral, Gerechtigkeitssinn und umstürzlerisches Potential auf eine Person konzentriert, der sich sogar der König anschließen muss. Diese positive Bewertung hatte Francisco Ruiz Ramón (1978) dazu geführt, das Stück der Gruppe zuzurechnen, in der Ehrenprobleme optimistisch gelöst werden. Sie steht im Gegensatz zur Gruppe mit negativem Ausgang wie *El médico de su honra* oder *El pintor de su deshonra*. Die Stücke der ersten Gruppe bewegen sich in einem offenen Universum, die der zweiten in einem geschlossenen. Dass in Wirklichkeit in *El alcalde de Zalamea* eine doch sehr geschlossene, negative und pessimistische Welt vorgeführt wird, belegt dagegen G. Edwards (1981). Dies wird augenfällig am Ende des zweiten und zu Beginn des dritten Akts, wo Pedro Crespo, Isabel und Juan in der nächtlichen Dunkelheit des Waldes wie in einem Labyrinth eingeschlossen sind und am Ende, wo Pedro Crespo von seinen Kindern verlassen zurückbleibt.

Betrachtet man Pedro Crespos **Verhalten als Richter** genauer, dann kann man ihn auch als Egoisten sehen, der Gerechtigkeitsstreben nur vortäuscht, um seine persönliche Rache am Hauptmann durchzuführen. In diesem Fall lässt sich das Stück als Warnung Calderóns vor der gefährlichen und destruktiven Macht eines korrupten Gerichtswesens verstehen. Schließlich spielt Pedro Crespo nicht nur die Rolle des schützenden Vaters und stolzen Bauern, sondern nach Robert Archer (1988) auch den sich vor dem König geschickt rechtfertigenden Rechtskenner. Lopes Anklage, er sei nicht unparteiisch gewesen, entgegnet er mit dem Hinweis, er hätte bei jedem anderen so gehandelt wie bei seiner Tochter. Wenn er dann fortfährt, er habe sogar seinen Sohn eingesperrt, dann durchschaut das Publikum, dass es sich nur um ein vorgeschobenes Argument handelt, da der Sohn ins Gefängnis gesteckt wurde, um ihn vor den Übergriffen der Militärjustiz in Sicherheit zu bringen. Geschick zeigt er auch, wenn er vorgibt, den Hinweis des Königs auf ein »anderes Gericht« misszuverstehen und ihn auf ein anderes ziviles Gericht bezieht. Mit dem Hinweis auf die Billigung seines Urteils reagiert er auf das Erstaunen des Königs über dessen Ausführung. Und der Kritik an der unstandesgemäßen Art der Todesstrafe hält er entgegen, dass der örtliche Henker angesichts des moralischen Lebenswandels der ansässigen Adligen keine Erfahrung mit dem Köpfen habe.

Von juristischem Interesse bleibt der Konflikt zwischen einander widersprechenden Gesetzen und Handlungsnormen: Die Verwundung des Hauptmanns durch den ihm untergeordneten Soldaten müsste militärgerichtlich als Kriegsverbrechen eingeordnet werden und die Todesstrafe zur Folge haben. Lope de Figueroa hatte demjenigen den Tod angedroht, der einem seiner Soldaten Schaden zufügt (861-864). Nun ist die Verwundung aber auf der anderen Seite legitim als Rache für das von Alvaro begangene Verbrechen der Entführung und Vergewaltigung. Auch wenn Crespo Alvaro verurteilt, kommt es zum Konflikt zwischen dessen Privileg, auf einen ihn schonenden Militärrichter Anspruch zu haben, und dem natürlichen Interesse an Strafverfolgung, das Crespo mit seinem persönlichen Interesse an der Wiederherstellung seiner Ehre verbindet. Aus heutiger Sicht unterlaufen Crespo zahlreiche Formfehler: Er hätte den Täter zuständigkeitshalber dem Militärgericht überantworten müssen. Auch hätte er ihn nicht erdrosseln lassen dürfen, da als Todesstrafe für einen Adligen nur das Enthaupten infrage kam. Als Richter dürfte er nicht zugleich Anwalt seiner Tochter sein und die Anklageschrift formulieren. Alvaro, der die Zuständigkeit des Gerichts bestreitet, sich nicht selbst verteidigt und auch keinen ihn verteidigenden Anwalt hat, wird schließlich ohne Urteilsverkündigung hingerichtet, um dem Einschreiten Lope de Figueroas zuvorzukommen.

Jedenfalls widerspricht das Verhalten des Richters der seit der Renaissance verbreiteten Vorstellung vom Landleben als Idylle, wie sie etwa A. de Guevara in *Menosprecio de corte y alabanza de aldea* (1539) (*Geringschätzung des Hofes und Lob des Landes*) gezeichnet hat. Vielleicht sieht der vom Stadtleben geprägte Calderón die Landbevölkerung eher kritisch. Die Geschicklichkeit des Pedro Crespo zeugt von ausgeprägter bäuerlicher Schläue. Eine gewisse Dreistigkeit besteht in seiner Erwartung, der König werde sich schon nicht die Zeit nehmen, als übergeordnete Rechtsinstanz den Fall einer eingehenderen Untersuchung zu unterziehen. Nach Dian Fox (1981) entspricht er damit der in zeitgenössischen Sprichwörtern festgehaltenen klischeehaften Vorstellung vom dummen, unwissenden und anmaßenden Dorfrichter. Gegenüber den zahlreichen eher dümmlichen Dorfbürgermeistern in der Literatur vom *Guzmán de Alfarache* Mateo Alemáns bis Cervantes' *Pedro de Urdemalas* und *La elección de los alcaldes de Daganzo* (*Die Wahl der Bürgermeister von Daganzo*), erscheint Calderóns Pedro Crespo jedoch seriös und gesellschaftlich erhöht. Anders als die meisten Bauern strebt er ja keinen Adelstitel an und lässt sich nicht vom Glanz des Hoflebens anziehen. Ob Calderón eine solche Darstellung mit der ideologischen Absicht verband, die reichen Bauern einmal in einem

besonders positivem Licht darzustellen infolge der Anerkennung der
Bedeutung und Dignität der Arbeit, die sie ausüben? (Domingo Yn-
duráin 1986, 302) Schließlich waren sie es, die im damaligen Spani-
en für den König die wichtigsten Steuerzahler stellten, während
Adel und Militär Steuern nicht zahlten, sondern verbrauchten. Dass
die Ernennung zum Bürgermeister auf unbefristete Zeit durch den
König jedoch vielleicht gar keine Auszeichnung, sondern eher eine
Strafe ist, mit der Crespo gemaßregelt und in jene gesellschaftliche
Verantwortung eingebunden wird, von der unabhängig zu sein er
sich zu Anfang noch rühmte, meint A. Robert Lauer (1997, 105).
Sein Amt bringe ihm weder Ruhm noch Einkünfte, nehme ihm
aber die Freiheit, Adligen gegenüber weiter verächtlich, ungehalten
oder nachtragend aufzutreten.

Für M. Franzbach (1971, 34) entsteht die dramatische Spannung
»aus der Geringschätzung der **Ehre des Bauern** durch den Soldaten.« Als Adliger sieht sich Alvaro dem Bauernstand so weit überlegen, dass Ehrvorstellungen für ihn nur innerhalb der eigenen Standesgrenzen, in denen man wegen Ehrensachen duellierfähig ist,
Gültigkeit haben. Selbst Lope de Figueroa spricht abschätzig vom
»alcaldillo« (741) und vom »villanote« (767). Dieser Geringschätzung entgegnet Pedro Crespo mit dem Hinweis auf seine reine, d.h.
über Generationen zurückzuverfolgende christliche Ahnenkette, die
der des Adligen vergleichbar sei, auf seinen nicht geringen Reichtum, seinen guten Ruf und seine wohlgeratenen Kinder. Was er für
Ehre hält, wird also nicht innerhalb eines bestimmten Standes biolo-
gisch vererbt. Seine Ehre hat einen sozialen Charakter, insofern als
sie von jedem Mitglied einer Gesellschaft durch sittliches Handeln
erlangt und durch öffentliches Ansehen ausgedrückt wird. Sie kann
zusätzlich auch unter Berufung auf die Seele und das Seelenheil
christlich verankert werden. Crespo sagt: »Al Rey la hacienda y la
vida/ se ha de dar; pero el honor/ es patrimonio del alma,/ y el alma
sólo es de Dios« (873-876). (»Dem König ist Vermögen und Leben
zu geben, die Ehre aber ist Besitz der Seele, und die Seele gehört allein Gott«).

Auch die Ehre aus christlicher Perspektive lässt sich von allen
Mitgliedern einer Gesellschaft beanspruchen und ist insofern egalitär. Daher verwundert es nicht, dass sich die Handlung des Stücks
auch sehr gut im Kontext der Französischen Revolution verändern
lässt. Dies zeigt M. Franzbach (1971, 43) mit Blick auf Umarbei-
tungen im revolutionären Sinn. Der Schluss und die politische Aussage werden den Zeitumständen angepasst: So »wird Pedro Crespo
zum Symbol der liberté. Die Heirat zwischen der Bauerntochter

und dem Hauptmann ist Beweis für die égalité, und der General findet sich mit dem Bauern in versöhnlicher fraternité zusammen.«

Die Frage ist nur, ob sich in der Vorlage Calderóns Pedro Crespo auch tatsächlich von einer sittlichen oder christlich geprägten Ehre leiten lässt. Domingo Ynduráin (1986) bestreitet dies und sieht Crespos Verhalten nur am **Anschein von Ehre** orientiert, d.h. nicht auf Tugend, sondern auf die öffentliche Meinung ausgerichtet. Vor Gott hat sich Isabel keine Verfehlung vorzuwerfen, müsste also auch nicht ins Kloster geschickt werden. Ihre Seele bleibt auch nach ihrer Vergewaltigung rein. Das jedenfalls lässt sich aus Traktaten wie dem *Libro de las claras y virtuosas mugeres* (*Buch über die berühmten und tugendhaften Frauen*) des Fray Martín de Córdoba aus dem Siglo de Oro schließen:

»como dixo Santa Lucía: – No se ensucia el cuerpo si la voluntad no consiente. Donde si alguna virgen fuese, por fuerça, corrompida, siempre queda virgen; ni aún por eso pierde el aureola que es dotada a las vírgenes en el cielo, andes les es doblada.« (zit. nach D. Ynduráin 1986, 310)

(»Wie die Heilige Lucia sagte: Nicht wird der Körper beschmutzt, wenn der Wille nicht zustimmt. Wenn einer Jungfrau Gewalt angetan wird, bleibt sie dennoch immer Jungfrau; noch verliert sie deshalb den Heiligenschein der Jungfrauen im Himmel, eher wird er verdoppelt«).

Und bei Pedro de Medina lässt sich ein Satz finden, der in der Formulierung einem ähnlichen Crespos vergleichbar ist: »Qué te aprovecha, maligno, descubrir mi cuerpo y honestidad? Mi cuerpo tienes debajo de tu poderío, más mi ánima sólo Dios«. (Pedro de Medina: *Libro de las grandezas de España* (1548); zit. nach D. Ynduráin 1986, 310). (»Was nützt es dir, Übeltäter, Körper und Anstand zu schänden? Meinen Körper hast Du in deiner Gewalt, meine Seele aber hat Gott«). Vor diesem Hintergrund ist Crespo als Verfechter eines falschen, weil unchristlichen Ehrbegriffs zu kritisieren, der ebenso schematisch wie verblendet handelt, wenn er zunächst selbst die Öffentlichkeit informiert und dann mit Rücksicht auf die öffentliche Meinung sein ganzes Dorf an den Rand der Zerstörung durch Lope de Figueroa bringt und seine Kinder, die Erben seiner Reichtümer, ins Kloster bzw. ins Feld schickt. Als tragische Figur und lebende Warnung vor den Folgen eines falsch verstandenen Ehrbegriffs bleibt er allein zurück.

3. Ehrentragödien und Verwechslungs- komödien

Aufrechterhaltung, Gefährdung, Verlust und Wiederherstellung der Ehre bilden die Thematik zahlreicher Stücke, die zum Teil komischen, zum Teil tragischen Charakter haben. Was unterscheidet z.B. die Tragödie *El médico de su honra* von der Komödie *La dama duende*, fragt J.M. Ruano de la Haza (1994) angesichts der zahlreichen Gemeinsamkeiten beider Stücke wie der verworrenen Welt, der Probleme der Identität, der Ehre, der Scheinhaftigkeit, der Verantwortung und der Strafe. Bedenkt man, dass Tragödien mit dem Tod und Komödien mit der Heirat enden, ist man versucht, darin ein Unterscheidungsmerkmal zu sehen. Dagegen gibt de la Haza zu bedenken, dass *El médico de su honra* auch als lustiges Stück aufgeführt werden könnte und dann nicht mehr eine Tragödie, sondern deren Parodie wäre. **Unterscheidungskriterium** kann auch die Handlung nicht sein, dass ein Ehemann kaltblütig seine unschuldige Ehefrau dem Ehrenkodex folgend tötet, da dies bei Lope de Vega in *La victoria de la honra* (*Der Sieg der Ehre*) und *La locura por la honra* (*Die Verrücktheit nach Ehre*) mit schwarzem Humor in Komödien behandelt wird. Wenn man hingegen die Termini ›Komödie‹ und ›Tragödie‹ nicht ontologisch, sondern funktional definiert, dann muss man von der Wirkung auf das Publikum ausgehen und feststellen, dass sich bei der Komödie das Publikum den Figuren gegenüber überlegen fühlt, einen Wissensvorsprung hat und daher über vergebliche und komische Unternehmungen der Figuren im bereits erwähnten Sinne von M. Vitse (1997) aus der Distanz lachen kann, während sich bei der Tragödie der Zuschauer mit der Figur identifiziert und mit ihr fühlt.

3.1 *El médico de su honra* (*Der Arzt seiner Ehre*)

Auf dem Weg nach Sevilla stürzt der Infant Enrique vom Pferd und verliert die Besinnung. Seine Begleiter bringen ihn in ein nahegelegenes Landhaus. Als er wieder zu sich kommt, erkennt er in der Gastgeberin Mencía seine frühere Geliebte. Bei ihrem Anblick fühlt er sich glücklich. Umso mehr ist er enttäuscht, als er erfährt, dass sie inzwischen Gutierre geheiratet hat. Mit Gutierre setzt er seine Reise nach Sevilla fort. Mencía erzählt ihrer Dienerin Jacinta, dass sie früher vom Infanten umworben worden sei und, erst als dieser lange Zeit abwesend war, Gutierre geheiratet habe. Beim König in Sevilla beklagt sich Leonor darüber, dass Gutierre ihr ein Eheversprechen gegeben und sie entehrt habe, da er es nicht einlöste. Als Gutierre Gelegenheit erhält, sich zu rechtfertigen, bringt er vor, er habe einen Rivalen dabei ertappt, als dieser von Leonors Balkon gesprungen sei, und deshalb seine Einstellung gegenüber Leonor geändert. Leonor stellt klar, dass es sich dabei um Arias gehandelt habe, der eine andere Frau besucht habe. Als es zwischen Arias und Gutierre zum Handgemenge kommt, befiehlt der König, beide einzusperren.

Diese Gelegenheit nützt Enrique, um Mencía zu besuchen. Kaum hat er die Möglichkeit, sich über sein grausames Schicksal zu beklagen, kommt auch schon Gutierre zurück, dem der Gefängniswärter bis zum nächsten Morgen Ausgang gewährt hat. Enrique versteckt sich. Mencía fühlt sich schuldig und bei etwas Unerlaubtem ertappt, obwohl nichts vorgefallen ist. Gutierre schöpft Verdacht, zumal Mencía von einem Unbekannten spricht, der ins Haus eingedrungen sei. In einer Kurzschlusshandlung löscht sie das Licht, um Enrique die Flucht zu ermöglichen, der in der Eile seinen Dolch verliert.

Gutierre, der den Dolch gefunden hat, bringt ihn am nächsten Tag dem König und kommt nach einem von ihm belauschten Gespräch, in dem Enrique dem König seine Liebe zu Mencía gesteht, zum Schluss, dass Enrique Besitzer des Dolches und Liebhaber seiner Frau ist. Sein Verdacht hatte sich bereits verdichtet, als er von ihr mit ungewohnter Höflichkeit angeredet wird: »... de venir así tu alteza?« Gutierre: »¡Tu Alteza! No es conmigo, / ¡ay Dios! ¿Qué escucho? / Con nuevas dudas lucho.« (1932-1933) (»... so herzukommen, Hoheit? Gutierre: Hoheit! Was höre ich? Mit neuen Zweifeln kämpfe ich«). Da Mencía erfährt, dass Enrique aus Liebeskummer ihretwegen das Land verlassen will und der König darüber trauert, entschließt sie sich, ihm einen Brief zu schreiben. Der Brief beginnt: »Vuestra Alteza, señor...(¡Que por alteza / vino mi honor a dar a tal bajeza!) / ..no se ausente...« (2462-2464). Als Gutierre von ihr unbemerkt diese Zeilen liest, deutet er sie falsch als Aufforderung zum Rendez-vous und ist von der Schuld seiner Frau überzeugt. So erhält ihr auf den Brief an Enrique bezogener Ausspruch: »Pruebas de honor son peligrosas pruebas« (2408) eine neue Bedeutung, als der Brief für Gutierre zum Beweis ihrer Schuld wird. Schriftlich erfolgt schließlich ihre definitive Verurteilung durch Gutierre:

»El amor te adora, el honor te aborrece; y así el uno te mata, y el otro te avisa: dos horas tienes de vida; cristiana eres, salva el alma, que la vida es imposible.« (außerhalb der Zählung, steht zwischen Vers 2495 und 2496).

(»Die Liebe betet Dich an, die Ehre verabscheut Dich. Und so tötet Dich das eine, das andere gibt dir den Hinweis: Zwei Stunden hast Du noch vom Leben. Christin bist Du; rette deine Seele, denn das Leben kannst Du nicht retten«).

Widerspruch und Aussprache sind unmöglich. Im Auftrag Gutierres tötet der Wundarzt Ludovico Mencía durch einen Aderlass. Gutierre will den Wundarzt als Zeugen beseitigen, da er beabsichtigt, ihm die Schuld am Tod seiner Frau zu geben. Der König aber durchschaut ihn, erkennt, dass Gutierre aus Rache gehandelt hat, und ordnet an, dass der verdutzte »Arzt seiner Ehre« seine frühere Geliebte Leonor heiraten soll. Das Eheversprechen wird mit blutiger Hand besiegelt.

Dass diese Eheschließung Gerechtigkeit mit Gnade verbindet und Gutierre die gegenüber Leonor eingegangene, aber nicht eingehaltene Verpflichtung einlösen lässt, erlaubt es zwar nicht, das Ende als **Bestrafung** Gutierres zu sehen, aber doch auch nicht als **happy end**. Gutierres Schicksal ist also keinesfalls tragisch. Inwiefern Mencía als tragische Gestalt bezeichnet werden kann, wird davon abhängen, ob man sie als Gefangene der Umstände und der gesellschaftlichen Zwänge sieht, ob sich die moralische Verantwortung im Sinne von Parkers (1962) Modell einer kollektiven Schuld auf die gesamte Gesellschaft verteilt oder ob sie im Sinne von René Girard (1972) als rituelles Opfer einer Gesellschaft zu sehen ist, die ihre symbolischen Regeln bestätigt.

Mencía hatte Gutierre geheiratet, nachdem sie geglaubt hatte, ihr geliebter Enrique sei im Krieg gefallen. Als Enrique dann jedoch unerwartet vor sie tritt, beginnt für sie ein Kampf zwischen noch vorhandenen Gefühlen und Pflichtbewusstsein. »»Aquí fue amor!« Mas ¿qué digo? /Qué es esto, cielos, qué es esto?« (131-132) (»Hier war Liebe. Doch was sage ich? Was ist das, Himmel, was ist das?«). Da Mencía jedoch nicht in der Lage ist, ihre Gefühle völlig zu besiegen, bringt sie sich durch ihr Verhalten in Situationen, die ihre Ehre gefährden. Sie versteckt den Mann ihres Herzens vor dem Hüter ihrer Ehre und begeht einen Fehler nach dem anderen, ohne jedoch Gutierre mit Enrique untreu zu werden. Ihre Schuldgefühle zeigen, dass sie sich der **Überschreitung gesellschaftlicher Grenzen** bewusst ist: »Así yo, viendo a tu Alteza, / quedé muda, absorta estuve, / conocí el riesgo, y temblé; / tuve miedo, y horror tuve« (1129-1132). (»Als ich Eure Hoheit sah, verstummte ich, hingerissen war ich; ich kannte das Risiko und zitterte, bekam Angst und erschrak«). In Bezug auf Enrique handelt sie durchaus aktiv und ergreift die Initiative. Der erste Fehler, den sie bereits vor ihrer Ehe begeht, liegt darin, dass sie Gutierre nicht von'ihrer ehemaligen Beziehung in Kenntnis setzt. Auch stellt sich die Frage, ob sie Enrique Obdach gewähren musste oder es ihm auch hätte verweigern können. Schließlich hätte sie ihn gehen lassen und nicht durch inständiges Bitten auf seinem Bleiben beharren sollen: »a vuestros pies / humilde, señor, os ruego / no os ausentéis desta casa, / poniendo a tan claro riesgo / la salud.« (309-313) (»Auf Knien bitte ich Euch unterwürfig, verlasst dieses Haus nicht und setzt Eure Gesundheit keinem klaren Risiko aus!«) Sie gibt ihm den Rat, sie anzuhören, was ein Zurückkehren und ein Gespräch unter vier Augen erfordert. Und sie erweckt Hoffnungen durch die Ankündigung einer Entschuldigung ihrerseits: »cuanto a la dama, quizá / fuerza, y no mudanza fue: / oídla vos, que yo sé / que ella se disculpará« (421-424). (»hinsichtlich der Dame war vielleicht Zwang und nicht Unbeständigkeit im Spiel: Hört sie an, vielleicht wird sie sich entschuldigen«). Als dieser Besuch dann stattfindet, ist Enrique sich der Tatsache bewusst, dass die Aktivität von Mencía ausgegangen ist: »Esto es tomar tu consejo. / Tú me aconsejas que escuche / disculpas de aquella dama« (1091-1093). (»Dies bedeutet, Deinen Rat zu befolgen. Du rätst mir, ich solle Entschuldigungen jener Dame anhören«). Als die Unterredung beider durch das Herannahen des Ehemannes gestört wird, fordert Mencía Enrique auf, sich zu verstecken. Dies wäre nicht nötig gewesen, da Enriques Anwesenheit auch als offizieller Dankesbesuch hätte ausgegeben werden können. Dieser ist auch erstaunt und reagiert erst nach erneuter insistierender Aufforderung: »Yo me tengo de esconder?« Daraufhin Mencía: »El honor de una mujer / a más que esto hà de obligaros« (1152-1154). Die dann folgenden falschen Erklärungen Mencías erscheinen unwahrscheinlich und müssen Misstrauen wekken, zumal eine Art Entschuldigung folgt: »Un hombre [...] escondido / en mi aposento he topado, / encubierto y rebozado. / Favor, Gutierre, te pido.« (1297-1300).

Die Verwicklungen ergeben sich also nicht aus der Tatsache, dass in Calderóns Ehrendramen das Handeln der Figuren »das Konzept höfischer Rationalität geradezu idealtypisch verkörpert« (Küpper 1990, 397), sondern daraus, dass ihnen eben die Souveränität in der Beherrschung der höfischen Umgangsformen fehlt. Dabei sind Mencía und Gutierre nicht einmal »Muster-Höflinge« (ebd., 430) einer rituell durch Täuschung und Verstellung geprägten höfischen Interaktion. Dass Mencía vom normalen Verhalten abweicht, ist für

A. Robert Lauer (2000) auf eine **Neurose bzw. Hysterie** zurückzuführen, an der sie leidet. Angesichts der verbreiteten Meinung, die Ehefrau habe vor allem für die Nachkommenschaft zu sorgen, muss sie an ihrer Kinderlosigkeit leiden. Zudem erscheint sie labil und unglücklich, wie ihr u.a. von Jacinta bescheinigt wird. Auch ihre Realitätswahrnehmung ist sprunghaft, emotional und wirr.

Die formale Analyse von Redewendungen belegt, dass die Beziehung zwischen Mencía und Gutierre kaum kälter sein könnte, während zwischen Mencía und Enrique mehr Zwanglosigkeit und Spontaneität herrscht. Wenn Mencía Jacinta in wenigen Worten ihr Leben erzählt, dann ist man an einen **Krankenbericht** erinnert, in dem den Ursachen für ihre Traurigkeit nachgegangen wird:

»Nací en Sevilla, y en ella / me vio Enrique, festejó / mis desdenes, celebró / mi nombre, felice estrella! / Fuese, y mi padre atropella / la libertad que hubo en mí. / La mano a Gutierre di, / volvió Enrique, y en rigor, / tuve amor, y tengo honor: esto es cuanto sé de mí.« (565-574)

(»Geboren bin ich in Sevilla, wo mich Enrique kennenlernte, sich bemühte, mich zu hofieren, mich verehrte und feierte, glücklicher Stern! Er ging und mein Vater greift nach meiner Freiheit. Die Hand gab ich Gutierre, Enrique kam zurück. Genaugenommen, Liebe hatte ich und Ehre habe ich: Das ist alles, was ich von mir weiß«).

Deutlich ist das nostalgische Erinnern an schönere Zeiten in Sevilla. Nach Lauer könnte Mencías Vorgeschichte bedingt durch Liebesentzug schon eine hysterische sein, so dass sie Gutierre ohne Liebe geheiratet hat, was den förmlichen Umgang beider miteinander erklärt. Das erneute Auftreten des verloren geglaubten Geliebten macht Lauer (2000, 289) verantwortlich für zahlreiche Symptome wie z.B. falsche Anschuldigungen, Liebesleid, Charakterschwankungen und Redundanz in der Rede. Wenn nun Gutierre einen Aderlass verordnet, dann steht er in der Tradition der Ärzte, die bei Gemütsstörungen unterschiedliche Arten der Reinigung durch Blutentnahme oder durch Brech- und Abführmittel verordneten. Allerdings, und dies darf nicht vergessen werden, will er nicht heilen, sondern Rache nehmen.

Die Handlung ist offen für unterschiedliche Deutungen. So kann man den Tod Mencías durch einen oder durch mehrere Faktoren verursacht sehen. Zunächst fällt auf, dass Gutierres Handeln durch den Ehrenkodex geleitet wird. Schreibt man dem Ehrenkodex die Schuld an Mencías Tod zu, dann stellt sich die weitere Frage, ob Calderón ihn durch das Stück bestätigen oder kritisieren will. Viel hängt auch von der **Beurteilung Gutierres** ab: Hält man ihn für pathologisch eifersüchtig, dann straft er durch seine Tat einen vermeintlichen Liebesentzug und die Bedeutung des Ehrenkodex tritt in den Hintergrund. Zumindest in Ausrufen wie »¡Matadme, celos!« (1938) oder »¡Ay Dios! Todo soy rabia, y todo fuego« (1950) scheint er sich seines Zustandes bewusst zu sein, der ihn anderen als »Loco furioso« (2818) erscheinen lässt. Hält man ihn jedoch für einen besonnenen Menschen, dann wird man Mencías Ungeschicklichkeit in Gesellschaft und ihren auf falsches Schamgefühl zurückzuführenden Heimlichkeiten einen großen Teil der Schuld für das Geschehene geben. Von Bedeutung für die Publikumshaltung ist einerseits die Bewertung des Geschehens durch den König, andererseits durch den gracioso Coquín. Hier wird im einzelnen zu prüfen sein, welche Parteinahme, Kritik oder Zustimmung erfolgt. Die spanische Vorstellung von der Ehre, die in der Meinung der anderen, in der Tugend, im Adel und in der Reinheit des Blutes gesehen wird, ist etwas dem spanischen Publikum Vertrautes. Dem zeitgenössischen französischen Publikum dagegen wären nach José Manuel Losada Goya (1994) derartige Vorstellungen so fremd, wie das am Ehrbegriff orientierte spanische Theater.

Schließlich kann die Frage gestellt werden, ob ein Drama wie *El médico de su honra* ein realistisches Abbild der damaligen gesellschaftlichen Realität vorlegt oder ob es sich um eine **überspitzt konstruierte Denkübung** handelt, die einen Fall vorführt, den es auch in der damaligen Realität nie hätte geben können. Für letzteres plädiert José María Díez Borque (1976, 99), für den die normalen und »unspektakulären« Beziehungen zwischen Mann und Frau, anders als die außergewöhnlichen Extremfälle, fürs Theater ungeeignet sind. Da in der geschichtlichen Realität die meisten betrogenen Ehemänner es vorzogen, ihre untreue Ehefrau einfach zu verlassen, sie von der Gesellschaft fernzuhalten oder eine Scheidungsklage einzureichen, sieht der Historiker Antonio Domínguez Ortiz (1983) bei Calderón unrealistische Sonderfälle konstruiert.

H. Wentzlaff-Eggebert (1982) erklärt Calderóns Vorgehen, indem er in der Handlung einen Beispielfall sieht, wie er in der Kasuistik der Zeit üblich war. Die **Kasuistik** hatte an Bedeutung zugenommen, seitdem das Vierte Laterankonzil 1215 die regelmäßige Beichte zur Pflicht erklärt hatte. Es kam darauf an, dem Geistlichen, der die Beichte abnahm, eine Orientierungshilfe zu geben, wie er das normverletzende Fehlverhalten hinsichtlich des Maßes der Schuld zu beurteilen hat und welche Buße er verordnen soll. Aber auch in den Jesuitengymnasien stand die Diskussion und Bewertung derartiger Beispielfälle mehrfach in der Woche auf dem Stundenplan und sollte das Urteilsvermögen schulen. Besonders interessant sind natürlich die strittigen Fälle, bei denen entgegengesetzte Normen, z.b. öffentliche und private Pflicht, in Konflikt treten und hinsichtlich ihrer Bedeutung in der Werteskala beurteilt werden müssen, oder wenn die jeweiligen Umstände so stark ins Gewicht fallen, dass die Beurteilung erschwert wird. Solche Fälle sind auch im Theater besonders publikumswirksam. Sagte doch Lope de Vega im *Arte nuevo de hacer comedias* (*Die neue Kunst Theaterstücke zu machen*): »Los casos de la honra son mejores,/ porque mueven con fuerza a toda gente« (327-328). (»Fälle, in denen Ehre eine Rolle spielt, sind die besten, da sie zwangsläufig jedermann bewegen«). Dass die Darstellung nicht realistisch oder überzeugend psychologisch zu sein hat, sondern in erster Linie konsequent hinsichtlich der Prämissen und der Schlussfolgerung, lässt sich aus Lopes Postulat ableiten, im ersten Akt den Fall vorzustellen, im zweiten die Ereignisse anzuschließen, so dass keiner bis zur Mitte des dritten erschließen kann, wie es geschieht: »En el acto primero ponga el caso,/ en el segundo enlace los sucesos,/ de suerte que hasta el medio del tercero/ apenas juzgue nadie en lo que para.« (Vers 298-301).

Auch für Robert D.F. Pring-Mill (1981, 1994) folgen die Calderónschen Stücke einer Kasuistik, die sie als Exemplifizierung abstrakter Prinzipien in konkreten Fällen bis in den konkreten Aufbau strukturiert. Nicht selten bilden Sentenzen, wie sie auch in den Titeln vorkommen, so z.B. »Bien es guardar la puerta« den allgemeinen Obersatz (propositio maior). Die konkrete Handlung ist dann der Untersatz (propositio minor). Aus beiden folgt dann als Schlusssatz (conclusio) die Information, die dem didaktischen Zweck des Stücks entspricht. Für Hans-Joachim Müller (1983, 103) ist die Kasuistik nicht nur ein für Calderón und die übrigen Theaterautoren zentrales System, sondern könnte »die Grundlage einer Episteme des gesamten Siglo de Oro« sein.

Denkt man an die zahlreichen Sprichwörter, die zu Calderóns Zeit dem **Stand der Ärzte** Unfähigkeit bescheinigen, dann weckt schon der Titel beim Publikum die Erwartung, dass Gutierre eher schaden als heilen wird. Indem er eine falsche Diagnose stellt, seinen Patienten tötet, ungestraft bleibt und nach der Heirat mit Leonor weiter »praktizieren« darf, entspricht er der verbreiteten Karikatur. A.E. Sloman (1958, 19, 35) ist dagegen der Meinung, dass Calderón Gutierre bewusst abschreckend grausam und Mencía als ungeschickt und daher mitschuldig dargestellt habe, um die Grausamkeit des Ehrenkodex vorzuführen und zu seiner Ablehnung zu bewegen. Gleichermaßen werde er vom König und vom gracioso Coquín kritisiert. Ersterer kommentiert: »Gutierre sin duda es/ el cruel que anoche hizo/ una acción tan inclemente« (2789-2791). Letzterer erklärt:»Gutierre, mal informado/ por aparentes recelos,/ llegó a tener viles celos ...« (2738-2740). Das Kreuz über Mencías Bett symbolisiere die göttliche Vergebung, die mit der Gewalttätigkeit des Ehrenkodex kontrastiere. Während Gutierres Ehrvorstellungen zwar Mencías Tod verlangen, veranlasst ihn seine Liebe zu ihr, ihr Zeit für die Vorbereitung ihrer Seele einzuräumen:»no muera el alma, aunque la vida muera« (2479). Dies ist nicht zuletzt aus der Art abzuleiten, in der Calderón die Vorlage für sein im August 1635 aufgeführtes Stück, ein zwei Jahre zuvor erschienenes, Lope de Vega zugeschriebenes Stück mit gleichem Titel, umgearbeitet hat.

Der gracioso Coquín bei Calderón hat anders als der gracioso Galindo in dem gleichnamigen Stück von Lope eine besondere Funktion. Er relativiert nämlich die Bedeutung des Ehrbegriffs, wenn dieser mit höheren Werten in Konflikt steht. Anders als Gutierre und der König hat er einen Sinn für Humor und hebt, Aristoteles (falsch) zitierend, im zweiten Akt hervor, dass sich der Mensch von den Tieren durch die Fähigkeit zu lachen unterscheide (1509-1524), was ihn selbst zum Menschen und Gutierre wie den König zum Unmenschen macht. Wenn er vor dem **König** die Unschuld Mencías beteuert, dann unterstreicht er noch dessen Grausamkeit. Ist der König nun tatsächlich besonders grausam oder eher von einem fehlgeleitetem Gerechtigkeitsempfinden beherrscht, wenn er das grausame Verhalten Gutierres billigt? Oder ist er nur unfähig, Situationen richtig einzuschätzen und sich kommunikativ durchzusetzen? I. Benabu (1982) erklärt die nachsichtige Haltung des Königs gegenüber Gutierre mit der Vermutung, dass der König in Anlehnung an König Pedro I. handle, der im 14. Jahrhundert seine Frau, nachdem er sie eingesperrt hatte, auch tötete, da er vermutete, sie habe ihn mit seinem Halbbruder Fadrique betrogen. Diese Geschichte war im 17. Jahrhundert vor allem durch die *Historia general de España* (1601) des Jesuiten Juan de Mariana in Erinnerung gerufen worden. Da Pedro I. wie Gutierre seine Frau ermorden ließ, könne auch der gleichnamige König im Stück Calderóns sich nur verständnisvoll und nachsichtig verhalten.

Vor einem besonders allgemeinen Hintergrund sieht B. Teuber (1998, 354) das Stück. Ausgehend von René Girards *La Violence et le Sacré* (1972) und Georges Bataille fragt er nach der Lösung periodisch auftretender sozialer Spannungen und Krisen durch **Findung eines Sündenbocks**, gegen den die zuvor verfeindeten Konfliktparteien zur Einigkeit zurückkehren. Diese anthropologische Konstante werde evoziert, wenn bei Mencía der Aderlass vorgenommen wird, der zugleich und bewusst an die Vorbereitung zur Opferung des ebenso unschuldigen Osterlamms erinnert, und bilde zugleich den tieferen Grund des Publikumsinteresses: »es de suponer que en aquella economía del rito sacrifical habrá residido, justamente, el atractivo principal de las comedias de honor, para el público del barroco español.« (»Es ist anzunehmen, dass gerade in jenem Haushalt des Opferritus die wesentliche Attraktivität der Ehrenkomödien für das spanische Barockpublikum lag«).

Für T.A. O'Connor (1982) ist das Werk auf weniger allgemeiner Ebene eine Kritik daran, dass der Mann die Frau zum Opfer macht, um seine eigene Schwäche zu bemänteln. Calderón kritisiere, dass vom Selbstverständnis des männlichen spanischen Heldentums nur noch ein trauriger Schatten übriggeblieben sei. Statt wie im Mittelalter lobenswürdige tapfere Taten zu vollbringen, kümmere sich der männliche Teil der Gesellschaft nur noch um eine im Ehrenkodex degenerierte Form der Ehre, die zudem das Laster begünstigt. Statt echten Adel zu loben, der im Namen Gottes, des Vaterlands und der Familie handelt, entlarvt Calderón im Adel Engstirnigkeit, Heuchelei und Scheinheiligkeit. Kritisiert wird also der Ehrenkodex als etwas rein Äußerliches, das nichts mit inneren Werten, sondern nur mit äußerem Schein zu tun hat.

E.W. Hesse (1977, 84-98) vergleicht das Verhalten der Figuren mit dem von Angeklagten vor Gericht, die zu ihrer Verteidigung vorbringen, was sie entlastet, und verschweigen, was sie belastet. In der Tat gibt es **Plädoyers der einzelnen Figuren** nicht nur am Königshof am Ende, sondern auch vor dem Publikum der Leser oder Zuschauer, an die wie an eine Gruppe von Geschworenen appelliert wird, wobei Beweise angeführt und Zeugen angehört werden. A.K.G. Paterson (1985) führt vor, wie häufig Ausdrücke des Gerichtswesens (quejas, responder, confieso, en esta parte, disculpada etc.) gebraucht werden und zeigt, dass die Stelle, an der der König Leonors Anklage und Gutierres Verteidigung beurteilen soll, eine typische Konstellation vor Gericht reproduziert. Aus Angst, den Ruf zu verlieren, kommt es zur Dominanz fixer Ideen und zum Realitätsverlust. Beim Versuch, die Angst zu verdrängen, kommt es zu Täuschungsversuchen, fehlender Kommunikation und zu Missverständnissen.

C. Morón Arroyo (1983) sieht als Hauptthema des Stücks nicht die Ehren-, sondern die **Kommunikationsproblematik.** Die Missverständnisse und engaños werden nicht zuletzt dadurch ausgelöst, dass zwischen den Figuren mehr verschwiegen als mitgeteilt wird. Dies zumindest belegt die große Zahl der »apartes«, z.B. »Ya estoy solo, ya bien puedo hablar« (1585-1586). Fehlende Kommunikation kann nach Angel María García Gómez (1988) zur Katastrophe führen wie auch in *El pintor de su deshonra*, oder aber zu einem die komische Handlung bestimmenden Element werden wie in *La dama duende*. Eindrucksvoll belegt Marie-Françoise Déodat-Kessedjian (1999) in ihrer Dissertation, wie im Ehrendrama, aber auch in zahlreichen anderen Stücken, das Schweigen zu einem zentralen ästhetischen Prinzip wird.

Der zunächst ausgeglichene Gutierre wird in der zweiten Hälfte des Stücks immer mehr gleichzeitig von Hass und Liebe angetrieben, was ihn nach E.W. Hesse (1976) zu einer schizoiden Persönlichkeit macht. Dies manifestiere sich in einem Gefühl von Allmacht, einer fortschreitenden Isolierung und Distanzierung sowie in zunehmender Beschäftigung mit eigenen Befindlichkeiten. In ähnlicher Weise argumentiert P. Juan i Tous (1988). Allerdings erklärt er den Ehrenkodex, wie er sich im Stück manifestiert, aus dem historischen und sozialen Kontext, dem sich auch Calderón selbst nicht entziehen konnte. Dies belege Gutierres Befolgung der Regeln des Graciánschen *Oráculo manual* (1647) (*Handorakel*) zum gesellschaftlich fehlerfreien Verhalten. Auch sei ein Ehebruch schon dann als Delikt zu bestrafen, wenn es die Frau nicht unterlassen hätte, Indizien dafür zu geben. Ein solches Indiz sei der Brief Mencías an Enrique, den sie nicht hätte schreiben dürfen. Beide leben nämlich in einer »repräsentativen Öffentlichkeit« (Habermas), in der das Private nur insofern erlaubt ist, als es der Repräsentation nicht abträglich ist. Der öffentliche Besitz der Ehre war das Wesentliche, die Individualität ein Störfaktor und Untreue primär eine Verletzung der Repräsentationspflicht und erst sekundär die Verletzung eines christlichen Gebots. Da im Spanien des 17. Jahrhunderts angesichts des sich verändernden Ständesystems der Adel um die Erhaltung des status quo fürchtete, verstärkten sich **Ritualisierung und Strenge der kulturellen Domestizierung durch den Ehrenkodex.**

Auch für H.-J. Neuschäfer (1988) ist die Ehre gleichbedeutend mit dem öffentlichen Ansehen (opinión), wobei es nicht auf die Einhaltung moralischer Gebote ankomme, sondern wichtig sei, Störfälle zu vermeiden und nicht aufzufallen. Die Affekte – für ihn Triebe der Psychoanalyse – unter Kontrolle zu halten, erweist sich dabei als unmöglich. Er sieht Mencía in einer Angstpsychose, die ihr gerade jene Verhaltensweisen diktiert, die den Verdacht Gutierres wecken. Dass Mencía ungerecht und unchristlich verurteilt wird, behauptet sie mit ihrem Ausspruch als Angeklagte am Schluss: »el cielo sabe que inocente muero« (2482). Neuschäfer (1973) kommt daher zum Schluss: »el gran dramaturgo miró con escepticismo esa ideología, y que en sus dramas, que yo llamaría »Trauerspiele der Ehre«, la pone en tela de juicio.« Er äußert damit eine Meinung, die in der neueren Calderónforschung immer mehr verbreitet ist und die der z.B. von Küpper (1990, 397) vertretenen Vorstellung von Calderón als einem Verfechter des Ehrenkodex entgegengesetzt ist. Ignacio Arellano argumentiert (1995, 470):

»Calderón no podía defender con ningún ardor ideológico un código anticristiano que choca frontalmente con todas sus convicciones: pone, en cambio, de manifiesto, la tragedia de los personajes sometidos precisamente a ese código inhumano.«

(»Calderón konnte nicht mit ideologischem Eifer einen unchristlichen Kodex verteidigen, der mit allen seinen Überzeugungen unvereinbar ist: Stattdessen verdeutlicht er das tragische Schicksal der Figuren, die eben diesem unmenschlichen Kodex unterworfen sind«).

Enrique ist der einzige, der primär aus Leidenschaft handelt und sich über die Konventionen hinwegsetzt. Sein Sturz vom Pferd zu Anfang des Stückes deutet darauf hin, dass die anderen Figuren mit in die Tiefe gerissen werden, wenngleich Alexander Parker (1962) von einer kollektiven Verantwortung spricht, da niemand mit seinen, meist auf kurzfristige Erfolge ausgerichteten Taten allein stehe, sondern nach dem Dominoprinzip komplexe Handlungsketten in Bewegung setze. Fraglich bleibt, ob das Publikum eher Verständnis hat für Enrique und das Prinzip der Freiheit oder für Gutierre, der handelt, als wäre er ein betrogener Ehemann, bzw. ob Calderón wie im 20. Jahrhundert García Lorca in *Bodas de sangre* (*Bluthochzeit*), durch den tragischen Ausgang die Problematik der übersteigerten Einhaltung des **Ehrenkodex** kritisieren wollte. Für letzteres zumindest würde das auto sacramental *El pintor de su deshonra* sprechen, in dem im Gegensatz zum gleichnamigen Ehrendrama Gott der vom Teufel verführten Menschheit vergibt.

3.2   *El pintor de su deshonra*
(*Der Maler seiner Schmach*)

Im **ersten Akt** berichtet Juan seinem Freund Luis, dass er nach langen Jahren des Studiums, in denen er sich zur Erholung als Dilettant der Malerei widmete, die junge Serafina geheiratet hat. Luis erzählt ihm von seinem Sohn Alvaro, der bei einem Schiffsunglück

ums Leben gekommen sei, und bittet ihn, mit seiner Frau, die erst
später hinzukommt, in seinem Haus als Gast zu bleiben. Luis' Tochter Porcia bereitet die Gästezimmer vor und erkundigt sich bei Juans
Diener Juanete nach dessen Ehe mit einer viel jüngeren Frau. Nach
ihrer Ankunft vertraut Serafina Porcia an, dass sie noch immer deren Bruder Alvaro liebe. Sie habe der von ihrem Vater arrangierten
Verbindung mit Juan erst zugestimmt, als sie vom Tod Alvaros gehört hatte, mit dem sie schon verlobt war. Wenig später überbringt
Juanete Porcia die Nachricht von Alvaros Rettung. Mit dem Fürsten
von Ursino, den Luis sogleich zum Bleiben veranlasst, kehrt Alvaro
in das Haus seines Vaters zurück. Hier nun trifft er auf die von ihm
geliebte Serafina, die erkennt, dass es ein Fehler war, den von ihr
nicht geliebten Juan zu heiraten, aber erklärt, dass ihre Ehre vor ihren Gefühlen Priorität hat und sie bei Juan bleibt. Auch der Fürst
von Ursino, der Porcia seit längerer Zeit heimlich den Hof macht,
ist von der Schönheit Serafinas beeindruckt.

Als **im zweiten Akt** Juan vergeblich versucht, Serafina zu
porträtieren, muss er feststellen, dass Serafinas Schönheit sein
Vorstellungsvermögen übertrifft und er sie nicht festzuhalten ver-
mag, was er nicht seinen künstlerischen Möglichkeiten, sondern allein ihrer Schönheit zuschreibt:»Que me ha dado/ disgusto, enfado
y pesar,/ no te lo puedo negar, / al ver que sólo a este intento/ me
falta el conocimiento/ que tengo de la pintura;/ mas culpa es de tu
hermosura.« (1163-1169). Als Alvaro erneut Serafina aufsucht, wird
er von ihr standhaft abgewiesen. Als er heimlich das Haus verlassen
will, wird er von Juanete entdeckt. Serafina nimmt mit Juan an einem Maskenball teil, auf dem Alvaro als Matrose verkleidet erneut
den Versuch unternimmt, sie für sich zu gewinnen, jedoch abgewiesen wird und geht. Nach dem plötzlichen Ausbruch eines Feuers rettet Juan seine ohnmächtige Gattin. Er vertraut sie einigen Seeleuten
am Hafen an, um am Ort des Brandes weiterzuhelfen. Unter den
Seeleuten aber ist Alvaro, der die Gunst der Stunde nutzt und mit
der Ohnmächtigen zu Schiff nach Italien flieht. Als Juan das Verschwinden seiner Frau bemerkt, glaubt er an eine Entführung durch
Seeräuber, beginnt die Verfolgung und stürzt sich verzweifelt ins
Meer.

Im dritten Akt hält Alvaro Serafina gegen ihren Willen in einem
Landhaus in Italien gefangen. Sie beklagt sich, ihres Ehemanns, ihres Hauses und ihres Standes beraubt zu sein. Man erfährt, dass
Juan völlig erschöpft aus den Fluten gerettet wurde, seitdem aber
umherreist, um seine Frau zu suchen. Am Hof des Fürsten von Ursino in Italien tritt er als armer Maler verkleidet in den Dienst. Als

er dem Fürsten eines Tages ein mythologisches Gemälde mit Herakles im Palast vorführt, erhält er vom Fürsten den Auftrag, für ihn heimlich das Porträt einer von ihm verehrten schönen Frau zu malen. Juan willigt ein, ohne zu wissen, dass es sich um Serafina handelt. Im Auftrag des Fürsten platziert der Diener Belardo Serafina am Fenster, so dass Juan sie vom Garten aus unbemerkt malen kann. Juan sieht und erkennt sie entsetzt. Im Halbschlaf sieht sie ihren Tod voraus und verhindert nicht, dass Alvaro schützend seine Arme um sie legt. Letzteres aber deutet Juan aus der Ferne als Beweis für einen Ehebruch und erschießt Serafina und ihren vermeintlichen Liebhaber. Alle sind überzeugt von der Notwendigkeit der vollzogenen Rache zur Wiederherstellung von Juans Ehre. Juan darf unbehelligt gehen, und der Fürst, der selbst in Versuchung war, Porcia zu betrügen, macht ihr angesichts des gesühnten Betruges einen Heiratsantrag. Juan hat sich seine Entehrung in seiner Vorstellung ausgemalt, obwohl sie in Wirklichkeit nicht stattgefunden hat: »Un cuadro es,/ que ha dibujado con sangre/ el pintor de su deshonra.« (3102-3104) (»Ein Bild ist es, das mit Blut der Maler seiner Entehrung gezeichnet hat«).

Zum tragischen Ausgang haben nicht nur schicksalhafte Verwicklungen geführt, sondern auch die Fehler einzelner Figuren. Hier steht an erster Stelle Alvaro, der, allein von seiner Liebe beherrscht, Vernunft und Ehre außer Acht lässt. Serafina begeht den Fehler, ihrem Vater von ihrem Verhältnis zu Alvaro vor der Heirat nicht zu berichten, während Juan sich in Gefahr begibt, wenn er in vorgerücktem Alter eine wesentlich jüngere Frau heiratet. Für Alexander A. Parker (1988, 201) ist, wie bekannt, »this conception of **diffused responsibility**, of the impossibility of confining the guilt of wrongdoing to any one individual« charakteristisch für Calderóns Verständnis von Tragik. Dabei sei die Sicht des einzelnen so sehr auf sich selbst bezogen, dass ihm der Einblick in die komplexe Gesamtrealität verstellt bleibt. Calderóns traurige und im aristotelischen Sinn Mitleid erregende Botschaft sei also, dass der einzelne mit seiner beschränkten Sicht zum Gefangenen und Opfer der Umstände werde, für die die Gesamtheit der anderen mitverantwortlich sei.

Als Hauptperson dagegen wird Juan von A. I. Watson (1965) betrachtet und im Sinn der neoaristotelischen Poetik als **tragischer Held** gesehen. Calderón, der Aristoteles durch die Poetiken des López Pinciano (1596), Francisco Cascales (1617) oder González de Sala (1633) kannte, wusste, dass eine tragische Handlung erstens aus dem Fall einer Figur aus dem Zustand des Glücks in den des

Elends bestehen, zweitens der tragische Held weder ganz gut noch ganz schlecht sein, und drittens dass er durch einen Irrtum fehlgeleitet unwillentlich jenen Fehler begehen soll, der seinen Fall herbeiführt. Das Unglück, das ihm dann widerfährt, muss größer sein, als er es verdient. Juan kann zu Beginn als glücklich gesehen werden, zumal er sich über die Gefühlslage seiner Frau hinwegtäuscht. In der Bewertung seiner Ehe liegt auch sein Irrtum. Obwohl er sich im dritten Akt seines Unglücks bewusst ist (»¿Qué es lo que pasa por mí, / fortuna deshecha mía?«, 2565-2566) und den Ehrenkodex in Frage stellt (»¿Cómo bárbaro consiente/ el mundo este infame rito?/ Donde no hay culpa ¿hay delito?«, 2602-2604), tut er schließlich, was Ehrenkodex und Gesellschaft von ihm erwarten und wird zur tragischen Figur, die sich in ihrer Verzweiflung nur noch den Tod wünscht: »¿Qué esperáis? Matadme todos« (3116). Wenn der Fürst ihn dann schließlich doch unbehelligt gehen lässt, erscheint er nicht als Täter, sondern angesichts eines barbarischen und unchristlichen Verhaltenscodes als Opfer, dem das Mitleid des Publikums zu gelten hat.

Also will Calderón nicht den Ehebruch kritisieren, sondern ist vielmehr **Kritiker eines grausamen Ehrenkodex**, der Unschuldige bestraft. Auch P.N. Dunn (1960, 82f) und A.A. Parker (1949) entscheiden sich wie A.I. Watson dafür und sehen Calderón als Kritiker eines zur Rache auffordernden Ehrenkodex, der mit der christlichen Ethik unvereinbar ist. Für B. W. Wardropper dagegen, der mit Thomas von Aquin zwischen »voluntas sensualitatis« und »voluntas rationis« unterscheidet, hat sich Serafina schuldig gemacht, da sie zwar ihre bewussten Handlungen kontrolliert, aber nicht ihre unbewussten Wünsche. So habe sie Juan als Ehemann nur auf der bewussten Ebene angenommen, mit ihren unbewussten Wünschen aber an Alvaro festgehalten. Dies ist ihr eigentliches Vergehen, das künftig ihr psychisches Leben verwirrt. »She was not the victim of a heartless code, but of her own repressed sin,« meint B.W. Wardropper (1971, 254). Gelungene und misslungene Kontrolle von Leidenschaften führt zu überlegten bzw. unüberlegten Handlungen. Porcia tritt schon im ersten Akt auf als Luis' Tochter, die sich besonnen um Haushalt und Gäste kümmert, als Serafinas Vertraute und Freundin, als Alvaros Schwester und als Verehrte des Fürsten. In all diesen Rollen verhält sie sich klug und reagiert auch in verwikkelten Situationen nicht impulsiv. Im Gegensatz zu Serafina weiß sie, was das Richtige ist, und sie tut es.

Der Fürst von Ursino schützt zunächst Alvaro, dann seinen Mörder. Er führt ein Doppelleben, insofern er in Serafina verliebt ist, aber zugleich Porcia den Hof macht. Jedoch handelt er nicht impulsiv, sondern kontrolliert seine **Leidenschaften**. Hierin unterscheidet er sich von Alvaro, der sich von seiner Liebe zu Serafina antreiben lässt, die so groß ist, dass sie die Einsicht in die veränderten Verhältnisse verhindert. Zwischen Alvaro und Juan gibt es zahlreiche Korrespondenzen, da beide in ähnlichen Situationen ähnliche Wörter verwenden. Serafina kennt ihre Pflicht und versucht, ihr zu entsprechen, hat aber im Moment des Erwachens von einem bösen Traum nicht die Kraft, die unterbewusst verbliebene Liebe zu Alvaro zu unterdrücken. Schnell entschlossen greift Juan zur Waffe und handelt nicht weniger impulsiv als Alvaro. Beide sind in ihren Taten schnell entschlossen und stehen so im Gegensatz zum Fürsten von Ursino, dessen Beziehungen zu Porcia und Serafina eine kontrastierende zweite Handlung aufbauen, was auch in Porcias Schlussbemerkung deutlich wird, nachdem der Fürst um ihre Hand angehalten hat: »Dichosa he sido.« (»Glücklich bin ich gewesen«). Juanete ergänzt: »Porque en boda y muerte acabe/ EL PINTOR DE SU DESHONRA./ Perdonad yerros tan grandes« (3136-3139). (»Mit Hochzeit und Tod möge »Der Maler seiner Unehre« enden. Entschuldigt so große Fehltritte«). Die beiden Handlungen sorgen dafür, dass das Stück zugleich ein happy end und ein tragisches Ende hat.

Es stellt sich die Frage, wie die **Komik** geartet ist, die in eine derart tragische Handlung eingefügt ist. Komische Szenen sind nicht selten, so z.B. im ersten Akt, in dem das Haus des Luis von erwarteten und unerwarteten Gästen überquillt, im zweiten, als der aus dem Haus fliehende Alvaro auf Juanete trifft, oder im dritten, in dem Heimlichkeiten zu Verwicklungen führen. Immer wieder fällt Juans Diener Juanete durch ironische Kommentare der Handlung auf. Als er mit seinem Herrn das Haus des Luis betritt, grüßt er wie ein Priester mit den Worten: »Paz sea en aquesta casa« (191). (»Friede sei in diesem Haus«). Dann erzählt er die Geschichte von einer Picknickeinladung. Als dabei zunächst ein kaltes Hähnchen, dann warmer Wein serviert wird, legt der Gast das Hähnchen in den Weinkrug, um es zu wärmen und den Wein zu kühlen. Juanete kommentiert seine Geschichte mit den Worten, dass es sich ebenso verhalte, wenn eine junge Braut einen viel älteren Ehemann hat: »o él la refresque a ella, / o ella le caliente a él.« (235-236)

Die Bedeutung des **Herakles-Bildes**, das Juan dem Fürsten zeigt, als Spiegelbild der Handlung führt Susan L. Fischer (1981) vor. Auf dem Weg nach Trachis half der Kentaur Nessos Herakles und seiner Frau Deianeira bei der Überquerung eines Flusses. Als der neben dem Boot schwimmende Herakles sah, wie der Kentaur seine Frau

entführen und vergewaltigen wollte, erschoss er ihn mit seinen Gift-
pfeilen. Sterbend gab letzterer Deianeira seinen blutgetränkten
Mantel: Diesen könne sie Herakles als Aphrodisiakum geben, wenn
seine Liebe zu ihr sich abschwäche. Tatsächlich tat sie dies auch, als
Herakles Iole den Hof machte. In Wirklichkeit erwies sich das Blut
als äußerst giftig: Als Herakles den Mantel angelegt hatte, brannte
und fraß es sich in Haut und Fleisch. Da er die Schmerzen nicht
aushalten konnte, ließ sich Herakles in einem Scheiterhaufen ver-
brennen. Was an ihm unsterblich ist, wurde in die Gesellschaft der
unsterblichen Götter aufgenommen. Zahlreich sind die Parallelen
zum Stück. Die Szene der Entführung Deianeiras durch den
Kentauren erinnert an die Entführung Serafinas durch Alvaro. In
bezug auf das Bild erklärt Juan Herakles' Gefühlslage beim Anblick
des gewalttätigen Kentaurs: »que nadie le vea que no/ diga ›Este
hombre tiene celos‹« (2692-2693). Im Hintergrund ist die Szene des
brennenden Herakles abgebildet. Juans Kommentar hierzu bildet
zugleich das Motto des somit auch als Emblem zu verstehenden Bildes: »Quien tuvo celos primero,/ muera abrasado después« (2704-
2705). (»Wer als erster Eifersucht hatte, wird daran verzehrt
untergehen«). Er selbst ist es, der sich zunächst durch brennende Eifersucht verzehrt und schließlich verdammt ist, sein Leben unter der
Qual, die er für seine mörderische Tat fühlt, fortzusetzen. Herakles
dagegen stirbt unter den Qualen. Auch tötet er nur den Schuldigen
und nicht seine unschuldige Frau. Wenn der Fürst Juan nach seinen
Schüssen rät, den Ort zu Pferd zu verlassen, dann liegt eine Parallele
nahe zum Kentaur, der halb Pferd, halb Mensch ist. In beiden Fällen symbolisiert das Pferd Leidenschaftlichkeit und Zügellosigkeit.
Damit wird erneut Juan mit seinem impulsiven Verhalten zur Zielscheibe der Kritik.

Für den Adligen Juan war die professionelle Betätigung als
Kunstmaler verboten. Dilettierende Maler, wie z.B. Lope de Vega,
Francisco de Quevedo oder sogar Philipp IV., jedoch waren nicht
selten. Wenn Juan jedoch im Dienst des Fürsten Malerei zum Geld-
erwerb macht, ist ihm eine Verletzung der Standesregeln angesichts
seiner außergewöhnlichen Lage gleichgültig. C. Colahan (1982,
74f) zitiert aus Pachecos *El arte de la pintura* (1649) (*Die Kunst der
Malerei*), in dem die kreative Kraft des Vorstellungsvermögens und
damit der subjektive Anteil des Verstandes bei der Schaffung eines
Bildes betont wird. Kunst erscheint also als Ausdruck von etwas, das
sich zunächst im Inneren als Vorstellung oder Idee geformt hat. Das
vom Künstler Geschaffene kann daher von Calderón mit der Schöpfung Gottes verglichen werden, der seinerseits die Welt aus seiner

Vorstellung heraus schafft. Soll aber vom Künstler eine real existierende Person gemalt werden, dann hat dieser diese Person mit ihrer Vorstellungswelt richtig zu verstehen. Der Maler hat also zunächst einmal eine hermeneutische Aufgabe. Gerade an dieser Aufgabe scheitert Juan gleich zweimal, zunächst als er Ausflüchte dafür vorbringt, dass er sie seine Frau nicht malen kann, dann aber als er sie vom Garten aus malen soll und er sie sich als untreu, also wieder falsch vorstellt. So verdeutlicht sein Scheitern als Maler paradigmatisch seine Verständnislosigkeit als Ehemann gegenüber seiner Ehefrau. Vor seinem Doppelmord ist sein Bild von seiner Frau nicht durch Liebe, sondern durch Eifersucht geprägt. Jenes Bild, das er zu Beginn aus Liebe zu malen unfähig war, kommt nun durch Eifersucht zustande: »¡Qué miro! ¡Valedme, cielos,/ que quiere hacer el dolor / que el retrato que el amor/ erró, le acierten los celos!« (3022-3025). Leidenschaften, deren Unterdrückung und deren fehlende Kontrolle sind also für den blutigen Ausgang des Stückes ebenso verantwortlich wie der Ehrenkodex. Hierin unterscheidet es sich von *El médico de su honra*, wo die mörderische Rache kaltblütig ausgedacht und vorbereitet wird.

3.3 *El mayor monstruo del mundo*
(*Das größte Ungeheuer der Welt*)

Herodes, der Tetrarch von Jerusalem, liebt seine Frau Mariene so leidenschaftlich, dass er meint, ihrer Liebe nur würdig zu sein, wenn er die Oberherrschaft in Rom erlangt. Er lässt Antonius gegen Oktavian kämpfen, damit sich beide gegenseitig schwächen und er gestärkt aus dem Kampf hervorgehen kann. Ein Astrologe hat Mariene vorausgesagt, dass sie durch die Hand des »mayor monstruo del mundo« umkommen werde und dass der Dolch des Herodes töten werde, was dieser am meisten liebe. Der Tetrarch wirft den Dolch ins Meer und versucht, die melancholisch gewordene Mariene zu trösten. Vom Dolch in die Schulter getroffen steigt Ptolomäus, der Feldherr des Herodes, aus dem Meer und berichtet, dass sein Verbündeter Antonius tot sei und sein Gegner Oktavian in Ägypten gesiegt hat. Herodes nimmt den Dolch wieder an sich. In Oktavians Palast in Memphis treten Polydor und Aristobulus, die ihre Kleidung getauscht haben, als Gefangene ein. Letzterer ist wie Ptolomäus Feldherr des Herodes und Bruder Marienes. Oktavian wird ein Kästchen übergeben, in dem sich ein Brief mit Herodes' Plänen und ein Porträt Marienes befindet. Als sich Oktavian allzu interessiert an der Identität der Abgebildeten zeigt, will Aristobulus seine Schwester schützen, indem er die Abgebildete für längst verstorben erklärt. Oktavian lässt eine große Kopie des Porträts der Mariene in seinem Zimmer über der Tür aufhängen, da es ihm gefällt. Als Herodes dem Sieger Oktavian vorgeführt wird, erblickt er das kopierte Porträt seiner Frau und will eifersüchtig Oktavian erdolchen, als das Bild zwischen beide fällt und der Dolch in ihm stecken bleibt. Daraufhin lässt Oktavian Herodes als Kriegsgefangener ins Gefängnis bringen. Von seinem nahen Tod überzeugt gibt Herodes seinem Diener Philipp einen Brief an Ptolomäus mit der Anordnung, dieser möge nach Herodes' Hinrichtung Mariene töten, damit niemand nach ihm sie besitze. Als Mariene jedoch den Brief mit diesem Befehl durch Zufall in die Hände bekommt, ist sie tief gekränkt. Obwohl sie als Königin gewillt ist zu verzeihen, will sie als Frau Rache nehmen.

Als Mariene Oktavian um Gnade für ihren Mann bittet, erkennt dieser in ihr die Porträtierte, gibt ihr daher das Bild zurück, gewährt ihr den Wunsch und gibt ihrem Mann wieder das frühere Amt. Später erklärt Mariene Herodes, sie habe nicht aus Liebe, sondern aus Rache um sein Leben gefleht. Künftig wolle sie von ihm getrennt in einem anderen Teil des Palastes leben und Witwenkleidung tragen. Als Herodes seinen Soldaten Ptolomäus, dessen Ungeschicktheit er die Enthüllung verdankt, wütend verfolgt, flüchtet Ptolomäus und bringt sich im Zelt des Oktavian in Sicherheit, dem er erzählt, dass Mariene von ihrem Ehemann eingeschlossen und in Gefahr sei. Da sich Oktavian in Mariene verliebt hat, seitdem er zum ersten Mal ihr Porträt gesehen hat, unternimmt er den Versuch, sie zu befreien. Als es in der Dunkelheit zum Handgemenge kommt, will Herodes mit seinem Dolch Oktavian töten, trifft aber Mariene, womit sich die Voraussage erfüllt. In seiner Verzweiflung stürzt er sich ins Meer.

Wer ist *El mayor monstruo del mundo*? Dies ist das Rätsel, das die Protagonisten und Zuschauer während des Stücks beschäftigt und in Spannung hält. E.R. Sabin (1973) nennt fünf Möglichkeiten. Bedenkt man, dass 1686 in der Ausgabe von Vera Tassis in Abänderung der ursprünglichen Formulierung der Erstausgabe von 1637 der Titel des Stücks in der Formulierung *El mayor monstruo, los celos* (*Das größte Ungeheuer, die Eifersucht*) überliefert ist, dann könnte die Eifersucht gemeint sein, die Herodes beherrscht. Zwar heißt es im dritten Akt »esta pasión/ de celos, que celos son / el mayor monstruo del mundo« (2710-2712), doch handelt Herodes nicht moti-

viert durch Eifersucht und ist von der Unschuld seiner Frau überzeugt, als er sie versehentlich ersticht. Stattdessen könnte zweitens
der Dolch gemeint sein, der schicksalhaft immer wieder zur Stelle
ist und damit das Schicksal symbolisiert. Während Mariene in
Furcht vor diesem Schicksal lebt und ihm resigniert ergeben ist,
statt sich dagegen aufzulehnen, fehlen Herodes Vernunft und Beherrschung, die notwendig gewesen wären, um den tragischen Ausgang zu verhindern. Als dritte Möglichkeit bietet sich die ichbezogene und daher »monstruöse« Liebe an, die Herodes gegenüber
Mariene empfindet. Eine weitere, vierte Deutung könnte das Meer
in den Vordergrund stellen. Nicht ohne Absicht hat Calderón
Jerusalem ans Meer verlegt. Als Symbol für den Tod hat das Meer
durchaus etwas Ungeheuerliches. Sagt doch Mariene: »¡o me ha de
matar tu acero/ o el mar, que es el mayor monstruo!« (2641-2642).
Diese Deutung jedoch ist weniger zentral als die fünfte. Bezeichnet
doch Mariene ihren Mann als Ungeheuer, als sie dessen Brief liest,
in dem er ihren Tod anordnet (2083). Spätestens in diesem Moment
wird Herodes als rücksichtsloser Egoist entlarvt. In Erinnerung ist
dem Publikum des Siglo de Oro ohnehin die biblische Gestalt des
Herodes, der um den Bestand seiner Herrschaft fürchtend den Kin-
dermord veranlasst, als die Weisen aus dem Morgenland nach einem
neugeborenen König der Juden fragen (Mt., 2,16). Vor diesem Hintergrund muss er als Antichrist, als Ungeheuer wirken, sobald seine
Identität geklärt ist. Um auf diese mit dem Namen Herodes ver-
knüpfte »monstruöse« Seite nicht zu früh hinzuweisen, wird im Text
von ihm zunächst als »Tetrarch« gesprochen.

Wenn sich Herodes genötigt fühlt, alles auf der Welt zu besitzen,
damit seine Frau Mariene niemanden zu beneiden braucht, dann
leidet er unter einem Minderwertigkeitskomplex und unter der
Furcht der omnipräsenten Möglichkeit des Aufkommens eines
Neidgefühls, das seine Frau von ihm abwenden könnte. So sind alle
seine Siege und Triumphe nur insofern von Wert, als sie Marienes
Liebe sichern. Die krankhafte Eifersucht schafft nicht nur falsche
Ideale und Idole, sondern entdeckt immer neue Rivalen, Hindernisse und Vorzeichen eines tragischen Ausgangs. **Negative Nachrich-
ten** sind es, auf die Cesáreo Bandera (1997, 92, 91) hier und in anderen Stücken Calderóns die besondere Aufmerksamkeit fixiert
sieht: »El ›dar crédito al daño‹ es una idea absolutamente fundamental en Calderón.« (»›das Tendieren zum Negativen‹ ist ein sehr fun-
damentaler Ansatz bei Calderón«). Und so folgen die Ereignisse ihrer eigenen Logik, nach der sich der Eifersüchtige an seinem Idol
vergreift, wenn er seinen Rivalen nicht töten kann.

So präzis wie ein Uhrwerk sieht Ruiz Ramón (1984, 34) die **Handlungsverkettung** in Calderóns Tragödien aufgebaut, dass ein Irrtum dazu führt, dass die individuellen Handlungen schicksalhaft und mit tragischer Ironie zu Ergebnissen führen, die den gewünschten entgegengesetzt sind. Ruano de la Haza (1981) unterscheidet zwischen »tragedia patética« und »tragedia morata«: Während in ersterer die Protagonisten durch ein unerbittliches und unverdientes Schicksal zerstört werden, ist bei letzterer die Zerstörung als Strafe für eine Schuld aufzufassen. *El mayor monstruo del mundo* beginne als »tragedia patética« und ende angesichts der schuldhaften Verstrickungen des Herodes als »tragedia morata«. Herodes erscheint Ruano de la Haza als Personifikation menschlicher Größe und menschlichen Ruhms. Dass dieser Sympathieträger auch eine ganz andere Seite als Mörder der unschuldigen Kinder hat, daran wird – wie bereits erwähnt – erst im dritten Akt (2530-2570) erinnert. Die Vorhersage in *La vida es sueño* vergleicht A. A. Parker (1973) mit der in *El mayor monstruo del mundo* und leitet das Interesse an Astrologie aus der Renaissance ab, die diese Disziplin wiederentdeckt habe, nachdem sie im Mittelalter erfolgreich von der Kirche als Aberglaube abgelehnt war. Dies belege Juan de Horozco y Covarrubias, der sich in seinem *Tratado de la verdadera y falsa prophecia* (1588) (*Traktat über die wahre und falsche Prophezeiung*) vor allem mit der Antike beschäftige. Bezugspunkt sei weniger die von den Jesuiten erörterte Frage nach der Vereinbarkeit von göttlicher Gnade und freiem Willen des Menschen, sondern in erster Linie die Tradition der griechischen Tragödie eines Aischylos, bei dem die Götter unweigerlich eintreten lassen, was ihre Orakel verkünden.

Da allerdings die Handlungsfolge kausal aufgebaut ist und auch ohne Vorhersage nicht anders verlaufen wäre, ist die Vorhersage zum bloßen Stilmittel geworden, das nur noch der Steigerung der Spannung dient. Eher noch als durch ein Orakel lässt sich die Zukunft für den einzelnen durch Introspektion erschließen. Insoweit er sich selbst kennt, weiß er, was das Schicksal für ihn bereit halten kann. **Übersteigerte Leidenschaft**, Liebe gepaart mit unbegrenztem Ehrgeiz, haben nach F. Ruiz Ramón (1983) zerstörerisches Potential. Er fügt hinzu, dass Orakel ohnehin mehrdeutig sind und je nach Blickwinkel und Kontext anders interpretiert werden können. Anders als Mariene argumentiert Herodes, dass man das vorhergesagte Übel zwar befürchten müsse, man darüber aber nicht verzweifeln solle, solange es nicht eingetreten sei. Ruiz Ramón sieht darin eine stoische Haltung, die Herodes' weiteres Handeln auch dann bestimme, wenn er nach Ptolomäus' Unfall nicht umhin könne, übergeordnete Kräfte zu vermuten.

Die Meinung derer, nach denen das Stück wegen des gewandelten Publikumsgeschmacks **für den heutigen Rezipienten** kaum zumutbar ist, teilt I. Arellano (1994). Jedoch sieht er, anders als sie, in den zwei oder drei parallelen Handlungen, der unnötig verdoppelten Voraussagung, den wechselnden Schauplätzen und der übertrieben erscheinenden Begleitkomik keine Mängel des Stückes, sondern Konzessionen an zeitgenössische ästhetische Postulate. Die erste Handlung ergibt sich aus den Beziehungen von Herodes und Mariene, die zweite aus der Verehrung Marienes durch Oktavian und aus der politischen Rivalität von Oktavian und Herodes. Dramentechnisch ist die Steigerung der ersten durch die zweite Handlung erforderlich. Die Nebenhandlung, die Ptolomäus in Liebe und Eifersucht mit Sirene und Libia verbindet, erlaubt es Mariene, den Brief des Herodes abzufangen, während die Nebenhandlungen des Aristobulus das Chaos des Krieges verdeutlichen und die Komik des Polydor der Erwartungshaltung des Publikums des kommerziellen Theaters entgegenkommt.

Auch die Wahl der Schauplätze entspricht den Erfordernissen der Steigerung der Dramatik. Wahrend die Handlung zunächst im Freien und an wechselnden Orten stattfindet, konzentriert sie sich im dritten Akt auf Jerusalem und verengt sich auf den Palast des Herodes, wo sie schließlich im dunklen Raum Marienes endet. Wie in einer Falle erscheinen die Protagonisten hier ihrem Schicksal ausgesetzt. Die Lichtmetaphorik kündigt Unheil an, wenn Mariene für Herodes »un sol sin luz« (1547) ist und Oktavian im ersten Akt eine Beziehung zwischen Sonne und Tod herstellt. Beide Vorhersagen werden durch Verknüpfung immer wieder gesteigert: zunächst dadurch, dass der Dolch den unbeteiligten Ptolomäus verletzt, dann dadurch, dass er Oktavians Bild mit der gemalten Mariene zerstört, bis Herodes schließlich mit ihm die reale Mariene tötet. Eine weitere Verstärkung der Vorahnung des tragischen Ausgangs wird dadurch erzielt, dass Aristobulos vom Tod des Antonius und seiner Frau Kleopatra berichtet. Letztere habe Selbstmord begangen, als sie vom Tod ihres Ehemanns gehört habe, da sie ohne ihn nicht weiterleben wollte. An eine solche Lösung denkt Mariene, als sie Herodes zu verstehen gibt, es sei unnötig gewesen, ihre Ermordung anzuordnen: »Si te quiero, ¿para qué, / después de muerto, pretendes / mi muerte? o No sabré,¡ ay cielos!, / matarme yo, si tú mueres?« (2059-2062) (»Wenn ich Dich liebe, warum beabsichtigst Du meine Tötung nach Deinem Tod? Als ob ich nicht wüßte, Himmel, mich selbst zu töten, wenn du stirbst«).

Arellano dagegen sieht Herodes nicht an einer außergewöhnlichen, übersteigerten und damit tendenziell destruktiven Liebe scheitern. Noch weniger erscheint er ihm als Verkörperung eines stoischen Heroismus, der es erlaube, den Mordbefehl angesichts der Umstände zu entschuldigen und Mariene eine Überreaktion vorzuwerfen. Dass Herodes nicht durchweg negativ dargestellt wird, ergibt sich nach Arellano aus der dramaturgischen Forderung, dass ein tragischer Held weder ganz positiv noch ganz negativ dargestellt werden darf. Dennoch prägt den die Herrschaft in Rom anstrebenden Herodes primär **Hybris**. Zum Verräter wird er gegenüber Antonius und Oktavian. Seine Reden zeugen nicht selten von mangelhaftem logischen Denkvermögen. Keine stoische Ruhe, sondern unkontrollierte Wut und Leidenschaft zeigt er, als er mit seinem Dolch das Bild und nicht Oktavian trifft, sowie in seinen Reaktionen gegenüber Philipp und Ptolomäus. An Verantwortungsbewusstsein mangelt es ihm angesichts seiner getöteten Frau: »Yo no la he dado la muerte./ – Pues, ¿quién? – El destino suyo« (3069-3070). (»Ich habe sie nicht getötet. – Wer denn? – Ihr eigenes Schicksal«). Herodes steht damit im krassen Gegensatz zum Idealbild des verantwortungsbewussten, stoisch beherrschten, klugen und loyalen Herrschers, wie es z.B. in der *Idea de un príncipe cristiano* (1640) (*Die Konzeption eines christlichen Fürsten*) bei Saavedra Fajardo entworfen wird. Ebenso wenig wie Herodes erscheint Mariene ohne Fehler. Zwar bleibt ihre Ehre unangetastet, jedoch sind es ihre pathologische Melancholie und ihr abergläubisches Vertrauen in Weissagungen, gepaart mit schicksalsergebener Passivität und unangemessener Neugier, die sie daran hindern, gefährliche Situationen zu meistern.

Es handelt sich also um ein Ehrendrama besonderer Art. Dass der eifersüchtige Herodes Mariene über seinen Tod hinaus an sich binden will, lässt sich aus einem sehr individuell verstandenen Ehrenkodex ableiten. *El mayor monstruo del mundo* jedoch ist nicht der Ehrenkodex, sondern der ichbezogene Herodes, dessen verabsolutiertes und auf Mariene fixiertes Ehrverständnis ihn zum schlechten Herrscher und Spielball der Eifersucht macht. Der Ehrenkodex wird hier folglich durch unkontrollierte Leidenschaft und Ruhmsucht funktionalisiert, wodurch er zusätzlich verzerrt und fragwürdig erscheint.

3.4 Drei Mantel- und Degenstücke

Die Mantel- und Degenstücke sind im allgemeinen gekennzeichnet durch **konventionelle, klischeehafte Strukturen**, die Calderón hin und wieder durch **bewusste Abweichungen** bloßlegt. In *No hay bur-las con el amor* (*Die Liebe läßt nicht mit sich spaßen*) wird z.B. der konventionelle Sprachgebrauch nicht eingehalten, wenn der Galan Alonso vulgäre Ausdrücke verwendet. Die an Góngora angelehnte Sprache Beatriz' ist Ausdruck für die Ablehnung der ihr zugeteilten Rolle als Ehefrau. Mit Hilfe ihrer Bildung versucht sie, sich gegen die ihr als Frau zugewiesene Funktion zu wehren. Sie handelt bewusst normabweichend und will sich dadurch von anderen Frauen unterscheiden. Allerdings wird dieser Stil so verfälscht nachgeahmt, dass schon die Nachahmung der Lyrik Góngoras im Theater durch ihre Lächerlichkeit parodiert wird. Beatriz' Lächerlichkeit wiederum soll nahe legen, dass die Bestimmung der Frau nicht in der Bildung, sondern in der Ehe liegt. Auffällig ist, dass der gracioso Moscatel sich durch sein Verhalten als gebildet erweist und Alonsos Sprache eher für den gracioso angemessen wäre. Schließlich aber endet das Stück mit der Heirat von Beatriz und der Einordnung in die patriarchale Struktur. Ein besonders wichtiges komisches Element ist Calderóns Bruch der Illusion des Theaters durch den häufigen Hinweis auf die Fiktionalität der Vorführung und die Konventionalität des Theaters. Alonso spielt auf Calderóns Theatertechnik an, wenn er sagt: »¿Es comedia de Pedro/ Calderón, donde ha de haber/ por fuerza amante escondido/ o rebozada mujer?« (1708-1711). (»Ist es ein Stück von Pedro Calderón, wo es unbedingt einen versteckten Liebhaber und eine verhüllte Frau geben muss?«) Eine sich auf ein anderes eigenes Theaterstück beziehende Anspielung findet sich in: *El escondido y la tapada* (*Der Versteckte und die Verhüllte*), wo eine Dienerin vermeiden will, die Handlung von *La dama duende* zu wiederholen: »Esto ya es hecho, porque es/ paso de *la Dama Duende*,/ y no he de pasar por el.« (470)

Francisco de Bances Candamo charakterisiert in seinem *Teatro de los teatros* (1690) die mit ihrem Versteckspiel und mit ihrer auf Duelle beschränkten Waffengewalt harmlos erscheinenden Mantel- und Degenstücke: »Las de capa y espada son aquellas cuyos personajes son sólo caballeros particulares, como Juan o Diego, etc., y los lances se reducen a duelos, a celos, a esconderse el galán, a taparse la Dama, y, en fin, a aquellos sucesos más caseros de un galanteo.« (Zit. nach Edward M. Wilson und Duncan Moir, 1971, 51). Zu den Konventionen der Mantel- und Degenstücke gehört es, dass diejenigen, die in einer ehrenrührigen Szene ertappt zu werden drohen, sich **verstecken**, und dass diejenigen, denen es verwehrt ist, in die Öffentlichkeit zu gehen, sich **verkleiden**, um es unerkannt zu tun. Üblich ist es, dass Verbote heimlich umgangen werden und dass diejenigen, die eingesperrt werden, einen Weg nach draußen finden, was das Publikum sieht und weiß, nicht aber derjenige, der die Anordnung getroffen hat. Dies macht die Situation für das Publikum komisch.

Casa con dos puertas mala es de guardar handelt von Félix, der Laura, die Freundin seiner Schwester Marcela, liebt. Als Félix' Freund Lisardo ihn besucht, verliebt er sich in eine schöne Frau, deren Name ihm unbekannt ist. Das Publikum weiß, dass es Marcela, die Schwester seines Freundes ist. Um seine Schwester vor seinem Logiergast zu verbergen, ordnet Félix an, sie solle während der Zeit des Besuchs in einem verschlossenen Raum bleiben. Nun hat dieser Raum eine zweite, Félix unbekannte, Tür, die es Marcela ermöglicht, so oft sie will unbemerkt den Raum zu verlassen. Dass auch Lauras Haus zwei Eingänge hat, auf die im Titel angespielt wird, macht die **Verwirrung** vollständig. Erst mit zwei Hochzeiten am Ende sind Klarheit und Ordnung wiederhergestellt.

Auch in diesem Werk gibt es **Anspielungen** auf andere Werke Calderóns und anderer Autoren, so z.B. wenn Lisardo im ersten Akt sein Erlebnis mit »la más extraña novela/ de amor que escribió Cervantes« (599–600) vergleicht. Die Beschreibungen, die Félix vom Palast des Hofes in Aranjuez macht, zeigen eine Natur, die durch Gestaltung Kunst geworden ist. Die Kunsthaftigkeit dieser Natur korrespondiert mit der künstlich konstruierten Vielfalt von Irrtümern in dem Stück, das Calderón 1629 anlässlich des Aufenthalts des Königspaares in Aranjuez geschrieben hat. In Félix' Beschreibung der königlichen Gärten von Aranjuez, aber auch in seiner Beschreibung einer königlichen Jagd und in Lauras Beschreibung der ein sicheres Boot betretenden Königin kommt jene Harmonie zum Ausdruck, die das Königspaar ausstrahlt und die einen geordneten Rahmen um die Disharmonie und Hektik der dargestellten Handlung legt. J.E. Varey (1972, 94) sagt: »The humor springs from the contrast between the ideal, represented by the royal Court, and the confusion which reigns on the stage.« Inwiefern das Labyrinthische und das durch die unterschiedlichen Türen verursachte Durcheinander der barocken Freude an der Lösung von Rätseln besonders entgegenkommt, ob dadurch mit dem Gegensatz von Sein und Schein gespielt wird oder ob es nur um die Erzeugung komischer Elemente geht, die das Publikum zum Lachen und Applaudieren bringen sollen, sei dahingestellt.

Das Stück *No hay cosa como callar* (*Nichts geht über Schweigen*) wurde im Winter 1638/1639 geschrieben und knüpft an die seit dem Mittelalter überlieferte **Geschichte des Don Juan** an, die in

Spanien ab 1630 durch Tirso de Molinas *El burlador de Sevilla* (*Der Verführer von Sevilla*) verbreitet worden war. Bei Tirso allerdings gibt es einen religiösen Hintergrund: Juan bemüht sich, als Verführer ausschweifend zu leben, um dann vor seinem Tod in letzter Minute zu bereuen und seine Seele zu retten, was ihm aber nicht gelingt, da der Tod ihn plötzlich und unvorbereitet trifft. Diese religiöse Dimension fehlt bei Calderón. Sein Juan vergewaltigt sein Opfer und beugt sich nach vielen Vorfällen und Zufällen schließlich dessen Forderung nach Heirat, um die Ehre zu retten. Nach Alexander A. Parker (1988, 181-195) hat das Stück kein happy end, da zwar die Ehre wiederhergestellt, aber so gut wie alle Figuren in ihren Wünschen gescheitert sind.

Egozentrisch und unüberlegt fühlt Juan sich von einer Frau nur angezogen, wenn sie ihm rätselhaft erscheint, und räumt ein, dass eine Liebesaffaire bei ihm nie länger als vier Tage dauert. Frauen sind für ihn nicht Individuen, sondern bloße Objekte sexueller Begierde. Daran ändert auch die neuplatonische Rhetorik nichts, mit der er die Frau beschreibt, die er in der Kirche gesehen hat und von der er sich unwiderstehlich angezogen fühlt. Die Eroberung einer Frau ist für ihn ebenso eine Heldentat wie die Hilfe, die er, ohne lange nachzudenken, dem Schwächeren zukommen lässt, z.B. wenn er im ersten Akt des Stücks einer Person hilft, die sich mit mehreren anderen duelliert. Barbara Mujica (1979, 31) kommentiert: »he is obsessed with **sex and violence**. He sees every woman and every duel as a challenge before which he is either incapable of exercising self-restraint or unwilling to do so.« Man kann in seinem Verhalten Versuche der Selbstbestätigung einer ansonsten unsicheren Persönlichkeit sehen. Seine Gewalttätigkeit ist zugleich der Versuch der Bestätigung männlicher Ehre als Fortsetzung der mittelalterlichen Tradition, nach der der Ritter Heldentaten auszuführen hat, um der Dame seines Herzens würdig zu werden und zu gefallen. Auch wenn sich Juan seiner Ehre als Adliger rühmt (II, 573-574), ist dies nur Kennzeichen sozialer Zugehörigkeit und hat nichts mehr zu tun mit der mittelalterlichen Vorstellung von ritterlicher Tugend und Ehre. Juan ist ein Repräsentant des höfisierten Adels, bei dem die Ideale des Rittertums durch erotische, gewalttätige und egoistische Antriebskräfte ersetzt wurden. Im Dialog mit seiner letzten Geliebten Marcela, die bereits Verdacht geschöpft hat, zeigt er sich als ebenso gefühllos wie unbeherrscht.

Fehlende Selbstbeherrschung, blinde Leidenschaft und Mangel an Vernunft werden im Stück durch Dunkelheitssymbolik unterstrichen. Während Juan auch mit Feuer in Verbindung gebracht wird, steht für die vernunftgeleitete Leonor das Symbol des Lichts.

Leonor, die im Schlaf überwältigt und vergewaltigt wurde, hat zwar keine Schuld auf sich geladen, hat aber dennoch ihre eigene Ehre und die ihrer Familie beschädigt. Deswegen fühlt sie sich schuldig und fürchtet ihren Bruder, der das – in der Realität des 17. Jahrhunderts kaum beanspruchte – Recht hätte, sie zur Wiederherstellung der Familienehre zu töten. Ihr bleibt nur eine Möglichkeit: Das Geschehene muss verschwiegen werden, und derjenige, der sie vergewaltigt hat, muss ihr Ehemann werden. »Y pues que ya la desdicha/ tan deshecha sucedió, / callemos, honor, tú y yo;/ que no ser de nadie dicha/ una desdicha, ya es dicha;/ y para obligarte a dar/ el sepulcro singular/ de mi pecho a mi dolor,/ honor, en trances de honor,/ No hay cosa como callar« (51-60). Daran arbeitet sie bewusst und zielstrebig, auch wenn sie dabei Luis enttäuschen muss, den sie liebt und der sie heiraten wollte. Luis hüllt sich in **Schweigen** über die Vergewaltigung, da deren Offenlegung ihm als dem ehemaligen Begleiter Leonors nur schaden könnte. Auch ihr Bruder Diego hält sich zurück, da er nicht daran interessiert ist, die Ehre eines künftigen Familienmitglieds in Frage zu stellen. Leonor ist gleichzeitig Opfer und Vollstrecker der Regeln des Ehrenkodex und zeigt die Ungerechtigkeit des Ehrenkodex für die von einer Vergewaltigung betroffene Frau.

Die **religiöse Thematik** spielt hier wie in anderen Mantel- und Degenstücken keine Rolle. Zwar ruft Juan aus, er würde seine Seele dafür geben, wenn er Leonor wiedersehen könnte (1061-1062). Und als sein Diener Leonor sieht, ergreift ihn Furcht, da er sie für den Teufel hält, der Juans Seele haben möchte. Doch sind diese Bezüge eher spielerischer Natur. Das Schicksal erscheint nicht von Gott, sondern durch Zufall bestimmt. Die Kirche ist Treffpunkt bzw. der Ort, wohin man vor den Duellanten flüchtet. Juans Ehrenkreuz (»venera«), das Leonor ihm entrissen hat, als er sie vergewaltigte, ist Zeichen des Santiago-Ritterordens und enthält das Bild Marcelas; es trägt keine christliche Symbolik, sondern hat nur handlungsrelevante Funktionen. Buße oder Reue sind den Protagonisten unbekannt. Transzendente Ziele der »comedias de santos« werden in den »comedias de capa y espada« durch egoistische weltliche Wünsche ersetzt.

3.5 *La dama duende* (Dame Kobold)

Im ersten Akt reist Manuel mit seinem Diener Cosme nach Madrid, um sich beim König für die ihm verliehene Statthalterschaft zu bedanken. Sein Freund Juan, mit dem ihn gemeinsame Erlebnisse in der Studienzeit und beim Militär verbinden, hatte sich bereit erklärt,

ihn während seines Aufenthalts zu beherbergen. Auf dem Weg zu
Juan werden sie von einer verhüllten Dame angesprochen, die sie
bittet, ihre Verfolger aufzuhalten. Die Dame, die unerkannt bleibt,
ist Juans gerade verwitwete Schwester Angela, die sich dem Schutz
ihres Bruders anvertraut hat und in einem separaten Teil des Hauses
ihrer Brüder Manuel und Luis hermetisch von der Außenwelt abge-
schnitten inkognito lebt, um sich um die von ihrem verstorbenen
Ehemann hinterlassenen Schulden zu kümmern. Doch nur dem
Schein nach führt sie ein zurückgezogenes Leben. Es ist ihr nämlich
immer wieder mithilfe einer geheimen Spiegeltür in einem Wand-
schrank gelungen, heimlich und verschleiert das Haus zu verlassen.
Nun wird sie von ihrem Bruder Luis, der sich seinerseits für die verschleierte Unerkannte interessiert, verfolgt. Manuel sieht im Verfolger
den unbeherrschten Ehemann der Unbekannten, macht die Verteidigung einer verfolgten Dame zur Ehrensache und hält mit Unterstützung seines Dieners Cosme den ihm nicht bekannten Luis auf. Dabei
kommt es zum Duell. Gerade noch rechtzeitig tritt Juan auf, der seinen Freund Manuel erkennt und ihn als Gast in sein Haus bringt.
Nach der erfolgreichen Flucht kehrt auch Angela nach Haus zurück
und bemerkt, dass nunmehr auch Manuel im Haus ihrer Brüder
wohnt. Ihre Dienerin Isabel erklärt ihr, dass Manuels Zimmer an das
ihre angrenzt und durch die bereits benutzte, im Schrank befindliche
Geheimtür zu erreichen ist. Während Manuel noch einen Besuch
macht, soll sein Diener Cosme das Gepäck auspacken. Er aber über-
prüft den Inhalt seiner Geldbörse, den er in unterschiedlichen Wirts-
häusern gestohlen hat, und zieht es vor, ins Wirtshaus zu gehen. Nun
treten Angela und ihre Dienerin Isabel durch die Geheimtür ein. Sie
entdecken im Gepäck Briefe und das Bild einer Frau. Angela hinterlässt dem Gast einen Brief, während Isabel dem Diener einen Streich
spielt. Als Cosme zurückkehrt, hält er die Unordnung und den Diebstahl für das Werk eines Koboldes. Als Manuel den Brief entdeckt,
hält er die verschleierte Fremde für die Verfasserin und für Luis' Geliebte, die ihm den Brief durch einen Diener hat zukommen lassen.
Er beantwortet den Brief und will dem Wunsch der Dame entsprechen, von allem niemandem etwas zu erzählen.

Angela berichtet ihrer Freundin Beatriz von dem Vorfall **im
zweiten Akt**. Diese zeigt sich von Stil und Anmut des Antwort-
schreibens beeindruckt. Zunächst besucht Juan Beatriz, dann Luis,
dessen Liebe allerdings nicht von ihr erwidert wird. In einem Gespräch mit Luis kommt Manuel zum Schluss, dass die Unbekannte
doch nicht, wie er annahm, Luis' Geliebte sein könne. Dies wird
noch deutlicher, als Angelas Dienerin Isabel in Manuels Zimmer

heimlich einen Korb mit einem Brief Angelas hinterlässt, aus dem
hervorgeht, dass sie nicht Luis' Geliebte ist. Auch dieser Brief wird beantwortet. Angela heckt mit Beatriz einen Plan aus, wie sie sich am
besten mit dem Gast treffen kann. Dabei werden sie von Luis belauscht, der sie missversteht und meint, Beatriz wolle sich heimlich
mit seinem Bruder treffen. Manuel und Cosme sind auf dem Weg
zum Escorial, als sie bemerken, dass sie geschäftliche Unterlagen
vergessen haben. Als sie zurückkehren, bemerken sie im Lichtschein
einer Lampe eine Frau, von deren Schönheit Manuel fasziniert ist. Es
ist Angela, die geschickt und unbemerkt durch die Geheimtür flieht,
als Manuel sie ergreifen und nach ihrem Namen fragen will.

Zu einem Treffen kommt es **im dritten Akt**: Anweisungen eines
Briefes folgend führt die Dienerin Isabel Manuel, der nach zahlreichen Irrwegen nicht mehr weiß, wo er sich befindet, nachts in Angelas Zimmer. Er trifft sie im Kreis von Isabel und Bediensteten an,
ist von ihrer Schönheit beeindruckt und bittet sie vergebens, sich erkennen zu geben. Unterbrochen wird das Gespräch durch Juans
Kommen, der wissen möchte, wo Beatriz ist. Rechtzeitig sind zuvor
Isabel und Manuel durch die Geheimtür und Beatriz mit der Die-
nerschaft durch eine weitere Tür verschwunden. Als nun auch Cosme, durch die Dunkelheit unerkannt, den Raum betritt, ahnt Manuel, dass er sich in seinem Zimmer befindet. Isabel jedoch
verwechselt nun Cosme mit Manuel und führt letzteren durch die
Geheimtür wieder aus dem Zimmer, damit dieser nicht merkt, wo
er ist. Daraufhin zieht es Manuel vor, einen Beobachterposten versteckt im Alkoven einzunehmen, um den geheimnisvollen Vorgän-
gen auf die Spur zu kommen. Als nun Angela und Beatriz erwarten,
dass Manuel hereingeführt wird, kommt Cosme, der Angela für eine
Verkörperung des Teufels hält. Nun klopft Luis an der Tür. Er hatte
beobachtet, dass Manuel das Zimmer der Schwester betrat, ihn für
seinen Bruder gehalten und geglaubt, dieser wolle heimlich Beatriz
aufsuchen. Als er eintritt, findet er nur Beatriz allein vor, da Isabel
Cosme schon zur Geheimtür gebracht hat. Der Lärm im Nebenzim-
mer bringt ihn auf die Spur. Er entdeckt die Geheimtür und Manuel, der sein Versteck verlassen hat. Nun meint Luis, Manuel habe
heimlich durch die Geheimtür seine Schwester besucht. Er sieht dadurch die Ehre des Hauses verletzt und fordert Manuel zum Kampf
mit dem Schwert auf. Als Luis sein Schwert beschädigt, muss ein
Ersatz besorgt werden. Unterdessen bringt Juan die verschleierte Angela ins Zimmer, das er leer glaubt. Sie hatte, als sie den Lärm des
Kampfes hörte, wie von Sinnen das Haus verlassen. Als sie zurückkehrte, wurde sie von ihrem Bruder Juan an der Tür überrascht. Er

wollte sie für ihren unziemlichen nächtlichen Ausgang strafen und sie zunächst an einem sicheren Ort, dem Zimmer des vermeintlich abwesenden Manuels verwahren. Nun aber steht sie vor Manuel, gesteht ihm ihre Liebe und bittet um seinen Schutz. Als Luis zurückkehrt und seine Schwester sieht, fordert er erneut zum Kampf auf. Nur nach einer Heirat dürfe Juan seine Schwester aus dem Haus führen. Und tatsächlich bittet Manuel ihn um die Hand von Angela.

Programmatisches lässt sich bereits dem Beginn dieses weiteren Mantel- und Degenstückes entnehmen. Manuel bedauert, zu spät in Madrid angekommen zu sein, um noch an den Feierlichkeiten anlässlich der Taufe des Prinzen Baltasar teilnehmen zu können. Dies veranlasst den Diener Cosme zu einer Reflexion über die möglichen tragischen Folgen, die eine derartige Verspätung haben könne: So hätte Pyramus Thisbe nicht tot an der Quelle angetroffen, wäre er eine Stunde früher gekommen. Auch Tarquinius hätte den Tod von Lukretia durch rechtzeitiges Kommen verhindern können. Beide Stoffe haben einen tragischen Ausgang, der vom Diener Cosme spielerisch zum Komischen verändert wird. Sowohl dies als auch die Festtagsstimmung lässt sich als publikumswirksames Signal für den Beginn einer Handlung deuten, in der die Tragik durch Komik verdrängt wird.

Dennoch stellt sich das Publikum immer wieder die bange Frage, wann Angela bei der Übertretung der Vorschriften des Ehrenkodex ertappt wird. Man steht zwischen der Hoffnung auf ein happy end und der Befürchtung eines tragischen Ausgangs. Daher gibt es auch bei den Kritikern zwei Lager: Während die einen die Nähe zur Tragödie betonen, ist das Werk für die anderen durchweg komisch. Erstere beziehen sich auf die bewussten Pläne, Ziele und Handlungen der Figuren, während letztere, wie D.J. Hildner (1979), die Komik im Bühnenaufbau und in der Häufung von Zufälligkeiten, auf die die Figuren keinen Einfluss haben, betonen. Zu nennen sind hier der Spiegelschrank mit seinen bühnenwirksamen Möglichkeiten, überraschende Zusammentreffen, Verwechselungen, Missverständnisse, Versteckszenen. Immer wieder wird dabei die ursprüngliche Intention durchkreuzt und die geplante Handlung vereitelt. Dies verleihe dem Ganzen eine spielerische und unterhaltsame Note. Auch Angela sei, so Hildner, primär an spielerischer Unterhaltung interessiert. Deshalb und nicht, weil sie aus der ihr vom Ehrenkodex abverlangten Gefangenschaft ausbrechen möchte, führe sie die anderen als Kobold an der Nase herum. So ist auch das happy end kein unechtes, da sie Manuel nicht benutzt hat, um ohne Rücksicht auf Gefühle bloß ihre Freiheit zu erlangen, sondern offensichtlich aus anfänglicher Neugier, den Gast zu sehen, Liebe geworden ist, wie sie am Ende bestätigt: »Mi intento fue el quererte, / mi fin amarte, mi temor perderte.« (2997-2998) (»Meine Absicht war, Dich zu begehren, mein Ziel, Dich zu lieben, meine Furcht, Dich zu verlieren«).

Es gibt **zwei Gruppen von Figuren**. Während Manuel und Juan eher reagieren, sind Angela und Luis die agierenden und treibenden Kräfte. Robert ter Horst (1975, 71) sieht daher erstere von einem phlegmatischen, letztere von einem sanguinischen Charakter geprägt. Angela, die sich zunächst durch die Fürsorge ihrer Brüder als Gefangene fühlt, schränkt durch ihre impulsive und unbedachte Vorgehensweise ihren Spielraum selbst so sehr ein, dass am Ende zu ihrer Ehrenrettung nur noch die Alternative zwischen Heirat und Duell mit tödlichem Ausgang steht. Für den bedächtigeren Manuel spielt sich die Handlung im Zeitraum zwischen Ende der militärischen und Beginn der zivilen Karriere ab. Aus dem alten Freund der Gastgeberfamilie, der Juan sogar bei einer militärischen Unternehmung das Leben gerettet hat, wird der Gegenspieler des jüngeren Bruders und schließlich der Ehemann der Schwester. Juan bewährt sich durch die traditionell vom Herrscher geforderte Tugend der prudentia, der es zu verdanken ist, dass ein tragisches Ende ausbleibt. Ritterlich schützt er eine verfolgte Frau, ritterlich gibt er Luis eine Chance, als dessen Schwert unbrauchbar wird.

Luis erscheint als überzeugter Wahrer und Vertreter des **Ehrenkodex** und damit als Angelas wichtigster Gegenspieler: Am Anfang wie am Ende zieht er das Schwert gegen Manuel, der ihn nicht ohne Grund in der Anfangsszene für einen eifersüchtigen Ehemann hält. Nach Mujica (1969) kompensiert er seine Misserfolge bei Beatriz durch einen Verfolgungswahn und meint, alle haben sich verschworen, seine Ehre durch Angela zu verletzen. Er wird damit dem Ehemann in der Ehrentragödie *El médico de su honra* vergleichbar und widerspricht den christlichen Postulaten, die vor allem Manuel vertritt, wenn er z.B. Cosmes Erklärung der Vorgänge im Gästezimmer als Magie und Teufelswerk mit rationalen Erklärungen ablehnt und in der Lage ist, Schein und Sein vernünftig auseinander zuhalten. So zitiert B.K. Mujica Eric Bentley (1964), der eine gemeinsame Basis für Tragödie und Komödie sieht: »Seen in this way, comedy, like tragedy, is a way of trying to cope with despair, mental suffering, guilt and anxiety«. Für Hans-Jörg Neuschäfer (1984) steht im Zentrum der tragischen Ehrendramen die Furcht, die Ehre, d.h. das gesellschaftliche Ansehen, zu verlieren. Während dabei der Mann bestrebt ist, die Norm aufrechtzuerhalten, erscheint die Frau mit ihren Leidenschaften als Prinzip der Subversion und Bedrohung. Vor diesem Hintergrund hat die Komödie *La dama duen-*

de eine in dreifacher Hinsicht befreiende und den Ehrkodex relativierende Funktion: Sie mildert die Strenge der Moral des tragischen Ehrendramas, stellt die Perspektive der Frau jener des Mannes gegenüber und räumt sinnlichen Bedürfnissen dank Komik eine Existenzberechtigung ein.

Eine stärkere Berücksichtigung der tragischen Momente des Stücks hat B.K. Mujica (1969) vorgeschlagen. Sie geht dabei von A. Parkers (1962) Definition des Tragischen bei Calderón aus, nach der das Tragische aus einer komplizierten Verflechtung von Ursache und Wirkung entsteht, in der das Individuum gleichermaßen Opfer und Täter ist. Angela leide unter den Zwängen des Ehrenkodex, zugleich aber erkenne sie ihn dadurch an, dass sie sich verkleidet und verstellt, um den Schein des einer Witwe angemessenen Verhaltens zu wahren. Sie ist wie Segismundo in *La vida es sueño* ein Held auf der Suche nach seiner **Identität**. Wie er in seinem Turm ist sie im Haus ihrer Brüder eingesperrt und von der Außenwelt ferngehalten und kann das, was sie eigentlich ist, ihre eigene Identität, nicht verwirklichen. Ist die Freiheitsberaubung bei Segismundo Resultat einer unzutreffenden astrologischen Voraussage, so ist sie bei Angela Folge eines unangemessenen Ehrenkodex. Die Rolle, die sie nach außen spielt, ist dem Ehrenkodex angemessen. Indem sie aber heimlich aus deren Unerträglichkeit schlüpft und sich sanktionsfrei, da unerkannt, in den Augen des zeitgenössischen Publikums skandalös verhält, erscheint sie komisch, da sie die Differenz zwischen Anspruch und Realität des Ehrenkodex zeigt. Diese Komik hat aber einen bitteren Beigeschmack, da sich hinter ihr die Handlungen einer verzweifelten jungen Frau verbergen, deren Leidenschaften und Persönlichkeit Entfaltung suchen, deren Ehre jedoch verlangt, dass sie unentdeckt bleibt. In den Augen Mujicas hat die junge und hübsche Angela vor allem ein Ziel: Freiheit. Um sich aus der Obhut der Brüder zu befreien, behält sie bei allen Täuschungen die Initiative und den Überblick, während sie ihre Brüder bewusst in Unwissenheit versetzt. Die Grausamkeit der gesellschaftlichen Regeln, insbesondere des Ehrenkodex, erscheinen Mujica als *engaño* gegenüber Calderóns christlichen Postulaten des freien Willens, der Großzügigkeit und Vergebung, die erstere durch *desengaño* relativieren.

4. Mythologische Dramen

Die mythologischen Stücke bilden keinen Fremdkörper, sondern greifen die Themen der weltlichen Stücke auf, um sie in anderer Form zu gestalten. Zwei Deutungen sind besonders verbreitet. Entweder es wird der **situationsbedingte** Charakter oder ihre **zeitlose** Gültigkeit betont. Für den ersten Fall ist anzuführen, dass sie im allgemeinen anlässlich eines höfischen Festtages aufgeführt wurden, aus dessen Zusammenhang sie zu erklären sind. Für den zweiten Fall spricht, dass sie in allegorischer Form philosophische, moralische oder religiöse Lehren veranschaulichen, die nicht an den Entstehungsanlass gebunden sind. Damit eng verknüpft ist die belehrende und unterhaltende Absicht der Stücke. Denn der festliche Anlass erfordert eine unterhaltsame Theateraufführung, während die Philosophie, Moral und Religion nur in einem belehrenden Stück exemplifiziert werden können. So unterscheiden sich die einzelnen literaturwissenschaftlichen Ansätze dadurch, dass sie die einzelnen Möglichkeiten unterschiedlich stark gewichten.

Dort, wo die **Belehrung** in den Mittelpunkt gestellt wird, stehen Figuren und deren Verhaltensweisen in Verbindung mit Tugenden und Lastern aus Antike und christlichem Mittelalter. Bereits W.G. Chapman (1954) macht darauf aufmerksam, dass die meisten mythologischen Stücke ebenso wie die autos sacramentales in den letzten dreißig Lebensjahren Calderóns, also nach seiner Weihe zum Priester im Jahr 1651, entstanden. Obwohl sie mit großem Aufwand, mit kompliziertem Bühnenbild, aufwendiger Kostümierung, mit Ballet, Gesang und Musik am Hof, meist im Palacio del Buen Retiro, aufgeführt wurden, wäre es falsch, sie als Produkte eines nur noch parasitär und konformistisch am Hof lebenden Calderón zu betrachten. Vielmehr sind sie vor dem Hintergrund der damaligen Deutungstradition antiker Mythen zu verstehen, wie sie Jean Seznec (1940) in *La survivance des dieux antiques* vorführt. Jean Seznec unterscheidet bei der Mythendeutung drei Möglichkeiten. Die historische Richtung, die auf den griechischen Philosophen Euhemeros zurückgeführt wird, sieht in den Göttern der Mythen heldenhafte Menschen vergangener Zeiten, die zu Göttern hochstilisiert worden seien. In der physikalischen Richtung werden die Götter als Symbole des Zusammenspiels oder Konfliktes elementarer physischer Kräfte des Universums gesehen. Die allegorische, von Calderón bevorzugte Richtung schließlich sieht in den Mythen moralische oder philosophische Lehren ausgedrückt.

Während im Mittelalter Herakles z.b. durch christlichen Einfluss zum Erzengel Michael wurde, war in der Renaissance weniger die figürliche, sondern stärker die verborgene geistige Bedeutung gesucht. Die allegorische Deutung, die für die Bibel gebräuchlich war, wurde für die Mythologie herangezogen, um die Mythen im übertragenen Sinn zu verstehen und um den Versuch der Integration antiker Mythologie in den Rahmen der christlichen Lehre zu unternehmen. Nach W.G. Chapman (1954, 44) benutzte man im allgemeinen nicht die antiken Originaltexte, sondern **Nachschlagewerke**, wie zunächst Boccaccios *Genealogia deorum*, der *Ovide moralisé* aus dem frühen 14. Jahrhundert oder Albricius' *Libellus*, später in Spanien Fray Baltasar de Vitorias *El teatro de los dioses de la gentilidad* (1646) (*Der Schauplatz der Götter der Heiden*) oder Juan Pérez de Moyas *La philosophia secreta* (1928, XVI) (*Die geheime Philosophie*), die erstmals 1585 in Madrid erschien und im 17. Jahrhundert mehrere Neuauflagen erlebte. Der weitere Titel lautet: »donde debajo de historias fabulosas se contiene mucha doctrina provechosa a todos estudios [...] Es materia muy necesaria para entender poetas e historiadores«. (»Wo hinter erdachten Geschichten viele nützliche Lehren versteckt sind. Der Stoff ist sehr notwendig, um Dichter und Geschichtsschreiber zu verstehen«).

Die Mythen boten also nicht nur spektakuläre Ereignisse, sondern eine **geheime Philosophie**. Mythen sind für Pérez de Moya erfundene Geschichten, »con que se representa una imagen de alguna cosa« (7). Auf sie ist der mehrfache Schriftsinn anwendbar: »De cinco modos se puede declarar una fábula, conviene a saber: Literal, Alegórico, Anagórico, Tropológico, y Físico o Natural« (10). (»In den folgenden fünf Arten kann man eine Geschichte erklären: wörtlich, allegorisch, anagogisch, tropologisch, physisch oder natürlich«); er veranschaulicht dies durch ein Beispiel:

»Hércules, hijo de Júpiter (según fingimiento poético), concluídos sus trabajos vitorios fué colocado en el Cielo. Tomando esto según sentido literal, no se entiende otra cosa más de lo que la letra suena. Y según Alegoría o moralidad, por Hércules es entendida la victoria contra los vicios. Y según sentido Anagógico significa el levantamiento del alma, que desprecia las cosas mundanas por las celestiales. Y según sentido Tropológico, por Hércules se entiende un hombre fuerte, habituado en virtud y buenas costumbres. Y según sentido Físico o natural, por Hércules se entiende el Sol, y por sus doce trabajos o hazañas, los doce signos del Zodíaco, sobrepujados dél por pasar por ellos en un año.« (10-11)

(»Herakles, nach dem Mythos der Sohn Jupiters, kam nach siegreichem Ab-
schluß seiner Arbeiten in den Himmel. Wörtlich genommen, ist darunter
nicht mehr als das Buchstäbliche zu verstehen. Im allegorischen oder moralischen Sinn steht Herakles für den Sieg über die Laster. Und nach dem an-
agogischen Sinn bezieht sich die Bedeutung auf den Aufstieg der Seele, die
weltliche Dinge zugunsten der himmlischen verachtet. Nach dem tropolo-
gischen Sinn ist Herakles als gefestigter Mensch zu verstehen, der gewohnt
ist, sich tugendhaft und korrekt zu verhalten. Und nach dem physischen
oder natürlichen Sinn steht Herakles für die Sonne, und seine zwölf Arbeiten oder Heldentaten sind die zwölf Zeichen des Tierkreises, darübergelegt,
um durch sie ein Jahr vorübergehen zu lassen«).

So repräsentiert für ihn z.B. die auch in Calderóns *El mayor encanto,
amor* auftretende Circe

»el amor deshonesto que las más veces trasforma a los más sabios y de mayor juicio en animales fierísimos. [...] Y porque el que mucho se deleita de
holgarse con las comunes y sucias mujeres, es comparado al puerco, por
esto fingieron los sabios haber Circe convertido a los compañeros de Ulises
en estos animales.« (219)

(»die unehrenhafte Liebe, die in den meisten Fällen die Weisesten und Ver-
ständigsten in die wildesten Tiere verwandelt. [...] Und da derjenige, der
sich besonders vergnüglich mit gewöhnlichen und schmutzigen Frauen
amüsiert, mit dem Schwein verglichen wird, deshalb ließen die weisen
Dichter Circe die Kameraden des Odysseus in diese Tiere verwandeln«).

Die unterschiedlichen **Figurenkategorien der mythologischen Stük-
ke** stellt Charles V. Aubrun (1976) zusammen. Den oberen Rand
der Hierarchie nehmen die Gottheiten ein, wenn sie auftreten. Sie
sprechen singend und werden von Musik begleitet. Wenn sie von
ihrer Höhe auf die Erde herabsteigen, treten sie als Menschen auf,
verlieren ihre göttlichen Fähigkeiten, können irren, bleiben aber unsterblich. Sie sind Jupiter untertan und nicht dem Schöpfer und
Herrscher über die Welt, der als deus absconditus nicht in Erscheinung tritt. Die zweite Kategorie bilden die Heroen bzw. Halbgötter
und die Nymphen, die auch Menschengestalt annehmen können.
Ihnen stehen drittens monstruöse Gestalten gegenüber, die wie
Liríope in *Eco y Narciso* oder Polyphem in ihrer Hybris keine fremde
Autorität auf der Erde oder im Himmel neben sich anerkennen. Die
vierte ist die wohlhabende und Herrschaft ausübende Gruppe der
Schäfer, Liebhaber, Könige und Priester. Ihr steht als fünfte und
letzte Gruppe die der nichtadligen Untertanen (villanos) gegenüber,
die durch ihre grobe und unhöfische Art auffallen, niedere Be-
dürfnisse haben und die traditionelle Hierarchie anerkennen. Die
im Theater ohnehin beliebten Verwandlungen, Verkleidungen oder

Vertauschungen finden bei den Figuren des mythologischen Dramas besonders gute Entfaltungsmöglichkeiten, da die Berücksichtigung des Postulats der Wahrscheinlichkeit weitgehend entfällt. Wie in der Lyrik von Ovids Metamorphosen bieten sich für Verwandlungen die Ebenen des Vernunftbegabten, des Tierischen, des Pflanzlichen und des Mineralischen an. Während die Begleiter des Odysseus zu Tieren verwandelt werden, werden aus Daphne und Narciso Lorbeerbaum und Blume. Verwandlungen sind möglich durch die Macht des Wortes, das es z.B. einer Nymphe ermöglicht, einen Zauber durch einen Satz zum Verschwinden zu bringen. Trotz des märchenhaften Charakters der mythologischen Stücke geht es auch hier wie in den anderen Stücken um die Notwendigkeit der Befolgung der Kardinaltugenden und der gesellschaftlichen Regeln, z.B. der Ehre oder des Gehorsams und Respektes gegenüber der Autorität. Dem stehen die Laster gegenüber, wie z.B. der Eigensinn und Ungehorsam des Prometheus gegenüber den göttlichen Gesetzen, der Zorn des Jupiter, die Lüsternheit der Circe oder die Gefräßigkeit von Untertanen.

Wo dagegen festlicher Rahmen und Unterhaltungscharakter als zentral gesehen werden, dienen mythologische Stücke dem politischen Zweck der **Verherrlichung der Monarchie**. Um den festlichen Charakter einer Aufführung zu erhöhen, werden auch bildende Kunst und Musik einbezogen, deren Funktion dann auch im Gesamtkunstwerk des mythologischen Theaters Gegenstand der literaturwissenschaftlichen Analyse wird. Die panegyrische Intention lässt sich nach Marcella Trambaioli (1995) bereits am Festcharakter einer Aufführung, an den Anlässen, an der Darstellung der Herrscher durch pagane Götter und an den prunkvollen palastartigen Schauplätzen ablesen. Dies war für Menéndez y Pelayo ein Grund, die mythologischen Stücke als schmeichlerisch und wenig interessant abzulehnen. Demgegenüber deuten Aubrun (1976), Hesse (1984), de Armas (1981) und Neumeister (1978) das mythologische Theater Calderóns politisch und sehen in szenischen Details Anzeichen für aktuelle Anspielungen auf die königliche und höfische Zuschauerschaft bzw. auf den umstrittenen Buen Retiro als Aufführungsort, so dass z.B. Circes Begrüßung des ankommenden Odysseus unterschwellig auch eine Begrüßung Philipps IV. im neuen königlichen Festspielort ist.

Neumeister (1976) sieht z.B. in dem anlässlich des Geburtstages der Königinmutter Maria Anna de Austria im Jahr 1669 aufgeführten mythologischen Festdramas *Fieras afemina amor* Spiegelungen königlicher Pracht- und Machtentfaltung. Besonders legten dies nahe

die von späteren Herausgebern gestrichenen Begleittexte, die einen
römischen Säulengang anregten sowie die auf dem Vorhang ange-
brachte Sentenz »Omnia vincit amor«, die mit dem Bühnenbild und
der erklärenden loa eine Art Emblem zum Lob christlich verstande-
ner Liebe bildeten. Für Margaret Greer (1986) geht es in *La estatua
de Prometeo* (*Die Statue des Prometheus*) darum, dem Publikum eine
mythisch überhöhte Vorstellung von königlicher Macht vorzuführen, wie es ähnlich schon am Hof der Medici in Florenz prak-
tiziert worden war. Susana Hernández-Araico (1987, 279) allerdings
sieht damit verbunden einen Gegendiskurs, der Calderón eine verhüllte Kritik der politischen Verhältnisse seiner Zeit ermöglicht und
das Herrscherlob durch einen gegenläufigen burlesken Diskurs de-
konstruiert. Sie sieht daher im mythologischen Theater »un tejido,
una combinación de textos paralelos e intersectorios, complementa-
rios y contradictorios, con efectos simultáneos de elogio, advertencia
y burla.« (»ein Gewebe, eine Kombination von parallelen und über-
greifenden, ergänzenden und gegenläufigen Texten, mit gleichzeitigen Effekten von Lob, Mahnung und Spott«).

4.1 *El mayor encanto amor*
(*Der größte Zauber ist Liebe*)

Im ersten Akt von *El mayor encanto amor* unterbricht Odysseus seine Rückreise aus Troia nach Ithaka, wo bekanntlich Penelope auf
ihn wartet, während eines schweren Unwetters auf einer unwirtlichen Insel. Als einige seiner Begleiter die Insel erkunden, werden
diese von Circe durch einen Zaubertrank in Schweine verwandelt.
Nur Antístes kehrt zurück und erstattet Odysseus Bericht. Da dieser
Juno um Hilfe gegen die von Venus unterstützte Circe gebeten hat,
verwandelt sich das auch ihm von Circe im Palast angebotene Zau-
bergetränk durch Berührung mit einem Blumenstrauß in Feuer. Angesichts der stärkeren Macht der mit Odysseus verbündeten Gottheit verwandelt Circe die Kameraden des Odysseus in die
ursprüngliche Gestalt zurück. Als Gastgeberin bietet Circe Odysseus
nun Ruhe und unterhaltsame Feste an, wenn er bleibt. Er ist damit
einverstanden, wenn Circe auch das in einen Lorbeerbaum und eine
Blume verzauberte Liebespaar Flérida und Lísidas zurückverwandelt,
deren reine Liebe ihr ein Ärgernis war. Dies geschieht. Den Prinzen
der Insel und Verehrer der Circe, Arsidas, stört deren Interesse an
Odysseus. Sie aber macht ihn darauf aufmerksam, dass er, da er ei-

gentlich aus verschmähter Liebe zu ihr sterben wollte, nur aufgrund ihrer Rachsucht noch lebe, mit der sie ihn quäle. Insgeheim will nun Circe Odysseus durch ihre äußeren Reize besiegen, während dieser sie durch vorgespielte Liebe bezwingen und die Insel von ihr befreien will.

Da der Ehrenkodex Circe daran hindert, ihre Liebe zu offenbaren, greift sie zur List, sucht eine Komplizin und bittet **im zweiten Akt** die ihr noch immer ergebene Flérida, so zu tun, als habe sie sich in Odysseus verliebt. Sie soll ein Treffen arrangieren, bei dem dann sie selbst an Fléridas Stelle mit ihm sprechen könne. Als sie darauf eingeht, missversteht dies Lísidas und wird eifersüchtig. Bei einem Fest kommt es zur Diskussion zwischen Odysseus und Arsidas, ob es schwerer sei, Liebe vorzutäuschen oder mit verschmähter Liebe zu leben. Circe beendet den Streit, indem sie zu einem Wettkampf auffordert, in dem Odysseus ihr Liebe vorspielen soll, während Arsidas seine Liebe zu ihr zu verstecken hat. Unterdessen ist man sich unter den Kameraden des Odysseus nicht einig über die Einschätzung Circes und der Insel. Während sich Lebrel lobend äußert, ist Clarín kritisch. Listig behauptet Clarín vor Circe aber das Gegenteil, wird durchschaut und bestraft durch ein Geschenk, das er vom Riesen Brutamonte abholen soll. Dieser überreicht ihm eine Schachtel zusammen mit einer Frau und einem Zwerg, die ihm mitteilen, dass sie ihn von nun an überall begleiten und belauschen werden. Als Lebrel die Schachtel öffnet, findet er wertvollen Schmuck. Clarín jedoch klagt über sein Schicksal und wünscht sich, er wäre ein Affe – ein Wunsch, den Circe umgehend erfüllt. Der Akt schließt mit einem weiteren Streit zwischen Odysseus und Arsidas, der zu einem Kampf zwischen den Anhängern beider führt, den Circe beendet, indem sie es Nacht werden lässt.

Zu Beginn des **dritten Aktes** berichtet Antístes, dass Arsidas sich an seinen Hof zurückgezogen hat, Clarín nach wie vor verschwunden und Odysseus völlig Circes Charme erlegen ist. Auch als Odysseus' Kameraden ihn durch den Appell an seine Kriegstüchtigkeit zurückgewinnen wollen, indem sie einen feindlichen Angriff vortäuschen, und gleich darauf Arsidas tatsächlich mit seinen Männern angreift, bleibt Odysseus bei Circe. Erst als Antístes die Waffen des in Troia gefallenen Achilles an sein Bett legt, bringt der Geist des Toten Odysseus zur Vernunft, indem er ihm androht, die Waffen wieder an sich zu nehmen, da Odysseus schon so verweichlicht sei, dass er sie nicht mehr brauche. Erst jetzt gelingt es Odysseus, sich von Circe zu befreien, die Schlacht für die Griechen zu entscheiden und die Insel mit seinen Kameraden unter Erdbeben und Vulkanausbrüchen zu verlassen. Auch die tobende Circe, die das Meer in Brand setzt, kann seine Flucht nicht vereiteln, da Galatea erscheint und das Meer beruhigt.

Eindrucksvoll und dem Geschmack des barocken Publikums entgegenkommend sind Circes **Zauberkunststücke**, auch wenn sie sich am Ende als unterlegen erweisen. Der Bühnenbildner Lotti hatte dafür zu sorgen, dass sich Bäume öffneten, um verzauberte Nymphen, Riesen und Tiere heraustreten zu lassen. Auf das Wort der Circe erscheinen und verschwinden Gegenstände, ereignen sich Verwandlungen, entstehen Unwetter, werden Paläste versenkt und tauchen Vulkane auf. Menschen werden zu Tieren. Die Magie ermöglicht ein phantastisches und effektreiches Bühnengeschehen. Zauberer und Magier, die die Natur beherrschen und durch formelhafte Sprüche, Beschwörungen, Zeremonien und Riten übernatürliche Gewalten zur Hilfe ziehen, kommen bei Calderón nicht selten vor.

Seit der Antike unterscheidet man zwischen der **Magie** mit guten Zielen, wie z.B. der Heilung, der Fruchtbarkeit, und der gefährlichen, von üblen Instinkten geleiteten destruktiven Magie, der »schwarzen Kunst«. Letztere wird mit dem Vorwurf abgelehnt, sie stehe im Bund mit dem Teufel, wie im Standardwerk des P. Ciruelo *Reprobación de supersticiones y hechicerías* nachzulesen ist, das 1530 erschien und auch im 16. Jahrhundert immer wieder Neuauflagen erfahren hat. Wer sich auf die Magie einlässt, läuft also wie Cipriano in *El mágico prodigioso* Gefahr, einen Teufelspakt zu schließen. I. Arellano (1996, 18) sieht in der Gestaltung der Magierin die volkstümliche Figur der Hexe, für die Celestina ein Beispiel ist, und die antike Gestalt der Medea, der Nichte der Zauberin Circe, zusammenkommen. Schon in *El mayor encanto amor* zeigt sich Calderóns in den religiösen Dramen noch deutlichere Unterscheidung zwischen Magie und Religion. Circes magische Effekte verhallen ebenso wirkungslos wie die des Teufels in *El mágico prodigioso*. Magie erscheint als falsche Weisheit, als eine Art Unwissenheit, angesichts der wahren Wissenschaft, der Vernunft und der Religion. Zauberei ist Aberglauben und der unterlegenen Seite zuzuordnen. Sie sind von den Wundern zu unterscheiden, die im religiösen Theater Macht und Wahrheitsanspruch des Christentums unterstreichen.

El mayor encanto amor gehört anders als die meisten mythologischen Stücke zum Frühwerk Calderóns und wird 1635 zum ersten Mal aufgeführt. Ort der Aufführung ist ein kleiner See im Park des in Bau befindlichen Retiropalastes. Lotti hatte Bühnenkonstruktion und Inszenierungsdetails so entworfen, dass alles der **Propaganda**

des **Günstlings Olivares** und zum **Lob des neuen Palastes** dienen
sollte. Susana Hernández Araico (1994, 119) belegt, dass sich Calderón dagegen gewehrt hat, im Sinne von Lotti zu verfahren. So
macht er aus dem gigantischen Eremiten, der, wie es der Bühnenbildner Lotti vorgesehen hatte, den Retiro darstellen sollte, eine kar-
nevaleske Figur. Calderón setzt Achilles an die Stelle der Figur der
Tugend, durch die Olivares personifiziert werden sollte, um Gerüch-
ten zu entgegnen, er übe einen negativen Einfluss auf den König
aus. Wie Odysseus soll offensichtlich auch der König ihn zum Vorbild nehmen und sich der negativen Einflusssphäre des Olivares entziehen. Die Zerstörung des Palastes der Circe schließlich kann mit
dem Sieg Philipp IV. als Sonnengott, personifiziert durch Odysseus,
gesehen werden, kann aber auch Ausdruck der Ablehnung des Palastes durch das Volk sein. Schließlich darf nicht vergessen werden,
dass ein Jahr zuvor in Calderóns auto *El nuevo palacio del Retiro*
(1634) (*Der neue Retiropalast*) die allegorische Figur des Judentums
kritisch nach dem Sinn des Palastes, »esta casa, este Templo, última
maravilla sin ejemplo« fragt.

Wie bereits erwähnt, repräsentiert für Pérez de Moya Circe jene
Liebe, die die ansonsten Vernünftigsten zu rasenden Tieren macht.
Zwar wird Odysseus nicht körperlich verwandelt. Seine moralische
Verwandlung jedoch wird durch seine Gefährten gespiegelt, die sich
stärker von körperlichen Reizen als von der Stimme der Vernunft
leiten lassen und daher wilde Tiere werden. Ihnen gegenüber stehen
die Liebenden Lísidas und Flérida, deren vollkommenere Liebe dadurch belohnt wird, dass sie nicht in wilde Tiere, sondern (wie die
keusche Daphne) in Gegenstände der pflanzlichen Welt verwandelt
werden. Warnung für Odysseus ist der Circe hörige Arsidas, Spiegelbild ist der in einen Affen verwandelte Clarín, der von Lebrel als
Haustier gehalten wird. Wie Odysseus hatte Clarín geglaubt, Circe
zu überlisten, und wurde selbst überlistet. Folgt Calderón der mora-
lisierenden Deutung, die auch Lope de Vega in seinem Gedicht *La
Circe* (1624) vorgenommen hat, wenn er »la virtud de Ulises, resis-
tiendo por la obligación a Penélope, el loco amor de Circe.« (Lope de
Vega, 919) (»die Tugend des Odysseus, der aus Pflichtgefühl gegenüber Penelope der wahnwitzigen Liebe Circes widersteht«). hervorhebt? Für Gracián verkörperte Odysseus auf der Irrfahrt das durch
Untugenden gefährdete menschliche Leben schlechthin: »la peregri-
nación de nuestra vida por entre Cilas y Caribdis, Circes, cíclopes y
sirenas de los vicios.« (1960, 477) (»die Wanderschaft unseres Lebens durch die Skylla und Charybdis, die Kirken, Kyklopen und Sirenen der Leidenschaften«). A. Valbuena-Briones (1982) weist zu-

dem auf die neuplatonistische, in der italienischen Renaissance
durch Marsilio Ficino verbreitete Lehre hin, nach der das Körperliche und Sinnliche überwunden werden muss, um zur Erkenntnis des Schönen und Wahren zu gelangen. In christlicher Deutung
ergibt sich daraus die Konsequenz, dass die sinnliche Liebe eine Gefahr bedeutet, dass sie nur den Unwissenden überwältigen kann, der
nicht versteht, dass der wahre Sinn der Schönheit ein transzendenter
ist.

Den zeitweiligen Sieg der Circe über Odysseus sieht N. Erwin
Haverbeck Ojeda (1973) als Bestrafung für dessen anfängliche
Überheblichkeit, d.h. für das Laster der superbia. Eine vergleichbare
Selbstsicherheit und Hybris zeigt Odysseus auch gegenüber Scylla
und Charybis, die seine Liebe gewinnen wollen, in *El golfo de las sirenas*: »Siempre los sentidos fueron/ vassallos de la prudencia,/ y no
tienen contra ni/ mi vista, ni mi oído fuerça,/ mas que aquello que
yo quiero,/ que liuianamente tengan« (727-732). (»Immer waren
meine Sinne Untertanen der Vernunft und nur das, was ich will, hat
Macht über mein Sehen und Hören«). Diese **Hybris** ist es, die in
beiden Stücken bestraft wird. In *El mayor encanto amor* siegt er
tatsächlich zunächst über Circe, indem er ihrem Zauber als Gegen-
mittel den Blumenstrauß der Juno entgegenhält. Später aber wird er
zum Sklaven ihrer sinnlichen Reize. Dies resümiert Antístes und
ruft das Publikum auf, das Gesehene nicht als Einzelfall, sondern als
Normalfall zu verstehen: »Mas todos lo crêrán, todos, / pues todos á
ver alcanzan/ que un amor y una hermosura/ son el veneno del
alma.« (404) (»Alle werden es glauben, alle, denn alle können sehen,
daß Liebe und Schönheit Gift für die Seele sind«). Schließlich aber
findet er zur Vernunft zurück: »Del mayor encanto, amor/, la razon
me sacó libre«. (409) (»Vom größten Zauber, der Liebe, befreite
mich die Vernunft«). In beiden Stücken entzieht sich Odysseus seiner Lage durch Flucht. Beide Stücke enden mit der Zerstörung seiner Gegner, d.h. die sinnliche Gefahr für das Geistige wird entmate-
rialisiert. Für Odysseus' Hybris bedeutet diese Erfahrung eine Art
Katharsis.

Odysseus' Zusammentreffen mit Circe und Polyphem hat **Quellen** in Homers *Odyssee* (X), Ovids *Metamorphosen* (XIV), aber auch
in Góngoras *Polifemo* (1613) und Lope de Vegas *La Circe* (1624).
Calderóns *El mayor encanto amor* geht auch zurück auf das Stück
Polifemo y Circe, dessen ersten Akt Mira de Amescua, dessen zweiten
Pérez de Montalbán und dessen dritten Akt Calderón geschrieben
hatte. Von dieser Vorlage hatte Calderón nach Albert E. Sloman
(1958, 128-158) die Geschichte mit Polyphem herausgenommen,

dafür im zweiten Akt die Geschichten von Arsidas und Flérida hinzugefügt, die zehn Figuren der Vorlage auf 24 erweitert, vieles verändert, einiges übernommen.

Der zentrale Konflikt zwischen »**armas**« und »**amor**« wird deutlich, wenn Odysseus durch Achilles' Waffen an die glorreichen Taten der Griechen erinnert wird. Unterschiedliche Möglichkeiten der Betrachtung des Helden Odysseus, bei denen das Paradigma von Aufstieg und Abstieg im Hintergrund steht, zählt Susan L. Fischer (1981) auf. Als Held mit überlegenen Fähigkeiten und bekannten Heldentaten befindet er sich in einem Umfeld von Hexerei und Verzauberung. Zugleich kann man ihn aber auch als einen gewöhnlichen, durch Leidenschaft versklavten Menschen ironisch dargestellt sehen. Die Ironie besteht darin, dass Odysseus subjektiv meint, er habe die Situation unter Kontrolle und füge seinen Heldentaten eine neue hinzu, während er in Wirklichkeit seine Identität bereits verloren hat und in die Niederungen erotischer Verstrickungen gefallen ist. Für den Aufstieg zur Vernunft stehen gleichermaßen Antístes und Achilles, die Odysseus im Kampf gegen die Leidenschaft unterstützen. Schließlich lässt sich Odysseus' Sieg über die Leidenschaft hervorheben, der Circe verlässt, da die Pflicht ruft, und so aus dem erfolgreichem Kampf gegen die Gefahr des Abstieges ins Reich des Dämonischen als gestärkter und erhöhter Held hervorgeht und damit dem Handlungsschema der Romanzenhelden folgt.

Den Aspekt der **Erhöhung der Helden** betont auch Frederick A. Armas (1981), wenn er zeigt, wie sehr ihre Haupteigenschaften durch die Erwähnung entsprechender Götter stilisiert werden. So wird aus der »mujer varonil«, der Mannfrau, Circe eine »bellísima cazadora« (393), eine wunderschöne Jägerin, von der Antistenes sagt: »Que nos persuadimos ciegos / que era, a envidia de Diana,/ la diosa destos desiertos« (391), die also wie Diana die Keuschheit schätzt und diejenigen bestraft oder verwandelt, die ihre Freiheit einschränken und ihre Schönheit für sich beanspruchen. Zugleich erscheint sie Odysseus als Venus, als die Göttin nämlich, die die Herrschaft über Troia hatte, und sich nun an den siegreichen Griechen rächen will: »¿Cuándo vengada estarás,/ o injusta deidad de Vénus,/ de Grecia? ¿Cuándo tendrán/ divinas cóleras medio?« (392). (»Wann wirst Du Dich an Griechenland gerächt haben, ungerechte Gottheit der Venus? Wann wird sich der Zorn der Götter entladen?«). Odysseus dagegen erinnert an den Kriegsgott Mars, der in der zeitgenössischen bildenden Kunst häufig als schlafender und von Venus besiegter Held dargestellt wurde. Venus konnte jenen Mars unterwerfen, da er zwar sapientia, nicht aber fortitudo hatte. Insofern nun Odysseus primär sapientia und Achilles primär fortitudo zugeschrieben wird, verleiht das Erscheinen des Achilles dem Odysseus jene fortitudo, die es ihm erst ermöglicht, über Circe zu siegen. Für Denise Dipuccio (1987, 731) ist im Titel programmatisch die Formel »**enchantment equals love**« angedeutet, da die einzelnen Figuren des Stückes, insbesondere aber Odysseus, immer wieder von Wahrnehmungen überrascht werden, die sie rational nicht nachvollziehen können, und dadurch ihre Fähigkeit, zu entscheiden, was Wirklichkeit ist und was nicht, gestört ist. Antístes sagt »un amor y una hermosura / son el veneno del alma« (404). (»Liebe und Schönheit sind Gift für die Seele«). Lísidas bestätigt: »es el amor hoy su mayor encanto.« (407) (»Die Liebe ist heute sein größter Zauber«). Circes magische Verzauberungskünste aber stoßen dort an ihre Grenze, wo sich ihnen Odysseus mit Unterstützung durch Juno entgegenstellt, wie sie selbst fragt, »quién venció mis encantos?« (393). Weitere Vorspiegelungen erreicht sie durch geniales Taktieren. Nun ist es aber nicht eine eigenständige, vernünftige Entscheidung, die Odysseus' Sinneswandel hervorruft, sondern ein weiteres magisches Ereignis, die Begegnung mit dem Helden Achilles. So führt Odysseus' Entwicklung nicht primär von der Sinnestäuschung zur Vernunft, sondern erscheint eher als magische Vorstellungswelt, in der unterschiedliche magische Vorspiegelungen wie Glieder einer Kette einander ablösen, So kann der Titel einerseits als Warnung vor den Verzauberungskünsten der Liebe gesehen werden, die die Vernunft außer Kraft setzen. Er kann aber auch die wahre Liebe, die Odysseus mit Penelope verbindet und Verantwortung ihrgegenüber und gegenüber seinen Kameraden einbezieht, als die überlegene mit der unterlegenen falschen Liebe zu Circe kontrastieren.

4.2 *El monstruo de los jardínes*
(Das Ungeheuer der Gärten)

Man kann wie Everett W. Hesse (1981) in *El monstruo de los jardínes* ein Drama sehen, in dem in allgemeingültiger Form die **Problematik eines Heranwachsenden** vorgeführt wird, die darin besteht, die passende Laufbahn und die passende Frau zu finden, sich gegen elterlichen Einfluss zur Wehr zu setzen, Erfahrungen zu sammeln und eine geschlechtsspezifische Identität aufzubauen. Ohne den mythologischen Kontext wäre die Handlung durchaus für ein Mantel- und Degenstück geeignet.

Die Handlung zeigt Achilles, der aus der Vereinigung seiner Mutter Thetis, einer Göttin, mit Peleus, hervorgegangen ist. Um die Schande zu verbergen und weil sie in den Sternen gelesen hat, dass er als Anführer der Griechen im Feldzug gegen Troia siegen, aber früh sterben müsse, versteckt Thetis Achilles in einer Höhle und hält ihn von der Gesellschaft fern. Wie bei Segismundo in *La vida es sueño* führt dies bei ihm zu Unwissenheit und Wildheit. Eines Tages, als seine Mutter abwesend ist, hört er Gesang, wird neugierig, verlässt die Höhle und ist überwältigt, zunächst von der Schönheit der Welt, dann von der Schönheit der singenden Deidamia, die weiß ist wie Schnee und bei der Berührung zu Feuer wird: »¡A la vista eres de nieve,/ y eres al tacto de fuego!« (216f). Auch Deidamia und ihre Dienerin sind von ihm beeindruckt. Angesichts von Lidoro, der auf elterlichen Wunsch Deidamia heiraten soll, befällt Achilles ein unbekanntes Gefühl, das der gracioso Libio als Liebe und Eifersucht erklärt. Da Achilles die nötige Reife fehlt, kehrt er zurück in seine Höhle. Dort streitet er sich zu Beginn des zweiten Aktes mit seiner Mutter. Er will nicht mehr gehorchen und sich versteckt halten, sondern in Freiheit seinen eigenen Weg mit Deidamia wählen. Man einigt sich, dass Achilles sich als Deidamias Cousine Astrea ausgeben soll, die nach langer Abwesenheit wiederkehrt. Als Frau verkleidet soll er sich also bei Deidamia aufhalten, bis der für ihn gefährliche Troianische Krieg beendet ist.

Zu Recht hält es Hesse (1981, 313) für unangemessen, ihn nun als Transvestiten und seine Beziehung zu Deidamia als homosexuelle zu bezeichnen, und sieht eher eine stärkere Ausprägung der Anima-Seite der männlichen Persönlichkeit. Deidamia betrachtet Astrea als ihre Freundin, bis sie im dritten Akt erkennt, dass es sich in Wirklichkeit um Achilles handelt. Nun ist sie ihrerseits angesichts seines Horoskopes um ihn besorgt, so dass man das Spiel nach außen fortsetzt und Achilles sich bezeichnet als »Monstruo pues de dos especies / tu dama, de día, y de noche/ tu galán« (227). Unwissend und Schreck einflößend erschien er in seiner Höhle und im Wald, nun ist er *El monstruo de los jardines*. Wenn nun der Rivale Lidoro und Odysseus auf der Suche nach dem Anführer der Griechen Astrea/Achilles in verräterische Situationen locken, fördern sie zugleich dessen Persönlichkeitsentwicklung und Entscheidung für eine Gender-Identität. Er macht sich verdächtig, wenn er unter angebotenen Geschenken nicht Schmuck, sondern Waffen wählt und sich durch militärische Musik in seinem männlichen Kampfgeist angesprochen fühlt. Schließlich wird Deidamia gedrängt, Lidoro zu heiraten. Um dies zu verhindern, legt Achilles Männerkleider an, gibt sich zu er-

kennen und stellt sich seinem Schicksal. Obwohl Deidamia den
Verlust des Vaters, des Ehemanns, der Ehre und des Königreiches
riskiert, entscheidet sie sich gegen den Gehorsam und für Achilles.
Beide heiraten und haben durch **Selbstbestimmung und Auflehnung gegen elterliche Autorität** eine eigene Rolle und Persönlichkeit gefunden. Das Stück hat insofern ein happy end. Dass dieses
nicht ungetrübt ist, zeigt Thomas A. O'Connor (1989). Der Konflikt zwischen den Prinzipien, die Mars und Venus verkörpern, ist
nur vorläufig beigelegt. Es scheint zunächst, dass Achilles nur durch
die Entscheidung für männlichen militärischen Einsatz die Erwiderung seiner Liebe zu Deidamia erwarten kann. Auf der einen Seite
stehen Ehre und Krieg, auf der anderen Leben, Liebe und Frieden.
Auf die deutliche Unvereinbarkeit beider Seiten jedoch lassen das
Horoskop und damit die unvermeidlich unheilvolle Fortsetzung des
vermeintlich versöhnlichen happy ends schließen.

Dass das **vorhergesagte Schicksal** in Calderóns Stücken ein häufig wiederkehrendes Element ist, hat sich bei vorausgegangenen
Stücken schon gezeigt. Alexander A. Parker (1979) unterscheidet
mehrere Typen. Erstens kann das Unglück in aller Klarheit vorausgesagt sein. Dabei kann das Opfer das Eintreten des Vorhergesagten zu verhindern versuchen, aber scheitern, da es die
Botschaft nicht richtig versteht, wie in *El mayor monstruo del mundo*. Oder das Opfer hofft, dass das Vorhergesagte nicht geschieht,
und greift nicht ein, um es zu verhindern, wie z.B. in Calderóns
Stücken *La hija del aire, Apolo y Climene* und *El hijo del Sol Faetón*
(*Phaethon, der Sohn der Sonne*). Zweitens können die unheilvollen
Vorhersagen unklar und rätselhaft sein. Hier kann das Opfer sie
falsch und zu positiv auslegen, wie in *Los cabellos de Absalón* oder
nicht verstehen und die Bedrohung übersehen, wie in *Eco y Narciso*.
Drittens können die unheilvollen Vorhersagen vage sein, wobei die
Opfer deren Eintreten ohne überzeugenden Erfolg zu verhindern
suchen, das Übel aber nicht den Abschluss bildet, da das Ende nicht
vorausgesagt war, wie z.B. in *La vida es sueño, Los tres afectos de
Amor* und *Hado y divisa de Leónido y Marfisa*. Hier tritt kein tragisches Ende ein. Viertens schließlich ist eine Variante des ersten Typs
zu nennen, bei der ein Unheil vorausgesagt wird, das Opfer sich dagegen zur Wehr setzt, es aber schließlich doch akzeptiert, wobei das
Ende offen bleibt und nicht eindeutig tragisch ist, wie im Fall von
El monstruo de los jardines. So zeigt sich, dass wo immer das Schicksal bei Calderón vorhergesagt wird, das Vorhergesagte in irgendeiner
Form auch eintritt, wenngleich es wie in *La vida es sueño* nur vorläufig ist und durch den freien Willen schließlich überwunden wird.

Nach der Vergleichbarkeit von *El monstruo de los jardines* und *Eco y Narciso* fragt Sebastian Neumeister (1978). Beide Stücke sind im Juli des Jahres 1661 in Madrid uraufgeführt worden. Obgleich sich die Forschung stärker letzterem zugewandt hat, erscheint es Neumeister nur als modisches Schäferspiel, dessen thematisches Potential erst in *El monstruo de los jardines* erschöpfend ausgearbeitet ist. Gemeinsam ist beiden Stücken die Vorhersage eines Unheils, das Fernhalten des Protagonisten von der Welt, in die er dann doch gerät, und eine Art Erfüllung der Vorhersage. Beide Protagonisten gehen aus einer Vergewaltigung hervor, beide werden durch Musik aus ihrer Höhle gelockt. Neumeister vergleicht in beiden Stücken auf der Ebene des sensus litteralis die Phasen von Vergewaltigung, Geburt, Prophezeiung, Jugend im Verborgenen, Liebe, Abweisung bzw. Verzögerung und schließlich Tod bzw. Liebe. Zu recht stellt Neumeister seiner **Analyse des Stückes nach dem vierfachen Schriftsinn** die Frage voraus, inwieweit das Publikum in der Lage war, die verwendeten Sinnbezüge, Verweisungen und verborgenen Bedeutungen zu erfassen, und kommt zum Schluss, dass nicht Originalität in der Verwendung des mythologischen Materials, sondern der Beweis seiner Eignung zur christlichen dogmatischen Aussage und der Aufweis einer postulierten bruchlosen Einheit der Welt auch im fremdesten Stoff Calderóns primäres Ziel war. In einer ebenso komplizierten wie umfassenden Systematik zeigt er, wie das Handlungsschema beider Stücke allegorisch und anagogisch in die Phasen: Erbsünde, Prophezeiung und Erwartung des Messias (Alter Bund), Geburt Christi, Jugend Christi, Ablehnung des Neuen Bundes bzw. Neuer Bund, Leiden Christi und schließlich Tod und Auferstehung einzuteilen und zu deuten ist. Tropologisch ergibt sich »das Bild eines scheiternden Daseins und dann, unmittelbar darauf, das Bild eines Lebens nach dem Vorbilde Christi« (Neumeister 1978, 172). Zur heilsgeschichtlichen Dimension der dramatischen Handlung von menschlicher Kindheit, Pubertät und Reife kommt eine soziologische Dimension, bei der Sozialisationsphasen, Rollenangebot, -verweigerung, -internalisierung und Identitätsverlust bzw. Identitätsfixierung zu unterscheiden sind.

4.3   *Eco y Narciso* (*Echo und Narziß*)

Schauplatz des Stückes ist Arkadien. Die Hirten Silvio und Febo bewundern die Schönheit der Natur und die Schönheit des Hirten-

mädchens Eco. Weitere Hirten treten auf, die singen und tanzen.
Man beschließt, zum Tempel des Jupiter zu gehen. Der Szenen-
wechsel führt zu Narciso und seiner Mutter Liríope. Als Narciso die
Musik der Hirten hört, möchte er den Klängen folgen und die
Wildnis verlassen, in der ihn seine Mutter gefangen hält – aus
Scham, da er ein uneheliches Kind ist und sie vergewaltigt worden
ist, und aus Furcht, da ihm vorhergesagt wurde, er würde durch
eine Stimme und eine Schönheit den Untergang finden. Sie lässt ihn
in der Grotte zurück, um etwas Essbares zu jagen, trifft aber auf den
Hirten Anteo, der sie für ein Ungeheuer hält, gefangen nimmt und
zu den anderen Schäfern bringt. Als sie ihnen ihre Geschichte erzählt, haben die Schäfer Mitleid mit ihr und wollen ihr helfen, ihren Sohn Narciso zu finden, der sich seinerseits auf die Suche nach
seiner Mutter begeben hat. Da Narciso für Musik besonders emp-
fänglich ist, will man zu Beginn des zweiten Aktes durch Gesänge
seine Aufmerksamkeit wecken. Dies gelingt. Dem Gesang folgend
trifft er auf Eco, die sogleich ihre Gefühle für Narciso offenbart.
Auch er empfindet Bewunderung für ihre Schönheit, muss daher
aber im Sinne des Orakels in ihr eine Bedrohung sehen und ihre
Anwesenheit meiden. Vergeblich werben unterdessen die Schäfer Silvio und Febo um Ecos Gunst. Als sie erfahren, dass Narciso Eco
abweist, sehen sie dadurch Ecos Ruhm beschädigt und suchen den
Kampf mit ihm. Als Narciso seine Mutter über das Vorgefallene
informiert hat, möchte er vor den Reizen Ecos fliehen und in die
Berge zurückkehren. Liríope lässt ihn von dem Dorfbewohner
Bato dorthin begleiten und will die gefährliche Stimme Ecos
durch ein Gift zum Schweigen bringen. Auf der Jagd mit Bato gerät Narciso an eine Quelle, über deren Wasser gebeugt er eine
schöne Gestalt wahrnimmt, die er für eine Wassergottheit hält und
in die er sich verliebt. Als Eco zu ihm tritt, erklärt er ihr die Situation. Da Liríopes Gift bereits gewirkt hat, kann Eco nur noch
durch die echohafte Wiederholung der letzten Worte Narcisos
antworten und sich schließlich, zum bloßen Echo geworden, zurückziehen. Bato, der sich von der schönen Gestalt in der Quelle
überzeugen soll, sieht nur sein eigenes Gesicht. Narciso fordert
Musiker auf, zu Ehren der Gestalt in der Quelle zu spielen. Die
hinzugetretene Mutter erklärt ihm, dass er sich in sein Spiegelbild
verliebt hat. In sich selbst verliebt läuft er ins Gebirge. Febo und
Silvio werfen Liríope vor, sie sei schuld an allem. Plötzlich erscheinen wieder Eco und Narciso: Eco fliegt in die Höhe, Narciso
stürzt tot zu Boden, wo nach großem Getöse eine Blume in der
Gestalt einer Narzisse sichtbar wird.

Noch 1978 wird in Spanien die von Menéndez y Pelayo verbreitete Meinung vertreten, dass *Eco y Narciso* als mythologisches Drama mit musikalischer Begleitung nicht mehr sci als kunstvolle Unterhaltung auf hohem Niveau ohne jeden intellektuellen Anspruch oder religiösen, moralischen, politischen, sozialen oder metaphysischen Inhalt. Für James E. Maraniss (1978, 91) handelt es sich zwar um »a beautiful verbal object«, aber auch um »a decadent play about decadence«. In Deutschland dagegen wurde gerade dieses Stück zum **Paradigma der romantischen Calderónverehrung**, wie W. Brüggemann (1958, 239-258) zeigt. Tieck und die Brüder A. W. und Fr. Schlegel bedienen sich des Begriffs der »Arabeske«, die die Denkformen des Verstandes und die erstarrte Welt der Erscheinungen auflöst und Verwirrung und Phantasie des Ursprunges andeutet, die künstlerische Freiheit und die Ahnung des Unendlichen weckt. In *Eco y Narciso* werden irreale, oft ungewöhnliche Verbindungen und Beziehungen hergestellt, z.B. wenn das Echo als Widerhall der Worte in Analogie steht zu dem in der Quelle sich zeigenden Spiegelbild des Narziss. Die Natur scheint in ihren Chiffren hieroglyphisch deutbar zu sein, wie z.B. der mit Fellen bekleidete Narciso, der als roher und ungeschliffener Diamant bezeichnet wird. Auch kam den romantischen Vorstellungen vom Gesamtkunstwerk die Verbindung von Allegorischem und Musikalischem entgegen, während die romantische Ironie im dem Realen zugetanen gracioso Bato gesehen wurde, der mit der Ehrfurcht vor dem Ewigen und Hohen kontrastiert.

In der neueren Literaturwissenschaft stehen sich bei *Eco y Narciso* wie bei *El monstruo de los jardines* eine didaktisch-moralische Deutung von Angel Valbuena Briones (1965, 1991) und eine entwicklungspsychologische von Everett W. Hesse gegenüber. Darauf, dass beide Stücke im selben Jahr 1661 aufgeführt wurden und in Struktur und Thematik zahlreiche Gemeinsamkeiten haben, weist Sebastian Neumeister (1978, 137-199) hin, dessen Vergleich beider Stücke den Abschluss des vorausgegangenen Kapitels bildete. Angel Valbuena Briones zeigt, dass der Narzissmythos, wie ihn Ovid im dritten Buch seiner *Metamorphosen* gestaltete, im Spanien des Siglo de Oro in zahlreichen volkssprachlichen Übersetzungen vorlag. Er belegt, dass Calderón den Stoff zu einer »comedia pastoril« machte, deren Störungen durch die als Ungeheuer betrachtete Liríope und durch deren Erzählung von ihrem und dem ihrem Sohn vorausgesagten »Sündenfall« die ursprüngliche Harmonie erschütterten, was einer Vertreibung aus dem Paradies gleichkomme. Schließlich geht er in seiner Interpretation von Pérez de Moyas (1928, 262f) zeitgenössischer **moralisierender** Erklärung des Mythos aus:

»Por Narciso se puede entender cualquiera persona que recibe mucha va-
nagloria y presunción de sí mismo y de su hermosura o fortaleza, o de otra
gracia alguna [...] el cual amor propio es causa de perdición [...] tarde o
temprano los cuerpos de los vivientes se han de tornar polvo, con la cual
consideración, nunca el hermoso se preciará de su hermosura, ni el fuerte
de su fortaleza, ni el sabio de su sabiduría. Mas los que imitan a Narciso,
no placiéndoles otra cosa ni pagándose sino de sí mismos y de sus vanas vir-
tudes se enamoran, tornarse han en flor, esto es, que durará todo tan poco
como flor, que luego se seca y se marchita. Huya el virtuoso de su propio
amor y de la hermosura corporal, como de cosa que hace más daño que el
fuego.«

(»Narziß kann für jede beliebige Person stehen, die voller eitlen Selbstlobs
ist und sich ihrer Schönheit, ihrer Stärke oder einer anderen Gabe rühmt
[...] eine solche Eigenliebe ist Grund des Verderbens [...] früher oder später
werden die Körper der Lebenden zu Staub; mit Blick darauf wird der Schöne sich nie seiner Schönheit rühmen, der Starke nicht seiner Stärke und der
Weise nicht seiner Weisheit. Diejenigen, die Narziss nachahmen, die selbst-
gefällig, von sich eingenommen und in ihre eitlen Vorzüge verliebt sind,
haben sich in eine Blume zu verwandeln. So ist es, dass jeder so wenig dauert wie eine Blume, die dann trocknet und verwelkt. Fliehen soll der Tu-
gendhafte vor der Eigenliebe und der körperlichen Schönheit wie vor etwas,
das mehr Schaden anrichtet als das Feuer«).

Kritisch ist demgegenüber zu fragen, inwieweit tatsächlich die Deutung des Mythos auch die Deutung des Stückes sein kann oder ob
das Stück noch weitere wichtige Komponenten hat. Valbuena
Briones weist selbst auf den im Stück häufigen Eklogencharakter,
wie z.B. eines Sonetts über das Thema »tempus fugit«, hin. Weiter
erinnern die zahlreichen gesungenen Abschnitte an die Zarzuela,
wobei einige Figuren **kontrastiv konzipiert** sind. So steht dem
verständigen Febo der galante Silvio gegenüber, und Bato ist ein
komisches Gegenstück zu Narciso. Überhaupt wird im Stück
nach William R. Blue (1976/77, 109-118) mit zahlreichen Gegensatzpaaren gearbeitet: »amar-aborrecer, ver-oír, hablar-callar,
ignorar-saber, agua-fuego [...] sombra-luz, celos-amor, veneno-
medicina, ofensa-lisonja, albricias-pésames, primavera-invierno,
monstruo-mujer.« (»lieben-verabscheuen, sehen-hören, sprechen-
schweigen, unwissend sein-wissen, Wasser-Feuer, [...] Schatten-
Licht, Eifersucht-Liebe, Gift-Medizin, Beleidigung-Schmeichelei,
gute Nachrichten-Beileidsbekundungen, Frühjahr-Winter, Unge-
heuer-Frau«).
    In Anlehnung an Ficinos Kommentar zu Platons *Gastmahl* eröff-
net Valbuena Briones eine ergänzende **neoplatonistische Deutung**,
für die der bloße sinnliche Genuss die Erkenntnis der Ideen und der

Idee der Schönheit nicht nur verhindert, sondern auch an das Vergängliche bindet, das im Bild der Blume ausgedrückt ist, deren Schönheit flüchtig ist, die Sinne täuscht und von der Erde verschwindet, ohne eine Spur zu lassen. Der Geist dagegen sei fähig, den Tod zu besiegen. Dieser Gedanke könnte nach Angel Valbuena Briones nicht zuletzt als Ermahnung an das höfische Publikum dienen, die Blindheit des höfischen Lebens mit seinen Vergnügungen zu bemerken, das sich in arkadische Illusion und Isolation flüchtet, und die Selbstbezogenheit und Selbstverliebtheit des höfischen Lebens als Gefahr für die Zukunft der Staatsgeschicke zu verstehen.

Einen konkret **historischen Bezug** sieht Charles V. Aubrun (1971, 58), wenn er eine Parallelität konstatiert zwischen der Auswegslosigkeit im Theaterstück und dem gesellschaftlichen Klima der Hoffnungslosigkeit im Jahr 1661, also gegen Ende der Herrschaft Philipps IV., der den Staatsgeschäften wenig abgewinnt und dem der Wohlstand seines Volkes gleichgültig sei:

»Le poète transfère à son insu dans sa tragicomédie les hantises paralysantes des hommes de la cour, de son public. Leur royaume d'Arcadie est devenu un désert. Seul demeure l'écho de sa gloire passée, et Narcisse refleurit chaque printemps, dans ses lettres et dans ses arts. ¿Qué es España?«

(»Der Dichter überträgt auf seine Tragikomödie die lähmenden Ängste der Höflinge, d.h. seines Publikums. Ihr arkadisches Königreich ist zur Wüste geworden. Allein bleibt noch das Echo vergangenen Ruhms, und Narziß erblüht jedes Jahr im Frühling in Literatur und Kunst. Was ist aus Spanien geworden?«)

Eine allegorische Interpretation anderer Art unternimmt Anne M. Pasero (1989), indem sie vom Gegensatzpaar »voz« und »her mosura« der Prophezeiung ausgeht, das für Hören und Sehen stehe und sich schließlich in einem Lufthauch und einer Blume auflöst. Da die wesentliche Täuschung des Narziss auf seine Unfähigkeit zurückzuführen ist, sein Ich vom wahrgenommenen Bild, die Realität von der Illusion zu trennen, erweise sich das Stück nicht zuletzt als Theater über Theater, über das Wesen von Illusion und die Haltung des Zuschauers gegenüber der Illusion. Ebenfalls von »una voz y una hermosura« geht Denise Dipuccio (1985) aus, wenn sie die Kommunikationsstrukturen des Stückes und Funktionen von Stimme und Schweigen sowie Schönheit und Hässlichkeit analysiert. Gegenüber der verbreiteten Meinung, die das Eintreten der Vorhersage in der Selbstverliebtheit des Narziss sieht, bei der Eco eine vermittelnde Rolle spielt, weist Dipuccio die Mehrdeutigkeit der Vorhersage auf, und zeigt, dass auch Stimme und Schweigen sowie Schön-

heit und Hässlichkeit Liríopes, aber auch die »Nymphe« im Wasser,
deren Schönheit Narziss mit eigenen Worten kommentiert, und
schließlich Ecos Echoworte, die die eigenen Todeswünsche des Narziss verdoppeln, ihm aber als fremde Todesankündigungen erscheinen, einen Zusammenhang mit der Vorhersage haben.

Ohne Rückgriff auf allegorische Traditionen kommt die psychologische Deutung Everett W. Hesses (1963, 1985) aus. Die allzu dominante Mutter Liríope verstecke ihren Sohn aus egoistischen Mo-
tiven vor der Welt. Aus den Gefühlen der Schäfer Febo und Silvio
gegenüber Eco ergebe sich eine zweite Handlungsebene mit einem
Dreiecksverhältnis, das zum Dreiecksverhältnis Narciso-Liríope-Eco
hinzukomme. Psychologisch deutlich zeigt sich das natürliche Frei-
heitsbedürfnis des Narciso, der der Mutter erklärt, dass auch die Vö-
gel ihr Nest verlassen, wenn sie fliegen können, und die Löwin sogar
den Nachwuchs verstößt, wenn er für sich selbst sorgen kann. Diesem Naturgesetz, das umso mehr für mit Vernunft ausgestattete
Menschen gelte, widersetze sich die Mutter herrschsüchtig. Zudem
ist sie am tragischen Ausgang mitschuldig, da sie ihrem Sohn in der
Wildnis nur eine sehr begrenzte Erziehung gegeben hat. Daher steht
das Hauptthema der nicht erwiderten Liebe in Abhängigkeit vom
repressiven Einfluss der Mutter, die ihrem Sohn rät, sich nicht auf
die gefährliche Macht der Liebe einzulassen, und damit die Grenzen
ihrer Autorität in der Kindererziehung überschreitet.

Man kann auch Eco in den Vordergrund der Analyse stellen. Das
Stück, das der König beim für die höfischen Unterhaltungen verant-
wortlichen Calderón in Auftrag gegeben hatte, war am 12. Juli 1661
zur Feier des zehnten Geburtstages der Infantin Marguerite aufgeführt worden. Da also Marguerite im Mittelpunkt der Festlichkeit
stand, liegt es nahe, in Eco eine Figur zu sehen, die die besondere
Aufmerksamkeit des Publikums und des Geburtstagskindes hatte.
Schließlich ist die Schäferwelt, in der sich Eco zunächst bewegt, eine
Projektion der wohlgeordneten höfischen Welt, in der Geselligkeit
und verfeinerte Umgangsformen dominieren. Die schöne Welt der
Kindheit Marguerites korrespondiert mit dem präsentierten Schäferidyll. Den jungen Jahren Ecos entspricht der Frühling Arkadiens,
»Siendo el Mayo corona de tu esfera/ Y tu edad todo el año primavera ...« (11-12), wo die Schäfer vergnügt musizieren und den Mai,
die Sonne und die Sterne ebenso preisen wie »los años felices de
Eco,/ Divina y hermosa deidad de las selvas« (69/70). In der Gemeinschaft der Schäfer ist Eco geborgen. Sie wird geschätzt und verehrt und ist überzeugt von der Überlegenheit ihres Umfeldes, was
sie Narciso mitteilt: »¿Cómo te parece el valle?/¿no es más ameno

este sitio/ Que el monte donde naciste?« (1583-1585). (»Wie findest
Du das Tal? Ist dieser Ort nicht lieblicher als das Gebirge, wo Du
geboren bist?«) Verehrt wird sie von den vornehmen Schäfern Febo
und Silvio. Für Bato ist Febo »el pastor/Más discreto y entendido/
Que tiene toda la Arcadia.« (1506-1507) und Silvio »el pastor/ Más
galán.« (1519-1520) und Eco »la más bella/ Zagala que el sol ha vis-
to« (1561-1562). Sie bewegt sich also in einer Gruppe mit äußerst
feinen Umgangsformen. Als nun Eco und Narciso zusammentreffen,
beginnt für Eco eine **Metamorphose in zwei Phasen.** Eco opfert
ihre gewohnte Gruppe und wechselt in eine Gruppe, die sich außerhalb ihrer bisherigen Welt befindet. Damit gerät sie in ein gestörtes
soziales Umfeld, das schließlich auch ihre Persönlichkeit zerstört.
Dies zeigt sich zunächst in einem psychischen, dann in einem physischen Umwandlungsprozess.

Ein kurzer Exkurs sei an dieser Stelle zu den wichtigsten Typen
von Affekten erlaubt. Früh und prinzipiell unterschieden die Griechen zwischen **Lust und Leid.** Platon erweitert den Gegensatz, indem er den positiven Affekt der Lust ergänzt durch das Gefühl der
Begierde, das man vor dem möglichen Eintreten der Lust hat. Der
negative Affekt des Leids dagegen wird mit Furcht erwartet. Bei Aristoteles sind mit Lust und Leid verbunden: Begierde, Zorn, Furcht,
Mut, Neid, Freude, Liebe, Hass, Sehnsucht, Eifer und Mitleid. Die
Scholastik differenzierte ähnlich. Bei Thomas von Aquin sind Hoffnung, Furcht, Schmerz, Hass, Liebe und Scham den Grundaffekten
der Begehrlichkeit und der Zornmütigkeit untergeordnet. Es gibt
also in dieser Tradition, die auch Calderón geläufig ist, Affekte, die
mit Lust verbunden sind, und Affekte, die mit Leid verbunden sind.
Es hat sich bereits gezeigt, dass im ursprünglichen Schäferidyll Ecos
die lustvollen Affekte dominierten, während bei Liríope und Narciso die leidvollen vorherrschten. Dass unter dem Einfluss des Narciso
die negativen Affekte auch Eco befallen, soll im folgenden belegt
werden. Bei Liríope dominieren Affekte des Leids: Sie sei kein
»monstruo irracional«, sondern eine »mujer infeliz«, von der man
wissen muss, »que sólo para ser monstruo/ De la fortuna nací« (673-
674). Oder »La hija soy de Sileno, Liríope la infeliz.« (893-894)
Narciso übernimmt die ängstliche Haltung von der Mutter: »Yo te
confieso que es justo/ El recelar y el temer« (2338-2339). Zwar dominieren schon beim ersten Anblick von Eco positive Affekte bei
Narciso, doch wird es nicht Eco sein, die Narciso auf ihre Ebene
zieht, sondern Narciso, der sie mit negativen Affekten bekannt
macht. So bemerkt die enttäuschte Eco bald, dass ihre Liebe zu Leid
wird: »Si en los que bien quieren/ Todo es padecer,/ Y no hay dicha

alguna/ En el bien querer,/¡Fuego de Dios en el querer bien!« (2276-
2280) (»Wenn bei denen, die wahrhaft lieben, alles Leid ist und es
überhaupt kein Glück bei der wahren Liebe gibt, dann ins Feuer
Gottes mit der wahren Liebe!«)

Der gestörte **Affekthaushalt** und mangelndes **Identitätsbewusst-
sein** führen auch zu einem gestörten Verhältnis zu anderen. Eco ist
zunächst eine dominante Persönlichkeit. In dem Maß wie sie unter
den Einfluss des Narciso gerät, wird sie jedoch abhängig und un-
selbständig. Sie, von der die anderen abhingen, erscheint schließlich
als Echo und Schatten anderer. Das Stück ist also nicht zuletzt als
Belehrung der noch jungen Infantin Marguerite und ihrer Umgebung zu verstehen (Strosetzki, im Druck). Es wird vorgeführt,
was geschieht, wenn sich ein junges Mädchen in gehobener gesellschaftlicher Stellung unangemessen verhält. Sie hat wie eine Prinzessin, deren Verhalten zahlreiche Traktate beschreiben, eine abge-
rundete Persönlichkeit zu sein. Die »**dignitas hominis**« bedeutet bei
ihr intellektuelle und gesellschaftliche Autonomie und nicht Unter-
würfigkeit oder Hörigkeit gegenüber einer geliebten Person, Selbst-
aufgabe und Selbstvergessenheit in blinder Liebe. Ex negativo wird
also eine Herrschermoral empfohlen, die das spontane Verlieben in
Personen außerhalb des höfischen Kreises ebenso verbietet, wie die
Aufgabe des eigenen Selbst, der eigenen Interessen und der mit der
gesellschaftlichen Position verbundenen Verpflichtungen. Wäre Eco
in ihrem gesellschaftlichen Umfeld geblieben, wäre sie nicht unglücklich geworden. Das Stück kann also jeder jungen Prinzessin als
Warnung dienen. Die Argumentation dieser Belehrung erfolgt dabei
in erster Linie nicht moralisch, sondern geht von den Affekten aus.
Eco wird mit den leidenden Figuren Narciso und Liríope konfrontiert und in deren leidvolle Welt hineingezogen. Stand für Eco am
Anfang Lust und Freude des arkadischen Frühlings, wird sie schließlich vom Leid und seinen Affekten geprägt, bis ihre Identität
schließlich ganz zerstört ist. Sozialpsychologisch wird also zu einem
gruppenkonformistischen Verhalten geraten, damit die Identität anerkannt und der Affekthaushalt im lustvollen Bereich bleibt.

Während bei Narziss die beschädigte Identität ein gestörtes Verhältnis zu anderen hervorruft, führt bei Eco erst das beschädigte
Verhältnis zu anderen zur gestörten Identität. Eco braucht die anderen, die sie fortwährend bestätigen und ihr Selbstwertgefühl stabili-
sieren sollen. Dort, wo der Andere aber nicht als Spiegel funktio-
niert, zieht Eco die Fühler ihrer Sensibilität ein und verschließt sich
in sich selbst. Mit sich allein, ohne die Korrektur durch die anderen,
ohne den Maßstab der Außenwelt gerät Eco am Ende in Verwir-

rung. Da sich, wie erwähnt, die **narzistische Störung** in einem überhöhten Selbstwertgefühl oder in einem übertriebenen Minderwer-
tigkeitsgefühl, jedenfalls aber im Rückzug des Interesses von der Außenwelt auf die eigene Person, äußert, offenbart sich am Ende ein
neuer Narzissmus der Eco. Eco ist zum Narziss geworden.

4.4 Fieras afemina amor (Wilde macht Liebe weiblich)

In *Fieras afemina amor* steht **Herakles** im Mittelpunkt. Traditionell
ist dieser berühmte Held der griechischen Mythologie wegen seiner
außergewöhnlichen Kraft und seines vorbildlichen Charakters beliebt. Er hat sich in jungen Jahren am Scheideweg für die schwierige
und ruhmreiche Option entschieden und ein bequemes und genuss-
reiches Leben abgelehnt. Seitdem hat er gewaltige Ungeheuer getötet, den Augiasstall gereinigt und Tyrannen bestraft. Der Stoiker
Seneca hält ihn wie Odysseus für einen Weisen, der in seinen mühe-
vollen Aufgaben unbesiegt, den Vergnügungen abgeneigt und
furchtlos sei. Im spanischen Mittelalter wurde Herakles zu einem
der frühen spanischen Könige gemacht, was auch noch in den
Chroniken von Alfons dem Weisen nachzulesen ist. Nach Ludwig
Schrader (1984, 57), der die unterschiedlichen Herkulesdeutungen
in der spanischen Literatur vorstellt, haben die *Doce trabajos de Hércules* (1483) (*Zwölf Arbeiten des Herakles*) des Enrique de Vienna besondere ethische Beispielhaftigkeit für Ritter. Auch in der italienischen Renaissance wird Herakles zum beliebten Vorbild. Der
Italiener Coluccio Salutati stellt seine Titelfigur in *De laboribus Her-
culis* als »vir perfectissimus« dar. Und für Ficino ist er ein Beispiel
für Fortitudo.

Calderón aber zeigt Herakles von einer anderen Seite. Daher
wird im Stück auch nur ein Teil seiner Heldentaten erwähnt, und
nicht wie im Mythos Zeus oder Hera, sondern nur Venus, Cupido,
Kybele, die Hesperiden und die Musen sind für sein Schicksal be-
stimmend. Um die dramatische Spannung zuzuspitzen, erlaubt sich
Calderón mit seinen mythologischen Quellen einen freizügigen
Umgang. Die das Stück begleitende loa sowie entremés, sainete und
»fin de fiesta« entstammen wahrscheinlich auch der Feder Calderóns
(Wilson 1984, 25). Der *Entremés del Triunfo de Iuan Rana* (1483)
(*Zwischenspiel des Triumphes des Juan Rana*) bezieht sich kontra-
punktisch auf die mythologische Handlung, nimmt aber auch Bezug auf den Anlass des Festes und Elemente der loa. Der legendäre

gracioso Juan Rana, eigentlich Cosme Pérez, tritt auf und stellt
nichts anderes dar als sich selbst, den ebenso betagten wie berühmten Schauspieler. Über achtzig Jahre alt, lässt er sich in einem
Siegeswagen auf die Bühne fahren, der mit dem Siegeswagen des
Cupido am Ende des mythologischen Stücks korrespondiert, jedoch
trotz aller Komik auf Ruhm und Glanz von Schauspieler und Theater anspielt.

In der **loa** lassen Adler, Phönix und Pfau zu Ehren des
Geburtstages der Königinmutter Maria Anna Monate und Tierkreiszeichen miteinander konkurrieren, wobei der Dezember als Monat
des Geburtstages, den die Königinmutter 1669 feierte, als Sieger
hervorgeht. Dabei verknüpft die Korrespondenz der zwölf Monate,
der zwölf Tierkreiszeichen und der zwölf Taten des Herakles loa und
Haupthandlung. Die loa enthält auch eine Prosabeschreibung des
Prosceniums, wo ein »caballo con alas«, ein Pferd mit Flügeln, zu sehen ist, das an Pegasus und seinen Reiter Bellerophon erinnern soll,
dessen Geschichte im Stück auf Herakles übertragen wird.

Bellerophon – so sei hier am Rande erwähnt – wies Stheneboia
ab, die sich in ihn verliebt hatte. Sie rächt sich, indem sie ihn be-
schuldigt, sie vergewaltigt zu haben. Ihr Vater, der König von Lyki-
en, will ihn durch fremde Hand umbringen lassen, indem er ihn vor
schwierige Aufgaben und unbesiegbare Feinde stellt. Da Athene Bellerophon das geflügelte Pferd Pegasus zur Unterstützung gibt, überwindet er ein feuerspeiendes Monster, das Teile eines Löwen, einer
Ziege und eines Drachens hat. Er besiegt ein feindliches Nachbar-
volk und kämpft siegreich gegen die Amazonen. Daraufhin gibt der
König ihm seine Tochter zur Frau und schenkt ihm sein halbes Königreich. Übermütig geworden, wagt er sich mit Pegasus auf den
Olymp, um mit den Unsterblichen zu verkehren. Für diese Hybris
straft ihn Zeus, indem er Pegasus mit einer Stechfliege so zur Raserei bringt, dass Bellerophon stürzt, und seine letzten Lebensjahre als
wahnsinniger Krüppel durch die Welt irrt.

Die **Parallelen** zum gleichermaßen auf Ruhm fixierten Herakles
werden dem zeitgenössischen Publikum aufgefallen sein. Auf beiden
Seiten der Bühne stehen die Figuren von Valor und Osadía, die zentrale Eigenschaften des Herakles verkörpern, begleitet von einem
Löwen und einem Tiger. Herakles selbst wird mit seiner Keule in
der Hand und mit einem Fell bekleidet gezeigt. Während auf der einen Seite der Bühne laut Regieanweisung der Titel des Stücks zu lesen ist, steht auf der anderen Seite der Spruch »Omnia vincit
Amor«. Auf einer Metaebene zwischen Realität des Zuschauerraums
und fiktionaler Theaterwelt wird so eine erste Deutung des Stücks

in den Raum gestellt. Wie in der loa beschrieben ähnelt das Proscenium einem Emblem mit Bild, Motto und Erläuterung.

Der **erste Akt** setzt ein in einem Wald, der den Palast des Héspero umgibt. Dort schreitet Herakles zur ersten seiner zwölf nahezu unerfüllbaren Aufgaben, für deren erfolgreiche Erledigung ihm im Mythos Unsterblichkeit versprochen wurde. Bei Calderón bleibt diese Tat jedoch nur eine Episode, die aus ihrem traditionellem Kontext genommen wird. Mit bloßen Händen erlegt Herakles den Löwen von Nemea, von dem es heißt, dass die Pfeile an ihm abprallen, ohne ihn zu töten. Von dessen sagenhaftem Fell lässt sich Herakles zum Zeichen für seinen ruhmreichen Sieg ein Kleidungsstück anfertigen. Als er nun in den Palast eindringen will, hört er eine Stimme. Er trifft Hesperia, die Tochter Hesperos, die auf der Flucht vor dem Löwen in einen Graben gefallen war. Sie lebt mit ihren beiden Schwestern im Palast ihres Vaters. Dort werden sie und der Apfelbaum, dessen Äpfel Glück in der Liebe bringen, von einem Drachen bewacht.

Herakles, der die Liebe ebenso wie die Frauen verschmäht, versichert, er würde nicht wegen des Baumes, sondern nur um des Kampfes willen kommen. Liebe sei eine bloße Tyrannei, die sich gegen den Liebenden richte. »¿Yo he de introducir en mí/ otro yo, que con violencia/ mande en mí más que yo mismo?« (875-877). Herakles, der hier als Stoiker gegen die Macht der Leidenschaften argumentiert, vergisst, dass er unter der Tyrannei der Ruhmsucht leidet. Seiner Ablehnung »Amor/ no es Deidad, sino quimera/ que inventaron las delicias/ para honestar las flaquezas.« entgegnet Hesperia: »Alma del alma le llaman.« (951-954) Sie trennen sich. Während Hesperia in den Garten zurückkehrt, ruht sich Herakles im Wald aus. Cupido und Venus treten auf und beschließen, Herakles für seine Missachtung ihrer Würde zu bestrafen. Er soll von Yole träumen, sich in sie verlieben und von ihr abgewiesen werden. Es tritt Euristio, der König Lybiens, auf und bittet Herakles um seine Hilfe gegen Aristeo, den König von Thessalien, der den Krieg erklärte, als Euristio ihm die Hand seiner Tochter Yole verweigerte. Als Belohnung verspricht er, Herakles zum Feldherrn zu machen und ihm seine Tochter zur Frau zu geben. An letzterem jedoch zeigt sich Herakles uninteressiert, da sein Interesse nur einer Frau, nämlich der in einem Traum gesehenen, gelte. Der König Euristio nimmt sich vor, später auf diese Brüskierung zu reagieren, woraufhin Anteo, der in Yole verliebt ist, noch mit einer Chance rechnet. Als nun Yole auftritt, ist sie ebenso schockiert wie Herakles, der in

der realen Yole das im Traum gesehene Bild Yoles wiedererkennt und
sich in sie verliebt. Yole dagegen sieht in Herakles, der sich das Lö-
wenfell angezogen hatte, um Euristio zu beeindrucken, einen
unzivilisierten Wilden. Angesichts des betrübten Herakles bemerkt
Cupido zu Venus, dass das Mittel der Eifersucht noch einzusetzen
sei.

Der **zweite Akt** beginnt vor einer mit Mauern befestigten Stadt.
Herakles und sein Gefangener Aristeo warten darauf, dass sich die
Stadttore öffnen und Herakles' Sieg gefeiert wird. Herakles' Diener
Licas, der als antiheroischer gracioso immer wieder die Absurdität
des Verhaltens seines Herren deutlich werden lässt, kommt hinzu
und berichtet von der Hochzeit von Yole und Anteo. Der noch immer verliebte Herakles reagiert gegenüber seinem Diener ungehalten, fühlt sich beleidigt, will sich rächen, befreit Aristeo und macht
ihn zu seinem Verbündeten bei der Anstiftung einer Revolte. Als das
vermählte Paar und Euristio sich nach der Feier beglückwünschen,
verlangt Herakles Erklärungen für die mangelnde Loyalität Euris-
tios. Yole nimmt die Schuld auf sich. Sie habe sich außerstande gesehen, ihn zu heiraten, da er ihr Furcht einflöße und sie Anteo liebe.
Als Gefechtslärm zu hören ist, stellen sich Anteo, Euristio und sogar
Yole an die Spitze der königlichen Truppen gegen die Rebellen. Der
König Euristio kommt beim Kampf um. Yole will sich an Herakles
rächen, den sie für den Tod ihres Vaters verantwortlich macht, fällt
vom Pferd und wird ohnmächtig durch Cupido in den Palast der
Hesperiden gebracht. Cibele, die Erdgöttin und Mutter Anteos, will
Anteo helfen und schützt zunächst Yole gegen den herannahenden
Herakles, indem sie ihm einen Vulkan als Hindernis entgegenstellt.
Herakles muss also einen anderen Weg finden. Er begibt sich zum
Parnass, leiht sich das fliegende Pferd Pegasus aus, um aus der Luft
in den Palast der Hesperiden zu gelangen. Dort muss er sich von
Calíope sagen lassen, dass er nicht so selbstbeherrscht ist, wie er
glaubt: »que vencer a las fieras no es vencerse a sí.« (2712) In der
Tat hat er zwar äußerlich als Anführer der Rebellen und möglicher
König von Lybien an Ruhm gewonnen. Indem er jedoch gegen seinen
König revoltiert, einen Bürgerkrieg anzettelt, stellt er sein Privatin-
teresse über die Loyalität zum König.

Zu Beginn des **dritten Aktes** schwebt er mit Pegasus auf die Erde
zurück, führt einen aufwendig in Szene gesetzten Luftkampf gegen
den gewaltigen Drachen und besiegt ihn. Als Herakles nun im Bei-
sein von Aristeo, Licas, der Hesperiden, Yole und der Soldaten sein
Recht auf Yole fordert, die er zu seiner Sklavin machen will, fordert
ihn Anteo zum Zweikampf auf. Während beide in den Wald ziehen

und Aristeo Yole bewacht, treten Venus und Cupido auf, die im
Chor sprechen: »con flechas más severas/ que él domestica las fieras,/ *fieras afemina Amor*« (3258-3261). (»mit gezielteren Pfeilen als
die, mit denen er die wilden Tiere unterwirft, macht Liebe Wilde
weiblich«). Im Kampf mit Herakles wird Anteo dank der Unterstützung Cibeles jedes Mal stärker, wenn er zu Boden fällt. Als dies Herakles bemerkt, kämpft er, ohne dass sein Gegner fällt, und besiegt
ihn. Nun versuchen die Hesperiden, ihn mild zu stimmen: Die
schöne Verusa hält ihm einen Spiegel vor, der Herakles über seine
Wildheit erschrecken lässt. Egle singt Liebeslieder, und Hesperia,
die ihn seit der ersten Begegnung liebt, zählt zahlreiche antike Helden auf, die die Macht der Liebe anerkannten, und nennt das Beispiel des Achilles in Frauenkleidern, der Deidamia verführte. Als
schließlich auch Yole ihm zu Füßen liegend, allerdings nur aus Be-
rechnung, ihn um Gnade bittet, wird er nachsichtig. Nun aber erscheinen die Musen, die – angestachelt durch Cibele – Herakles auf-
fordern, sich zwischen der Liebe und dem Ruhm zu entscheiden. Er
könne nicht Yole und den Platz im Parnass gleichzeitig haben. Herakles entscheidet sich für Yole und verlässt die Bühne. Cupido tritt
auf und kündigt an, Herakles werde bald bestraft werden. In der
nächsten Szene sieht man, wie Herakles in einem königlichen Salon
die Liebe und das höfische Leben genießt. Als Yole ihn schlafen
sieht, will sie Rache nehmen. Da Hesperia zugunsten Herakles' eingreift, entscheidet Yole, ihn nicht zu töten, sondern öffentlichem
Sport auszusetzen. Die Soldaten, die ihn sehen, wünschen ihm den
Tod und wollen Yole zur Königin machen. Er muss eingestehen,
dass die Liebe über ihn triumphiert hat. Am Ende singen alle: »que
si él domestica fieras,/ *fieras afemina Amor*.« (4183-4187) (»daß,
wenn er wilde Tiere unterwirft, Liebe Wilde weiblich macht«).

Herakles, der die Liebe verachtet hatte, ist dafür von Cupido
und Venus bestraft worden, denen er am Ende zu Füßen liegt. Sie
überwanden seine Überheblichkeit und seine Ruhmsucht, nicht
etwa indem sie ihn durch das Glück der Liebe überzeugten, sondern
indem sie ihn durch nicht erwiderte Liebe, Eifersucht und mangelnde Selbstkontrolle in unglückliche Verstrickungen laufen ließen.
Ruhm und Stolz sind verloren und von der Liebe besiegt worden,
die bewiesen hat, dass man sie nicht ignorieren darf: »Omnia vincit
Amor.«

Das Stück wurde für den 22. 12. 1669, den Geburtstag der Königinmutter Maria Anna, geschrieben. Die erste Aufführung wurde
auf den Januar verschoben, um zugleich den ersten Geburtstag der
einzigen Enkelin Maria Annas, der Prinzessin María Antonia am 18. 1.

1670 mitzufeiern. Die Ausrichtung auf den Anlass und die königliche Familie zeigt sich insbesondere in den das Stück begleitenden Zwischenstücken, sowie dem Vor- und Nachspiel, hat aber auch Konsequenzen für die Gesamtdeutung. S. Neumeister (1978) betont, dass angesichts der Kontextbindung die Analyse nicht allein einer zeitlosen ästhetischen Qualität zu gelten habe, sondern dem **anlassbedingten Kontext**. Die Liebe deutet er als christliche Nächstenliebe, die den antiken Gegensatz von amor und virtus überwindet. Damit wird der antike Mythos vom Standpunkt des christlichen Spaniens aufgegriffen und neugeschrieben. Der in der Tradition des römischen Herrschaftspathos stehende Triumphwagen Cupidos am Ende erscheint anlassbedingt als Symbol für das Staatsschiff und erinnert an die Darstellung der Kirche und des Glaubens als Schiff. In einer solchen christlichen Umdeutung des antiken Stoffs siegt die christliche über die antike Ethik. Herakles wird die Herrschaft über Lykien verwehrt, da ihm die zur Herrschaft erforderliche Tugend christlicher Liebe fehlt. S. Neumeister (1978, 252) sieht den Ausgangspunkt des Stückes in einem Emblem aus der Sammlung des Alciatus, in dem Amor auf einem Wagen thront, der von wilden, aber unterwürfigen Löwen gezogen wird. Die Überschrift »Potentissimus affectus amor« wird damit erklärt, dass die Liebe über die Stärksten und Wildesten zu triumphieren pflegt.

Auf allgemeinerer Ebene sind drei Aspekte hervorzuheben. Erstens wird in Herakles' Verhalten die Kritik an einem falsch verstandenen Stoizismus deutlich, der vor lauter Ruhmsucht, Selbstgefälligkeit und Stolz sich ein falsches Bild vom eigenen Ich macht und unfähig zur Selbsterkenntnis ist. Mit dem ersten hängt der zweite Aspekt zusammen, der in der Kritik der mangelnden Einsicht in die universale Kraft der Liebe besteht, die zum Menschen ebenso gehört wie der freie Wille. Bei dem, der sie verdrängt, kann das nur zu fatalen Folgen führen, wofür Herakles ein Beispiel abgibt. Die Verleugnung eines wesentlichen Bestandteils des Menschen widerspricht der **humanistischen Forderung** nach dem universal geformten und gebildeten Menschen und wird daher im Stück kritisiert. Vor allem aber und drittens ist das Stück ein Plädoyer für die Zivilisiertheit. Herakles tötet nicht nur wilde Tiere, er kleidet und verhält sich auch wie sie und brüskiert daher immer wieder Yole als Repräsentantin der höfischen Gesellschaft mit ihren verfeinerten Verhaltensformen. Hier kann die Liebe jene Zivilisierung bewirken, die Herakles fehlt.

Dass die **Figur des Wilden** gerade im höfischen Theater als Kontrast zu den verfeinerten Lebensformen am Hof besonders beliebt ist, zeigt Fausta Antonucci (1995, 175). Bei Calderón tritt die Figur des unzivilisierten Wilden etwa in *El mayor encanto amor* in der Gestalt des Riesen, der Circe dient, auf; in *La fiera, el rayo y la piedra* (1652) (*Die Waldfrau, der Strahl und der Stein*) ist die unzivilisierte Figur weiblich und in *La vida es sueño* dem im Turm lebenden Segismundo zugeordnet. Ihren Ursprung hat sie in Mythen und volkstümlichen Überlieferungen. Sie hat eine positiv bewertete Seite infolge ihres engen Kontakts mit der Natur, deren Geheimnisse sie dem Menschen offenbaren kann, und eine negativ bewertete infolge ihrer ungezügelten Sexualität, die zu Raub und Vergewaltigung von Frauen und zu grausamem Umgang mit Rivalen führt. Nach Aurora Egido (1995) zeichnet sich der »hombre salvaje« auch durch unverhältnismäßige Körpergröße aus, die Disharmonie und Missachtung des göttlichen Plans verkörpert. Starke Behaarung bzw. bei weiblichen Figuren gelöstes Haar können einen animalischen Charakter hervorheben und auf Besessenheit hindeuten. Nicht selten besteht eine Beziehung zwischen dem Teufel und dem Wilden. Dass letzterem etwas Dämonisches und Beängstigendes anhaftet, davon zeugt der vom halbtierischen arkadischen Hirtengott Pan abgeleitete Ausdruck »panische Angst«.

Während die loa, wie bereits erwähnt, der Königin Maria Anna gewidmet ist, ehrt der »fin de fiesta« ihren achtjährigen Sohn Carlos II, dem sicherlich ein Stück über Herakles und seine Kämpfe gut gefallen haben mag, während seine Mutter sich eher in der Schönheit und Selbständigkeit Yoles wiedergefunden haben mag. Wenn man in Herakles ein Abbild des Juan de Austria sieht, dann lässt sich das Stück zugleich als **Allegorie für die politischen Spannungen am Hof** deuten. Um sie in diesem Sinn zu korrigieren, greift Margaret R. Greer (1988) die Meinung Menéndez y Pelayos auf, nach der in den mythologischen Festspielen Calderóns der Dichter von geringerer Bedeutung sei als der Bühnentechniker oder Bühnenbildner, da es im wesentlichen auf die Erbauung des Königshauses und des Hofes ankomme. Wenn man bedenkt, dass die Mitglieder der königlichen Familie in diesen Stücken mit mythologischen Helden assoziiert werden und dass die Bühnentechnik seit Cosme Lottis Wirken im spanischen Theater seit 1626 stark an Bedeutung zunahm, dann ist dies durchaus verständlich. Dem der italienischen Tradition entstammenden Lotti war es zu verdanken, dass unterschiedliche Kulissen schnell ausgewechselt werden konnten, dass Szenen auf dem Meer mit Ungeheuern und Schiffen, die erschienen und verschwanden, Wolken oder Tempel, die vom Himmel herabfielen und je nach Wunsch wegfliegen konnten, möglich wurden.

Da Yole mit ihren Plänen für Rache, Mord und Ehrverletzung keine positive Identifikationsfigur darstellt, ist das Stück nach Thomas Austin O'Connor (1983) kein Plädoyer zugunsten der Befreiung der Frau, was man aus den freien Entscheidungen und selbstbestimmten Handlungen Yoles ziehen könnte, und auch kein Beispiel für den Sieg der Liebe über die Gewalt, wie es der Titel nahe legt, sondern ein Beispiel für den Gebrauch sexueller List im Interesse der Rache. Yole hat am Ende eine zwiespältige Position. Deswegen sind es Venus und Cupido, die auf dem Wagen über Herakles triumphieren. Im Mittelpunkt steht also nicht die neuplatonische Liebe oder die Zuneigung zweier Seelen, sondern nach Greer die **sexuelle Anziehung, die zur Erreichung anderer Ziele instrumentalisiert wird**. Auffällig fehlt daher im Stück die wahre Liebe. Daraus lässt sich der Schluss ableiten, dass das Stück trotz aller Effekte vor allem eine bittere Sicht auf eine höfische Gesellschaft voller Täuschung und Rache eröffnet, in der in Wirklichkeit nicht die Liebe, sondern der Gebrauch von Macht und Intrige dominiert.

4.5   *La estatua de Prometeo*
(*Die Statue des Prometheus*)

Zu Beginn des Stücks ruft Prometheus die Landbewohner zusammen, denen er erklärt, dass er im Gegensatz zu seinem am Waffenhandwerk interessierten Bruder Epimetheus schon immer an den Wissenschaften interessiert gewesen sei. Er sei sogar nach Syrien gegangen, um dort seinen Horizont zu erweitern. Dann sei er in seine Heimat, den Kaukasus, zurückgekehrt, um dort neue Gesetze einzuführen. Da er dabei aber auf Ablehnung gestoßen sei, habe er sich zurückgezogen und das Leben eines Eremiten geführt. Beim Studium der Natur und der Sterne habe er verstanden, dass die Götter die Welt regierten. Von Minerva, der Göttin der Weisheit, habe er eine Statue angefertigt, die er nun zeige, damit sie öffentlich verehrt werde. Sein Bruder, dem Veränderungen suspekt sind, schlägt vor, die Statue erst aus der Höhle zu holen, wenn ein für sie angemessener Tempel gebaut ist. Als das Volk zu feiern beginnt, naht sich lautstark ein wildes Tier. Als Epimetheus es jagen will, schließt sich ihm Prometheus an. Das wilde Tier ist die verkleidete Minerva, die so eine Gelegenheit findet, Prometheus einen Wunsch zu erfüllen: Sie steigt mit ihm in den Himmel auf, wo er den Lauf der Gestirne bewundert und vom Sonnenwagen des Apollo eine Fackel stiehlt, mit der er auf der Erde das Standbild der weisen Minerva beleuchten will. Epimetheus gerät unterdessen auf der Suche nach seinem Bruder in eine Höhle, in der er das wilde Tier vermutet. Nun tritt Pallas auf, die ihm erklärt, so wie ihre Schwester Göttin der Weisheit, sei sie Göttin des Krieges. Eifersüchtig und verärgert wegen der Verehrung ihrer Schwester beauftragt sie Epimetheus, das Standbild zu zerstören.

Im **zweiten Akt** sucht Epimetheus mit seinem Diener Merlín die Statue, um sie zu verstecken und so keine der beiden Göttinnen zu beleidigen. Außerdem bemerkt Epimetheus, er wolle sie für sich allein beanspruchen. Von weitem nähert sich nun ein Licht. Es ist Prometheus mit der Fackel, die er der Statue bringt. Als er sich wieder entfernt, verwandelt sie sich vor dem erstaunten Epimetheus, der sich versteckt hatte, in Pandora, ein lebendiges junges Mädchen. Verärgert über den Ungehorsam des Epimetheus will Pallas alle, die Minerva verehren, bestrafen. Sie tritt mit Discordia auf, die Pandora eine Büchse überreicht, die, einmal geöffnet, Liebesleid und Verwirrung bringt. Pandora liebt nun Prometheus und nicht Epimetheus. Epimetheus will sich daraufhin an Prometheus rächen. Die Erde bebt.

Zu Beginn des **dritten Aktes** debattieren Minerva und Pallas vor Apollo: Erstere verteidigt den Raub des Feuers als eine Art von Verehrung dessen, was Apollo verkörpert, letztere fordert Sühne für den Diebstahl. Zahlreiche Verwirrungen, auch infolge der Doppelfunktion der Statue, die einmal Minerva, einmal Pandora verkörpert, führen dazu, dass das Volk von Discordia aufgefordert wird, Prometheus und Minerva zu bestrafen. Im letzten Moment erscheint Apollo im Sonnenlicht, vertreibt Pallas und Discordia und bringt Frieden und Versöhnung. Nun können Prometheus und Pandora ebenso wie die graciosos Merlín und Libia heiraten: »Feliçe quien vio/ el mal conbertido en bien,/ y el bien en mejor.« (1236-1238) (»Glücklich, wer das Schlechte ins Gute und das Gute ins Bessere verwandelt sah«).

Gerade das Ende des Stücks macht deutlich, dass Calderón die **Mythen des Prometheus und der Pandora** mit der Geschichte des Pygmalion verknüft, der aus Elfenbein eine Frau schuf, in die er sich dann verliebte. Nachdem Aphrodite die Figur auf seinen Wunsch zum Leben erweckte, heiratete er sie. Wie Pygmalion orientiert sich Prometheus am Ideal. Im Gegensatz zu seinem einfältigen Bruder Epimetheus war er nach Raymond Trousson (1964) in der literarischen Tradition ein kluger Mensch. Er unterstützte Zeus, als dieser gegen die Titanen kämpfte, wechselte jedoch auf die Seite der Menschen über, als Zeus zum Tyrann wurde und den Menschen das Feuer verweigerte. Prometheus stahl es nun und brachte es den Menschen. Zur Strafe ließ Zeus ihn an einen Felsen ketten, wo ein Adler täglich seine Leber fraß, die nachts nachwuchs, bis ihn nach langer Zeit Herakles befreite. An den Menschen rächte sich Zeus, indem er ihnen die erste Frau schickte. Es war die verführerisch schöne aber verlogene Pandora, die Epimetheus zur Frau nahm, obwohl Prometheus ihn vor Geschenken des Zeus gewarnt hatte. Als sie den Krug öffnete, der ihr mitgegeben war, entwichen alle möglichen Plagen, die seitdem das Leben der Menschen bedrängen. Man kann die Frage stellen, ob Prometheus angesichts dieser Strafe des Zeus nicht ein Wohltäter der Menschen von zweifelhafter Qualität ist. Zeus jedenfalls erweist sich bei Hesiod als der Stärkere, den man nicht täuschen kann. Erst als in Aischylos' Tragödie *Der gefesselte Prometheus* Zeus als brutaler und gesetzloser Tyrann dargestellt wird, kann Prometheus zum Helden und Märtyrer avancieren, der sich für die Interessen der Menschen einsetzt und ihnen mit dem Feuer auch Zivilisation und Kultur bringt. Dies wird umso plausibler, als Aischylos die Geschichte der Pandora ausspart. Primär als Zivilisationsbringer wird Prometheus auch im 7. Jahrhundert in den *Etymologiae* des Isidor von Sevilla gesehen.

Platon stellt in seinem Dialog *Protagoras* noch eine andere Version vor: Die Götter haben Prometheus und Epimetheus beauftragt, die wichtigsten physischen Eigenschaften zu verteilen. Als aber Epimetheus alles an die Tiere verteilt hatte, blieb nichts mehr für die Menschen übrig. Daher stahl Prometheus von Athene und Hephaistos Weisheit und Feuer, womit die Menschen eine Sprache schaffen und eine Zivilisation aufbauen konnten. Die Fähigkeit, in Frieden und Harmonie zusammenzuleben, konnte er ihnen jedoch nicht bringen, da sie Zeus gehörte, der sie erst durch Hermes überbringen ließ, als er sah, dass die Menschheit Gefahr lief, sich selbst zu zerstören. Auch diese allegorische Version des Mythos verwendet Calderón in seinem Stück.

Welche Deutungen sind möglich? Im leidenden und angeketteten Prometheus konnte man eine **Präfiguration** des für die Menschheit am Kreuz leidenden Christus sehen. So sehr aber Prometheus' Einsatz für die Menschheit Lob finden musste, so sehr erinnerten bei ihm Auflehnung und Ablehnung gegenüber Zeus an den Teufel Luzifer. Während Pandora an Eva und den biblischen Sündenfall erinnert, wird zwischen Prometheus, der den Menschen mit dem Feuer eines der vier Elemente brachte, und dem biblischen Weltschöpfer eine Parallele gesehen. Dabei hat das Feuer eine positive

und eine negative Bedeutung: Es wird mit Licht und Himmel assoziiert, aber auch mit Hölle und Fegefeuer. So nützlich das Feuer in
der Küche und unter Kontrolle ist, so zerstörerisch ist es unkontrol-
liert. Der italienische Humanist Giovanni Boccaccio sieht in *De genealogia deorum gentilium* in der Flamme, die Prometheus stahl, ein
Symbol der Weisheit, die er von Gott erhielt, und »ex naturalibus
hominibus civiles facit«. Boccaccio folgt Augustinus, für den Prometheus durch seine Weisheit berühmt war, Eusebios, für den er ein
König von Argos war, und Lactanz, der ihn für den Erfinder der
Bildhauerkunst hielt. Beim italienischen Neoplatonisten Ficino hört
Prometheus auf, Gott zu sein und wird zum Symbol des Menschen,
der zweigeteilt in Geist und Materie auf der Suche nach ideellem
Wissen ist. Bei Giordano Bruno schließlich steht Prometheus für
den Menschen, der auf der Suche nach der Wahrheit gegen Dogmen
und Behinderungen rebelliert.

Da Calderón seine mythischen Stoffe meist aus Ovids *Metamorphosen* schöpft, darin aber Prometheus und Pandora fehlen, sieht
Margaret R. Greer (1991, 128f) eine wichtige **Quelle** im Emblem-
buch des Alciatus, wo das Leiden des angeketteten Prometheus dargestellt ist als das Schicksal derer, die beim Streben nach Erkenntnis
ihren Geist abmühen und quälen. Als weitere Quellen kommen die
Filosofía secreta des Pérez de Moya und eine Wiener Prometheus-
oper, deren Libretto 1670 nach Madrid geschickt wurde, in Frage.
Sie nennt aber noch als weitere und wichtigere Quelle den Spiegel-
saal, den Hauptempfangssalon des Madrider Königspalastes, in dessen Fresken Velázquez die Geschichte der Pandora in fünf Episoden
darstellt. Mit den Arbeiten war 1659 begonnen worden, das Resultat ist nur noch in der ausführlichen Beschreibung des Antonio Pa-
lomino erhalten.

Bedenkt man nun, dass *Fieras afemina amor* zu Ehren des Geburtstages der zu dieser Zeit mächtigen Königin Maria Anna als erstes Hofschauspiel nach dem Tod von Philip IV. 1669 aufgeführt
wurde und *La estatua de Prometeo* 1670 folgte, dann fällt in ersterem
Stück die zentrale **Rolle der Frau als zivilisierende Kraft** auf. Diese
Rolle lässt sich auch Pandora zuschreiben, wenn man sie neoplato-
nistisch interpretiert. Dann ist Pandoras Schönheit Abbild der göttlichen Idee, die sie geschaffen hat, und die Prometheus in ihrem
Standbild abbildet. Wenn Prometheus sich mit Minerva in den Himmel erhebt und mit Feuer und Weisheit ausgestattet zu den Menschen
zurückkehrt, dann erinnert dies nicht zuletzt an Platons Höhlen-
gleichnis. Mit Pandora wird Prometheus dann insofern zum zweiten
Schöpfer der Menschheit, als er ihr mit ihr Zivilisation, Weisheit

und politische Klugheit in der Regierung bringt. Mit letzterem spiegelt und idealisiert der Mythos auch das Selbstverständnis des Herrscherhauses der Habsburger. In diesem Sinn wird auch die Königin
Maria Anna den Mythos gesehen haben, als sie möglicherweise Calderón die Anregung gegeben hat, darüber ein Stück zu schreiben.

Margaret R. Greer (1991) sieht in Calderóns Gestaltung des Mythos unterschiedliche Ebenen, so dass das Stück bewusst mit mehreren Deutungsmöglichkeiten ausgestattet ist. Zum einen diente die
Theateraufführung der Demonstration königlicher Macht. Das ge-
ordnete Zeremoniell des Eintritts und des Abgangs der Königsfamilie ebenso wie deren zentrale Plazierung im Zuschauerraum, die die
gleichzeitige Betrachtung von Publikum und Bühne ermöglicht,
evozieren beim Publikum, das Herrscher und Bühne zugleich sieht,
den Gedanken an ein geordnetes Universum, in dem der absolute
Herrscher alles beobachtet, ausgleicht und unter Kontrolle hält.
Eine weitere universelle Ebene des Stückes wird dort deutlich, wo
man Prometheus mit Adam oder Prometheus und Epimetheus mit
Kain und Abel identifiziert oder allgemeiner den Konflikt zwischen
Vernunft und Leidenschaften, Vernunft und Gewalt, männlichem
und weiblichem Prinzip bzw. Natur und Kultur dargestellt sieht.
Prometheus verkörpert dann die Seite der Vernunft und der Kultur,
wenn er seinen Landsleuten Wissen vermitteln will, während Epi-
metheus auf der Seite von Leidenschaft und Gewalt steht. Bei den
Göttern steht Minerva für Weisheit und Pallas für Krieg, Apollo für
Licht und Leben und Discordia als Tochter Plutons für Dunkelheit
und Tod, so dass Calderón insgesamt ein **bipolares Universum** darstellt, das an den Manichäismus erinnert, der ausgehend vom Perser
Mani eine dualistische Lehre von zwei miteinander kämpfenden
Mächten des Lichts und der Finsternis vertritt.

Allerdings sind die Gegensätze nicht so einfach, wie es auf den
ersten Blick erscheint. Denn Prometheus scheitert bei seinem zivili-
satorischen Versuch, sein Wissen in seiner eigenen Heimat zu verbreiten, zieht sich wieder in die Einsamkeit zurück und gewinnt ein
geradezu mystisches Verhältnis zu Minerva, die ihm mit dem Aufstieg in den Himmel auch ein Erlebnis mystischer Art verschafft.
Während also bei Prometheus Weisheit zur Isolation führt, ist der
leidenschaftliche Epimetheus trotz Unwissenheit ein geborener Anführer des Volkes. Nach Margaret R. Greer kommt es daher Calderón darauf an, weder Vernunft noch Leidenschaft zu verabsolutieren, sondern beides zu verbinden. Die Vernunft soll die
Leidenschaft nicht ausschließen, sondern so führen, dass deren
egozentrische und destruktive Momente eliminiert werden. Dies ist

Voraussetzung für die Verbannung der Discordia und die Heirat des Prometheus mit einer Halbgöttin.

Greers wichtigster Deutungsansatz sieht im Stück eine konkrete Anspielung auf **Streitigkeiten am Hof**, die seit dem Tod von Philip IV. im Jahr 1665 mit dem Beginn der Regentschaft der verwitweten Königin Maria Anna begannen. Da der Sohn Karl erst vier Jahre alt war und die Amtsgeschäfte nicht führen konnte, begann nun eine Zeit, in der sich unterschiedliche **Fraktionen am Hof** durchsetzen wollten. Im Zentrum der Opposition gegen die Königin stand Philips illegitimer Sohn **Juan José de Austria**. Philip hatte seine Vaterschaft anerkannt und ihn mit gesellschaftlich angesehenen Würden und Ämtern ausgestattet. So hatte er sich im Ausland aufgehalten, war sein Stellvertreter in Katalonien, in den Niederlanden sowie im Kampf gegen den Aufstand in Portugal. Auch in der Gruppe derer, die Spanien wissenschaftlich und kulturell erneuern wollten, nahm er in den letzten dreißig Jahren des 17. Jahrhunderts eine führende Position ein. Er galt nicht nur als Gelehrter in der Physik, Wirtschaftsreformer, Gegner traditioneller Privilegien und Modernisierer des Wirtschaftssystems. Maria Anna musste in ihm eine potentielle Konkurrenz für ihren minderjährigen Sohn sehen und machte zunächst den österreichischen Jesuiten J. E. Nithard, dann den aus dem niederen Adel stammenden F. Valenzuela zu ihren Beratern und Juan Josés Gegnern. Anfang Januar 1677 kam es zu einem bewaffneten Aufstand, bei dem große Teile der Intelligenz und des Volkes auf der Seite des fortschrittlichen und hochadligen Juan Josés gegen den aus dem Kleinadel stammenden Konservativen Valenzuela standen. Nachhaltiger Erfolg war Juan José jedoch nicht beschieden, da er bereits 1679 im Alter von fünfzig Jahren starb.

Als Calderón *La estatua de Prometeo* 1670 geschrieben hat, kann man davon ausgehen, dass der Streit zwischen denen, die Juan José stützten, und denen, die ihn bekämpften, Tagesgespräch war. Wenn Calderón Prometheus als Vertreter von Wissenschaft und Vernunft dargestellt hat, der aus dem Ausland zurückkehrt, dann erinnert das an Juan José. Wenn Prometheus mit Pandora die Zivilisation, ein neues Spanien, einführt, sein Bruder Epimetheus aber die Fraktion der Tradition vertritt, sich gegen die Einführung neuer Gesetze wehrt, dann zeigt sich eine frühe Gestaltung des Gegensatzes der »**Dos Españas**«. Als sich nun der reaktionäre Anführer Epimetheus in das neue Wesen Pandora verliebt und diese ihn abweist, da sie Prometheus folgen will, schwört Epimetheus Rache und droht mit der Vernichtung seines Bruders und des ganzen Landes. Hier wird Prometheus in der Tradition des Aischylos wieder zum Vertreter der

Rebellion gegen die bestehende Ordnung. Calderón wirbt mit seinem Stück für die Kräfte der Erneuerung und weist auf die Gefahren des blinden Festhaltens am Bestehenden hin. Doch tut er dies so vorsichtig, dass man Prometheus und Epimetheus auch als zwei Seiten in Juan Josés Charakter bzw. in dem der Königin sehen kann. Zudem ist Calderóns Position nicht als Plädoyer für die Abschaffung der Monarchie, sondern eher für deren Erneuerung zu verstehen.

5. Religiöse Dramen

In den religiösen Dramen steht nach Javier Aparicio Maydeu (1997) einerseits der Versuch der **Propagierung** der christlichen Religion und andererseits die **Erörterung** religiöser Fragen und Kontroversen im Vordergrund. Das eine schließt das andere nicht aus. Beides wird unterstützt durch die jesuitische Methode der religiösen Unterweisung, die gemäß den *Historiae Evangelicae Imagines* (1593) des Jerónimo de Nadal das Wort mit dem Bild verbindet. In hagiographischer Tradition werden auf der Bühne **Vorbilder** dargestellt. Elma Dassbach (1997, 9) unterscheidet vier Typen: den Angehörigen eines Bettelordens, den zum Christentum Konvertierten, den Märtyrer und den Wundertäter. Der Angehörige eines Bettelordens z.B. der Karmelit, der Trinitarier oder Mercedarier, hat das Gelöbnis der Armut abgelegt und geht entsprechend den Regeln seines Ordens in herausragender Weise einer weltlichen Tätigkeit nach. Bei der Frau bedeutet dies im Siglo de Oro den Verzicht auf das schützende Elternhaus bzw. die Möglichkeit, eine Familie zu gründen, während der Mann als Konsequenz aus seiner Einsicht in die Nichtigkeit der Welt auf Ruhm und Ehre verzichtet. Im ersten Fall lässt Lope de Vega, der verschiedene derartige Stücke verfasst hat, galante Gespräche, im letzteren schwierige Arbeiten oder Schlachten vorausgehen. Der Konvertit ist entweder ein Sünder, der seine Taten bereut und künftig ein frommes Leben führt, oder wie Cipriano in Calderóns *El mágico prodigioso* ein Ungläubiger bzw. Heide, der vor seiner Bekehrung zahlreiche Hindernisse überwinden und Versuchungen des Teufels widerstehen muss. Dabei kann er auch zum Märtyrer werden und so zugleich der dritten Gruppe angehören. Beliebter Hintergrund für dessen Darstellung bilden dabei die Christenverfolgungen der ersten Jahrhunderte nach Christi Geburt oder die Länder, in denen wie in *El príncipe constante* mit den Spaniern verfeindete Mauren leben. Der Märtyrer stirbt infolge seines standhaft verteidigten christlichen Glaubens, oft nach erlittenen Qualen. Den Märtyrertod sucht er nicht als etwas Wünschenswertes oder Ruhmvolles, sondern nimmt ihn als schmerzhafte, aber notwendige Konsequenz seiner christlichen Haltung in Kauf. Dem Wundertäter sind als Heiligen außerordentliche übernatürliche Fähigkeiten verliehen, mit denen er die Richtigkeit der christlichen Lehre und seine eigene besondere Berufung öffentlich deutlich macht.

5.1 *La cisma de Inglaterra*
(*Das Schisma von England*)

Eng zusammenhängend mit dem Thema der Bekehrung ist das des Gegensatzes von Christen und Nichtchristen auf der einen und von Katholiken und Protestanten auf der anderen Seite. Zwar zeichnen sich die Heiden im antiken Rom und die Mauren in der arabischen Welt durch größere Macht aus als die Indios in Amerika, alle erscheinen sie jedoch prinzipiell als bekehrbar. Dies gilt auch vom englischen Hof unter Heinrich VIII., von dem man hoffte, er könne die Abspaltung vom Katholizismus zurücknehmen. In Spanien gab es nach Alexander A. Parker (1988, 281f, 284f) in den zwanziger Jahren diplomatische Bestrebungen, die religiöse Freiheit für die in England lebenden Katholiken garantiert zu wissen, da man meinte, es würden dann viele Engländer **zum Katholizismus zurückkehren.** Geschichte dient im Stück als Hintergrund für ein »poetic drama« »as the stage on which humanity struggles for its salvation.« Daher zeichnet Calderón Heinrich VIII. in *La cisma de Inglaterra* verständnisvoll, nuanciert und nicht polemisch abschätzig, wie die von ihm verwendete Vorlage, Pedro Rivadeneyras *Historia eclesiástica del cisma del reino de Inglaterra* (1588).

Im Zentrum des vor 1640 verfassten Stückes steht der durch eine unwiderstehliche Leidenschaft verblendete **Heinrich VIII.,** der seine Ehe für ungültig erklären lässt, um Ana Bolena zu heiraten, die eigentlich den französischen Gesandten Carlos liebt. Unterstützung erfährt er dabei von seinem Berater, dem Kardinal Volseo, dem prophezeit wurde, er würde gesellschaftlich hoch steigen, aber durch die Hand einer Frau zu Fall kommen. Als am Ende Heinrichs Tochter María den Thron Englands erhalten soll, weigert diese sich als überzeugte Katholikin, am zuvor erfolgten Bruch mit der katholischen Kirche festzuhalten. Das religiöse Thema der Kirchenspaltung wird also geschickt verknüpft mit der Tragik des Schicksals Heinrichs VIII. und den berechnenden Ambitionen Ana Bolenas und des Kardinals Volseo. Bei Calderón spielt anders als in Shakespeares *Henry VIII* die geschichtliche Realität eine untergeordnete Rolle. Joachim Küpper (1988, 191) sieht in Heinrich weniger den englischen König als ein weiteres, auf jeden einzelnen übertragbares Beispiel für den **Sünder,** wie er auch in den autos sacramentales oder in der christlichen didaktischen Literatur vorgeführt wird, mit folgenden Etappen: Leben in Harmonie mit Gott und der Kirche, Verführung zur Sünde und Abkehr vom rechten Weg und schließlich Ernüchterung, Rückkehr, Reue und Buße. Während Heinrichs Ehefrau als

Märtyrerin erscheint, bilden Ana und Volseo eine einzige Instanz
der Verführung im Dienst des Teufels.

5.2   La aurora en Copacabana
(Die Morgenröte in Copacabana)

In diesem Stück werden Heiden mit Christen konfrontiert, wobei
nach Sabine G. Maccormack (1982) patristische und scholastische
Beurteilungen des Heidentums herangezogen und nun auf die In-
dios übertragen werden. Calderón schrieb es ausgehend von der
Lektüre des Inkas Garcilaso und der *Historia del célebre santuario de
Nuestra Señora de Copacabana y sus milagros e invención de la Cruz de
Carabuco* (1621) des augustinischen Predigers Ramos Gavilán. Ezra
S. Engling (1994, 101) datiert die Entstehung des Stückes auf das
Jahr 1661, als andere opernhafte Stücke bereits geschrieben waren.

Nach Hugo Laitenberger (1994) teilt Calderón die Überzeugung
der Chronisten, dass die Spanier für die Entdeckung, Eroberung
und **Christianisierung Amerikas** durch einen göttlichen Plan auser-
wählt sind. Auch wenn Lope de Vega in seinem einschlägigen Stück
Nuevo Mundo descubierto por Colón (*Die Neue Welt, entdeckt von Kolumbus*) den Protagonisten stark idealisiert, bleibt er stärker an den
geschichtlichen Fakten orientiert als Calderón, der die historische
Wahrheit poetischen und didaktischen Intentionen unterordnet.
Calderón zeigt, wie sich aus theologischer Sicht die Geschehnisse
hätten ereignen können bzw. hätten ereignen sollen, aber leider
nicht ereignet haben.

Laitenbergers Ansatz wird fortgeführt von Joachim Küpper
(1996, 442), nach dem das zeitgenössische Publikum mit dem teleo-
logischen Diskurs vertraut ist, der die Spanier zum Erfolg bei der Unterwerfung und Bekehrung der Indios bestimmt und die **spanische
Expansion als universalistisch** sieht. Dies und nicht die Geschichte
sei der Hintergrund, der die einzelnen Fakten zusammenhält und be-
deutsam macht. Resultat sei eine »totale Tilgung von Alterität, in diesem Fall immerhin der Alterität einer Neuen Welt, die sich hier als
eine anders drapierte Neuauflage, nochmalige Version der einen und
immer schon gewussten Welt präsentiert.« Dabei zeige sich das Verhältnis von Ziel und unvollkommener faktischer Realisierung in der
Diskrepanz zwischen der idealisierten Bekehrung bei Calderón und
der Realität der Unterwerfung der Indios. Es zeigt sich auch in der
aufgrund menschlicher Unvollkommenheit mangelhaften Statue

Iupanguis, die erst durch einen göttlichen Eingriff vollkommen werden kann. Beide Modelle lassen sich auf allgemeinerer Ebene betrachten und zeigen dann insofern eine Parallelität, als auch die menschliche Unvollkommenheit an der Erreichung des Ziels nichts ändert, da noch ein ›falsch‹ Gemachtes, so es nur ein ›recht‹ Gemeintes ist, dem rechten Ziel dient. Dies wiederum zurückbezogen auf Calderóns Stück führt Küpper (1996, 450) zum Schluss: »Eine subtilere **Rechtfertigung** der ›Rohheiten‹, ›Hässlichkeiten‹, die das äußere Bild der Eroberung Lateinamerikas (»lo que es«) charakterisieren, ist wohl kaum je artikuliert worden.«

Wenn es sich denn um eine Rechtfertigung handelt, dann ist sie allerdings sehr subtil. Da die ›Rohheiten‹ und ›Hässlichkeiten‹ der spanischen Eroberer im Stück fehlen, könnte man eher von einer **Utopie** der Eroberung sprechen, einer kontrafaktischen Alternative zum allgemein bekannten Verlauf. Da das Handeln, das dem rechten Ziel dient, belohnt wird, bietet sich ebenso der Schluss an, Calderón kritisiere mit dem Stück ex negativo die Praxis der Kolonialisierung seiner Zeit, indem er zeigt, wie der Umgang mit den Indios geleitet vom christlichen Vorbild auch denkbar ist, wobei dem konvertierten Indio dieselben Wunder zur Hilfe kommen wie dem christlichen Spanier. Am Sinn der Bekehrung der Indios zum Christentum allerdings lässt Calderón keinen Zweifel aufkommen.

Normalerweise gibt es allegorische Figuren nur in den autos sacramentales. Hier aber tritt die Figur der Idolatrie, des Götzendiensts, als Indiofrau verkleidet auf und erklärt: »Primero que ese día / llegue a ver yo, que soy la Idolatría / desta bárbara gente, / que en los trémulos campos de Occidente, / sin saber de otro sol ni de otra aurora, / por adorar la luz la sombra adora« (406). (»Erst an jenem Tag kam ich zur Erkenntnis, dass ich der Götze dieser barbarischen Leute bin, die in den bebenden Ländereien des Okzidents nichts von einer anderen Sonne noch von einer anderen Morgenröte wissen und den Schatten statt das Licht anbeten«). Die **Zauberkünste**, mit denen die Figur der Idolatría die Indios für sich gewinnen will, erweisen sich dagegen als bloße Täuschungen und Zeichen ihrer Unterlegenheit. Im Verlauf des Stückes hat sie einerseits die Funktion, sich durch Verbreitung falscher Lehren der Evangelisierung des Landes zu widersetzen, andererseits erklärt sie dem Publikum die christlichen Ideen, die aus der Handlung abgeleitet werden können. Es kommt zur kämpferischen Auseinandersetzung. Als die Inkas ihren Palast in Brand stecken, bitten die Spanier, die sich darin versammelt haben, die Jungfrau Maria um Hilfe. Zum Erstaunen der Indios fallen tatsächlich Schneeflocken, die das Feuer löschen.

Als sich Iupangui, von all diesem stark beeindruckt, dem Christentum zuwendet, fühlt sich der Inkakönig verraten und verurteilt ihn zum Tod. Doch als Iupangui zusammen mit Priesterin Guacolda den Göttern geopfert werden sollen, rettet sie eine wunderbare Kraft. Als sie dann erschossen werden sollen, ermöglichen Unwetter und Erdbeben ihre Flucht. Im dritten Akt schließlich ist Copacabana von den Spaniern erobert worden. Die meisten, wie auch Iupangui, sind zum Christentum übergetreten. Als dieser zur öffentlichen Heiligenverehrung eine Marienstatue anfertigt, fallen die Beurteilungen kontrovers aus. Ein erstes **Wunder** sorgt nun für die Vervollkommnung der Gestalt, ein zweites ermöglicht es, dass Maria und dem Jesuskind Kronen aufgesetzt werden. Da auch von wunderbaren Heilungen berichtet wird, treten auch die Einwohner von Copacabana zum Christentum über, die es bisher noch nicht getan haben.

Nicht allein die Wunder belegen die Überlegenheit des Christentums. Das Heidentum erweist sich als ein Schritt auf dem Weg zum Christentum. Die Verehrung des Sonnengottes wird von Calderón als Vorstufe der Verehrung des christlichen Gottes gesehen. Hier liegt eine **Präfiguration** vor wie in Gegebenheiten des Alten Testaments oder der paganen Antike. Nach Antonio Pages Larraya (1964, 299) ist die starke Präsenz des magisch-mythischen Elements auf die Vorstellungswelt der Indios zurückzuführen, mit der sich Calderón eingehend befasst hat. Eine Bekehrung der Indios sei nur über die Vorstufe einer kulturell-geistigen »mestizaje«, also einer barocken Mischung christlicher und indianischer Vorstellungen, möglich gewesen. Das Werk ist daher weniger den historischen als den religiösen Stücken zuzuordnen.

5.3   *El príncipe constante* (Der standhafte Prinz)

Fernando und Enrique sind Söhne des Königs Duarte von Portugal und **im ersten Akt** mit ihren Truppen auf dem Weg nach Tanger. Als der König von Fez davon hört, schickt er den maurischen General Muley mit seinen Reitern zum Angriff. Nach dem Sieg der Portugiesen gerät Muley in Gefangenschaft. Als er erzählt, seine heimliche Geliebte Fénix, die Tochter des Königs von Fez, solle mit dem König von Marokko Tarudante verheiratet werden, was er in der Gefangenschaft nicht verhindern könne, schenkt ihm Fernando großzügig die Freiheit. In einem weiteren Kampf, diesmal mit dem

König von Marokko, unterliegen die Portugiesen, und Fernando gerät in Gefangenschaft. Der König von Fez bietet Enrique an, Fernando freizulassen, wenn er dafür im Austausch die christliche Stadt Ceuta bekommt.

Muleys schöne und melancholische Geliebte Fénix träumt, ihre Schönheit werde einmal Preis für einen Toten sein. Fernando erklärt ihr, er selbst werde dieser Tote sein. Bevor der portugiesische König Duarte aus Kummer stirbt, verfügt er in seinem Testament, sein Nachfolger Alfonso V. solle Ceuta gegen Fernandos Freilassung abgeben. Fernando lehnt das ab und betont, er sei ein standhafter Prinz, der den katholischen Glauben verteidigt. Den König von Fez ärgert, dass er Ceuta nicht erhält. Er lässt seinen Gefangenen Fernando, dem bisher Ehrerbietung entgegengebracht wurde, nun als Sklaven behandeln. Muley, den Fernando seinerzeit freigelassen hatte, möchte sich revanchieren und Fernando befreien. Fernando aber lehnt das ab, da er Muley davor bewahren möchte, untreu gegenüber seinem König zu werden.

Auch durch weitere Angebote von Lösegeld ist der König von Fez nicht zur Freilassung von Fernando zu bewegen. Die Mauren bewundern die Standhaftigkeit, mit der dieser alle Qualen und Demütigungen erträgt. Der portugiesische König Alfonso hat eine neue Flotte gegen den König von Fez in den Krieg geschickt. Sie kommt allerdings zu spät, da Fernando bereits gestorben ist. Seine wundersame Erscheinung als Geist mit einer Fackel führt die kämpfenden portugiesischen Truppen zum Sieg. Tarudante, Fénix und Muley geraten in die Gefangenschaft der Portugiesen. Im Austausch gegen den toten Fernando werden sie freigelassen, womit Fénix' Traum in Erfüllung geht. Alfonso bittet den König von Fez, Fénix mit Muley zu verheiraten. Fernando, der »príncipe en la fe constante« (2785), soll in der Heimat ehrenvoll bestattet werden.

Das Stück wurde 1629 erstmalig in Madrid aufgeführt. Es geht aus von einem **historisch** belegten Ereignis, dem 1437 begonnenen Feldzug der Portugiesen gegen die Mauren, der Gefangenschaft des portugiesischen Fürsten Fernando und seinem Tod in Fez im Jahr 1443. Der Stoff wurde verarbeitet in Fray Jerónimo Románs 1595 erschienener *Historia y vida del religioso infante don Fernando*. Lope de Vega wird ein Theaterstück zugeschrieben mit dem Titel *La fortuna adversa del infante don Fernando de Portugal,* dessen Handlung Calderón in reduzierter und konzentrierter Form übernommen hat, wie Albert E. Sloman (1950) zeigt. Als zeitlich nahe Quelle Calderóns ist M. Faría y Sousas 1628 veröffentlichter *Epítome de las his-*

torias portuguesas zu nennen. Ein literarisches Vorbild aus der Antike
kann der von Cicero, Horaz und Augustinus überlieferte Fall des römischen Konsuls **Regulus** sein, der in karthagische Gefangenschaft
geriet, es ablehnte, im Tausch gegen andere römische Gefangene
nach Hause zurückzukehren, und im Jahr 250 vor Chr. zu Tode ge-
foltert wurde.

Für die Vorstellung des dem Heer vorauseilenden Helden Fernando sieht Küpper (1990, 375) den iberischen Nationalhelden Santiago als Vorbild, der 844 zunächst dem König und dann dem gesamten Heer erschien und in der Schlacht selbst Zehntausende von
Mauren getötet haben soll. Vor diesem Hintergrund dient das Stück
der Bestätigung und Verherrlichung nicht nur der Reconquista, sondern allgemein der Missionierung und **Verbreitung des Christentums:** »Das christliche Argument rekurriert vor allem auf den Satz,
dass es undenkbar sei, eine bereits christianisierte Stadt wiederum
den Ungläubigen zu überlassen und sich damit zum Instrument der
Verkehrung des von Gott gewollten heilsgeschichtlichen Prozesses
zu machen« (Küpper 1990, 360). Eine zusätzliche Analogie sieht
Küpper (1990, 347) kunstvoll angedeutet: »So wie Jesus Christus
trotz aller Todesfurcht es vollbrachte, der Versuchung zu widerstehen, sein Leben um den Preis des Verlusts des Neuen Jerusalems,
der eschatologischen Perspektive, zu retten, so wird es Fernando ab-
lehnen, sich für das irdische Ceuta auslösen zu lassen, das auf diese
Weise zum Symbol für die von Gott gewiesene Dimension irdischer
Geschichte wird, der Geschichte als Prozess des Ausgreifens der ec-
clesia militans.«

Die außerordentliche Beachtung, die das Stück im 19. Jahrhundert in **Deutschland** erfuhr, ist nach Alberto Porqueras Mayo
(1994) der romantischen Suche nach großen Gestalten christlicher
Kunst zu verdanken. Goethe hatte die deutsche Übersetzung A. W.
Schlegels gelesen und entschied, es in Weimar auf den Spielplan zu
setzen, wo es 1811 mit großem Erfolg aufgeführt wurde. Abwei-
chend von Calderóns Vorlage wurde eine Einteilung in fünf Akte
vorgenommen und die Handlung der graciosos gestrichen. Als der
Schauspieler, der in Weimar die Rolle des Fernando gespielt hatte,
Intendant des Hoftheaters in Berlin wurde, kam das Stück dort
1816 erneut mit Erfolg auf die Bühne. Nicht weniger erfolgreich
war die Inszenierung durch Immermann zwischen 1833 und 1838
in Düsseldorf. In Polen traf die Übersetzung des Stückes durch Juli-
usz Slowacki nach dem gescheiterten Aufstand von 1830/31 den
stark religiös geprägten Zeitgeist und wurde als typisch christliches
Stück mit großem Erfolg aufgenommen.

Von **England** gingen in der ersten Hälfte des 20. Jahrhunderts
wesentliche Impulse zur Deutung des Stückes aus. E.M. Wilson
(1971) hebt den Kontrast zwischen dem konstanten Fernando und
der wechselhaften Fénix hervor und sieht im Stück das Heranreifen
eines guten Menschen zu einem Heiligen, wie in *La vida es sueño*
die Entwicklung eines Wilden zu einem zivilisierten Menschen.
Geht man davon aus, dass Fernando die Tugenden Glaube, Stärke
und Konstanz verkörpert, während Enrique für den menschlichen
Verstand und Fénix für die physische Schönheit steht, dann kann
das ganze Stück auch als auto sacramental gelesen werden, in dem
die Figuren in allegorischer Bedeutungsfunktion zueinander stehen.
W.M. Whitby (1954) sieht die Haupthandlung im Dreieck situiert,
das von Ceuta ausgeht, um dessen Besitz sich Fernando und der König von Fez bemühen. In der Nebenhandlung ist es Fénix, um deren
Gunst Muley und Tarudante werben. Eine Parallele lässt sich in
Muleys Liebesleid und Fernandos Martyrium sehen. Wenn schließlich der Leichnam Fernandos gegen die schöne Fénix ausgetauscht
wird, dann erscheint die körperliche Schönheit ebenso wertvoll bzw.
wertlos wie ein lebloser Körper, was den Triumph des Märtyrertodes
des Fernando nur unterstreicht. Eine besondere Funktion als »perso-
naje-puente« kommt nach Alberto Porqueras-Mayo (1982) Muley
zu. Er verbindet das Dreieck Fénix-Tarudante-Muley mit der la-
tenten Beziehung Fénix-Fernando und verkündet wissenswerte
Ereignisse außerhalb der Bühne in langen Reden. Die von ihm ge-
äußerten Sentenzen nehmen die großen Themen des Werkes vorweg.

Auch der Germanist Wolfgang Kayser (1957) hat sich mit *El
príncipe constante* beschäftigt. Bei der Betrachtung der **Entwicklung
Fernandos** stellt er vier Phasen fest: Zuerst zeigt er sich als vollkommener Ritter, z.B. wenn er Muley gegenüber Verständnis in Liebesan-
gelegenheiten zeigt. Auch in der zweiten Phase, der Gefangenschaft,
kann er zunächst an seinen ritterlichen Formen festhalten. Als er dann
seinen Austausch gegen Ceuta ablehnt, beginnt die dritte Phase, in
der er einerseits zum Sklaven wird, andererseits sich aber eine übernatürliche Dimension entwickelt, die in der vierten und letzten Phase
ganz ausgeprägt ist, wenn er nämlich als Geist, von seinen körperlichen Leiden erlöst, mit einer Fackel die portugiesischen Heere anführt. Der duldende Märtyrer ist auf dem Weg Fernandos nur eine
von vier Stationen, was es nach Kayser verbietet, das Stück als christliches Märtyrerdrama zu bezeichnen. Der »ordo successivorum« stellt
Kayser die »ordo simultaneorum« gegenüber, bei der Fernando das
Ritterideal und Fénix das Ideal weiblicher Schönheit verkörpert.

Während sich Fernando vergeistige, entwickle sich Fénix nicht weiter. Als Personifizierung höchster irdischer Schönheit bleibt sie dem konstanten Risiko des Verlustes dieser Schönheit ausgesetzt. Davon geht auch Leo Spitzer (1959) aus, wenn er Fénix betrachtet. Er sieht Fernando im zweiten Akt im Gespräch mit Fénix eine Liebeserklärung und zugleich Liebesverzichtserklärung eines dem Tod Entgegensehenden abgeben. Das Geschehen im Garten habe den Charakter einer höfischen Liebesszene. Die beiden vorgetragenen Sonette der Blumen und der Sterne verdeutlichen den unüberbrückbaren Gegensatz zwischen beiden Figuren.

Mehr als eine bloß wiederholende Variation des **Sonetts von Fernando** sieht Elias L. Rivers (1969) im **Sonett der Prinzessin.** Während der Christ Fernando sein Schicksal mit dem einer Blume vergleicht, die am Morgen geboren wird, einen Tag lang lebt und am Abend stirbt, vergleicht Fénix das Leben mit dem eines Sterns, der eine Nacht lang leuchtet und bei Sonnenaufgang stirbt. Nun ist aber Fernando als Christ von der Unsterblichkeit der Seele überzeugt, während die ungläubige Fénix melancholisch ist, da sie um die Vergänglichkeit ihrer Schönheit weiß. Wenn man nun aber bedenkt, dass zu Calderóns Zeit allgemein bekannt war, dass die Sterne nicht mit Tagesanbruch »sterben«, dann symbolisieren sie die Unvergänglichkeit und stellen einen Gegensatz zu den vergänglichen Blumen dar. Fénix' Sonett stellt also ein antithetisches Bild zu dem von Fernando dar, auch wenn sie selbst als Ungläubige die wahre Bedeutung der Sterne verkennt. Fernando seinerseits dagegen versteht nicht, wie man Blumen mit Sternen vergleichen kann. Bleibt man wie Terence O'Reilly (1980) dabei, dass beide Bilder den Tod zum Gegenstand haben, dann nehmen Fernandos Blumen seinen Tod vorweg, symbolisieren aber auch den Glauben, der ihn im Tod zum Märtyrer macht. Fénix dagegen kann die Blumen nur als »memento mori« begreifen und weist sie daher voller Schrecken zurück. Man könnte auch an den Gegensatz von Leib und Seele denken. Da nach antiker Auffassung der Leib als Kerker der Seele verstanden werden kann, verlässt Fernando nicht nur den Ort seiner maurischen Gefangenschaft, sondern auch den der Gefangenschaft seiner Seele, die ihre Freiheit erlangt. Hans Felten und Kirsten Schildknecht (1998, 116) kommen zum Schluss, dass beide Gedichte nicht den Gegensatz verschiedener religiöser Auffassungen ausdrükken, sondern zwei unterschiedliche christliche Sichtweisen der conditio humana: »la primera ve al ser humano destinado a la muerte y al sufrimiento, la segunda lo ve en su determinación espiritual hacia la vida eterna.«

Häufig ist die Frage gestellt worden, ob das Stück als **Tragödie** und Fernando als tragische Figur gelten kann. Scheitert der an seiner Tugend festhaltende Fernando oder ist sein Märtyrertod ein Sieg des Geistigen über das Materielle? Je widriger das Schicksal, desto größer erscheint das Heldentum. Für Charlene E. Suscavage (1991) liegt die Tragik Fernandos darin, dass er in seiner Gefangenschaft langsam lernen muss, sein Schicksal zu akzeptieren und auf jegliche irdische Freuden zu verzichten. Wenn der Zuschauer am Ende den Sarg Fernandos sieht, der langsam von den Stadtmauern zu Boden gelassen wird, und mit der Einsicht entlassen wird, alle menschlichen Bemühungen zur Rettung Fernandos waren vergeblich, dann sei dies ein tragischer Schluss, der beim Publikum Furcht und Mitleid hervorrufe. Für eine spezifische Form der Tragödie plädiert auch James A. Parr (1986), da die wichtigsten Kriterien erfüllt seien: Der Protagonist gehört zu einer hohen sozialen Schicht; sein Zustand des Leids kontrastiert mit vormaligem Ansehen und Glück; sein Untergang geschieht nicht zufällig, sondern ist Resultat von Handlungen, für die er zumindest zum Teil selbst verantwortlich ist; die Handlung endet mit dem unausweichlichen Tod des Protagonisten. Diese an Aristoteles angelehnten Kriterien treffen auf Fernando zu, der insofern für sein Schicksal mitverantwortlich ist, als er seine Befreiung ebenso wie seine Flucht ablehnt. Indem er sich als konstanter Freund, Fürst und Christ erweist, wird er zum Opfer einer unausweichlichen Ungerechtigkeit. Parr fügt noch erweiternde Kriterien hinzu, die ebenso zutreffen. Danach liege eine Tragödie vor, wenn gegensätzliche Wertvorstellungen ins Spiel gebracht werden, der Protagonist übermächtigen Umständen ausgeliefert ist und das leidvolle Ende aus dem konsequenten Festhalten an den Wertvorstellungen resultiert. Aristoteles hatte für die Tragödie postuliert, dass der tragische Held nicht vollkommen sein darf, sondern dem Publikum ähnlich zu sein hat. Durch eine Verfehlung (hamaritia) habe er Schuld an der tragischen Wendung wie Ödipus, der seinen Vater ermordet und seine Mutter heiratet, ohne sich dessen bewusst zu sein. Fernando aber bleibt unverändert ein vollkommener Held, so dass die aristotelischen Kriterien nicht völlig greifen. Er steigert seine Vollkommenheit noch, indem er auf seine Freiheit zugunsten Ceutas verzichtet und zum Märtyrer wird.

Im Kontext der Gegenreformation und einer von den Jesuiten geprägten Erziehung entstanden in Spanien zahlreiche Heiligen- und Märtyrerdramen mit erbaulichen und didaktischen Zwecken. Diese wurden zunächst in lateinischer Sprache, dann wegen wachsender Popularität in der Volkssprache verfasst. In diese, von der ari-

stotelischen Poetik weit entfernte Strömung habe man Calderóns
Stück einzuordnen, meint Audrey Lumsden-Kouvel (1983) und
greift damit auf Alexander A. Parker (1973) zurück. Parker geht davon aus, dass das Christentum von Optimismus geprägt ist, so dass
ein christlicher Held und **Märtyrer kein Protagonist einer Tragödie**
sein kann. Christlich sei das Stück insbesondere, insofern es sich mit
menschlichem Scheitern und menschlichen Niederlagen beschäftige.
Denn die militärischen und politischen Bestrebungen für die Mauren wie für die Christen misslingen: Ceuta bleibt christlich, Fernando wird nicht lebend befreit. Fernando ruft daher mit seinem
Triumph als Märtyrer Bewunderung hervor und nicht Furcht und
Mitleid.

Das Stück ist nach P.R.K. Halkhoree/J.E. Varey (1979) als umge-
kehrtes Heldendrama zu kennzeichnen, bei dem der spirituelle Erfolg als christlicher Held auf seinen persönlichen Fehlschlägen beruht. Zu Widersprüchen und Paradoxa führt auch der ständige
Gebrauch von Gegensatzpaaren wie Licht und Dunkelheit, Leben
und Tod, Schein und Wirklichkeit, engaño und desengaño, Freiheit
und Gefangenschaft. Häufig sind Anspielungen auf das Gefängnis,
wobei die Gefangenschaft drei Formen haben kann: Sie kann physisch sein, auf der Befolgung von Gesetzen und sozialen Regeln be-
ruhen und durch das Befolgen christlicher Gebote bedingt sein.
Entsprechend kann auch die Freiheit physisch sein, sie kann wie bei
Fénix in Annehmlichkeiten bestehen, die aber vor existentiellen
Ängsten nicht schützen, und sie kann wie im Märtyrertod Fernandos sich aus der Unterwerfung unter den göttlichen Willen ergeben.

Eine zentrale Botschaft des Stückes ist die Überlegenheit des
Christentums gegenüber dem Islam. Sehr deutlich wird der propa-
gandistische Charakter, wenn man die Geduld (patientia) und Be-
ständigkeit (constantia) Fernandos und die Härte (rigor) des Königs
von Fez vergleicht. Erstere beruht auf der christlichen Transzendie-
rung des Irdischen, letztere auf dem Materialismus der Moslems.
Wie die Mauren orientieren sich auch die Christen an diesseitigen
Werten wie Macht, Ruhm oder Liebe, die Christen aber fügen noch
eine **Transzendenz** hinzu. Letztere fehlt nach Elena Gascón Vera
(1983) Fénix, die ihre Schönheit nur materiell definiert und darüber
melancholisch wird; sie fehlt auch dem König von Fez, der ohne
Frömmigkeit und Großzügigkeit von Calderón als unvollkommener
Herrscher hingestellt und kritisiert wird. Im Gegensatz dazu steht
Fernando, den Albert E. Sloman (1950) durch die Tugend der Stärke (fortitudo) gekennzeichnet sieht. Er unterscheidet mit Thomas
von Aquin eine aktive Seite dieser Tugend, die im Tun des Guten

besteht, und eine passive, die sich durch das Aushalten des Bösen
auszeichnet (Thomas von Aquin: Summa Theol., II, ii, QQ., cxxiii-
cxxxix; zit. nach Albert E. Sloman, 1950, 73). Vor der Gefangenschaft sei Fernando durch die aktive, dann durch die passive Seite
bestimmt.

Gegenstück zur fortitudo ist einerseits die Angst, andererseits die
Dreistigkeit. Während zur aktiven Seite Großmut (magnanimitas,
magnificentia) gehören, ist die passive durch Geduld (patientia),
Ausdauer (perseverantia) und Standhaftigkeit (constantia) charakterisiert. Lässt man das scholastische Tugendgebäude beiseite,
könnte man sich zu einer sehr banalen Frage veranlasst sehen:
»What, indeed does Fernando do in the second half of the play but
wait to die?« Robert Sloane (1970, 167) zeigt, dass Fernando, der
tatsächlich zunächst als Gefangener die Rolle des Betrachters ein-
nimmt, nach seiner Weigerung, sich gegen Ceuta austauschen zu
lassen, in eine neue Rolle findet: Er lernt, die Vergänglichkeit des
Lebens zu akzeptieren und im Tod die Erlösung und Vollendung eines lebenden Sterblichen zu sehen. Dabei wird er zum Lehrer christlicher Glaubensvorstellungen und zur Exemplifikation seiner eigenen Lehren.

5.4 *El mágico prodigioso* (*Der wunderbare Zauberer*)

Kern dieses Stückes ist die **Legende** der beiden Heiligen Justina, die
sich Christus verschrieben und daher alle Verehrer abgewiesen hatte,
und Cyprian von Antiochien, der versuchte, Justina mit Hilfe teufli-
scher Magie für sich zu gewinnen. Geschützt durch das Zeichen des
Kreuzes widerstand Justina allen Versuchungen. Durch die Macht
des Kreuzes beeindruckt, ließ sich Cyprian taufen und wurde Priester. Infolge der Diokletianischen Christenverfolgung fanden beide
als Märtyrer den Tod. Der Stoff lag zu Calderóns Zeit in unterschiedlichen Fassungen vor. Er konnte ihn z.B. im *Flos Sanctorum*
(1594) des Alfonso de Villegas nachlesen.

Der Rückgriff dagegen auf den **Teufel** ist in der Geschichte der
Literatur ein beliebtes Hilfsmittel, wenn es darum geht, unüber-
windlich erscheinende Hindernisse aus dem Weg zu räumen. Goe-
thes *Faust* ist ein bekanntes Beispiel. In Spanien hatte schon Gonza-
lo de Berceo in einem der *Miraclos de Nuestra Señora* einen
Geistlichen vorgeführt, der sich unterstützt durch einen jüdischen
Zauberer mit teuflischen Kräften verband. Im Barockzeitalter gab es

mehrere Neugestaltungen des Stoffes, dessen Quelle in England Roger Bacon und in Portugal Frey Gil de Santarem waren. Mira de Amescua schrieb *El esclavo del demonio* (1612), wo auch ein Teufelspakt mit Blut geschlossen wird, um eine Frau zu verführen.

Die barocken Vorstellungen von Wechsel und Veränderung führt Calderón dadurch ein, dass er Cipriano im **ersten Akt** als Philosoph auftreten lässt, der sich auf der Suche nach der Wahrheit befindet. Cipriano meditiert über einen Satz von Plinius, den Calderón modifiziert zitiert: »Dios es una bondad suma, /una esencia, una sustancia, /todo vista, todo manos« (169-171). (»Gott ist höchste Güte, eine Essenz, eine Substanz, ganz Sehen, ganz Hände«). Cipriano stellt fest, dass er diese Aussage nicht mit seinen bisherigen heidnischen Vorstellungen in Einklang bringen kann. Den Teufel, der als vornehmer Herr auftritt, um ihn von der Wahrheit abzubringen, kann er rational widerlegen. Daher will der Teufel ihn durch sinnliche Schönheit verführen. Die Gelegenheit bietet sich bald. Als Cipriano nämlich seine Freunde Lelio und Floro trifft, die sich duellieren wollen, da sie beide in Justina verliebt sind, greift er schlichtend ein und bietet sich als Vermittler bei Justinas Vater Lysander an. Dieser hatte Justina darüber aufgeklärt, dass sie nicht seine eigene, sondern die ihm anvertraute Tochter einer christlichen Märtyrerin ist. Als Cipriano nun als Vermittler vor sie tritt, verliebt er sich selbst in sie. Doch auch er wird abgewiesen. Der Teufel gaukelt jedem der beiden wartenden Freunde vor, dass der jeweils andere nachts aus Justinas Fenster steigt. Beide zweifeln nunmehr an der Tugend Justinas und verlieren das Interesse an ihr. Daraufhin macht sich Cipriano neue Hoffnungen und konzentriert sich so sehr auf seine Liebe, dass er seine Studien aufgibt. Unterdessen haben sich seine beiden Diener Clarín und Moscon in Lysanders Dienerin Libia verliebt, die das Problem dadurch löst, dass sie künftig im Wechsel einen Tag dem einen und den nächsten Tag dem anderen zur Verfügung stehen will.

Lelio und Floro dagegen werden erneut **im zweiten Akt** durch Vortäuschungen des Teufels zur Eifersucht und zum Duell gegeneinander getrieben. Als Cipriano wieder von Justina abgewiesen wird, verzweifelt er so sehr, dass er bereit wäre, seine Seele für diese Frau hinzugeben. Der Teufel, der dies hört, geht darauf ein, tritt als schiffbrüchiger Zauberer auf und lässt sich von Cipriano als Gast aufnehmen. Schließlich gelingt es dem Teufel, Cipriano durch Zaubervorführungen so zu beeindrucken, dass dieser mit ihm einen Pakt eingeht. Cipriano fügt sich mit seinem Dolch eine Wunde am Arm zu, so dass er mit seinem Blut auf einem Tuch schreibt, dass er dem seine Seele gibt, der ihm eine Kunst lehrt, die es ihm ermöglicht, Justina zu gewinnen. Dem Teufel wird die Seele also nicht bedingungslos, sondern nur unter der Voraussetzung, dass der Erfolg eintritt, verkauft. Ein Jahr lang will der Teufel ihm die Kunst der Magie beibringen.

Mit Beginn des **dritten Aktes** ist das Jahr abgelaufen. Der Diener Clarín, der seinen Herrn begleitet hat, versucht seinerseits, einen Pakt mit dem Teufel einzugehen, um durch Magie überprüfen zu können, ob ihm die Magd Libia tatsächlich jeden zweiten Tag treu ist. Der Teufel jedoch schenkt Clarín keine Beachtung. Unterdessen denkt Justina an Cipriano, der, seit sie ihn abgewiesen hat, verschwunden ist. Sie würde gern wissen, wo er sich aufhält. Schon ist der Teufel zur Stelle, der ihr anbietet, sie zu Cipriano zu führen. Sie aber bemerkt, dass sie in Versuchung geführt wird, ruft Gott an und vertreibt so den Teufel, der nun Cipriano mit einer Gestalt täuschen will, die sich jedoch nicht als Justina, sondern als Gerippe entpuppt. Der Teufel gesteht sein Scheitern ein und muss zugeben, dass er gegenüber Justina, die vom Gott der Christen beschützt werde, ohnmächtig ist. Cipriano sieht sich vom Teufel betrogen und will den Vertrag mit ihm auflösen. Als dieser sich weigert und ihm eröffnet, dass er für immer sein Sklave ist, kommt Cipriano auf die Idee, sich dem Gott anzuvertrauen, der auch Justina beschützt hat. Als er nun den Gott der Christen anruft, in dem er nunmehr den eingangs zitierten Satz des Plinius verkörpert sieht, muss der Teufel ihn freigeben und verschwinden. Hier erhält das Wort »Grande Dios de los cristianos« eine magische Kraft, die den Teufel besiegt. Cipriano kehrt in die Stadt zurück und erzählt allen, dass er, der sich den Wissenschaften und der Magie gewidmet hat, nunmehr freimütig die Größe des christlichen Gottes bekenne, der ihn und Justina gerettet habe. Dass er sich mit Blut dem Teufel und der Hölle verschrieben habe, will er mit Blut durch ein qualvolles Märtyrertum büßen. Nun werden Justina und Lysander als Gefangene herbeigeführt, die den Christenverfolgungen zum Opfer gefallen sind. Justina, die über die Umstände des Wiedersehens erstaunt ist, erinnert an ihr einstiges Versprechen, Cipriano angesichts des Todes zu lieben. Als nun beide als Märtyrer vereint sterben, kommen Sturm und Erdbeben auf und der Teufel verkündet, dass er selbst versucht habe, Justinas guten Ruf zu ruinieren, dass Cipriano mit seinem Märtyrertod seine Seele zurückgewonnen habe und nunmehr mit Justina bei Gott im Himmel lebe.

Dramaturgisch kommt der Figur des Teufels besondere Bedeutung zu: Er schafft als Zauberer Situationen, in denen er selbst handelt und andere Figuren zur Teilnahme anlockt. Er ist direkt oder indirekt an den Wandlungen des Cipriano vom Philosophen über den Verliebten hin zum Heiligen beteiligt. Insgesamt gibt es zwei Gruppen von Figuren: jene, die in den Inszenierungen des Teufels mitwirken, und solche, die diese zurückweisen. Nach A. A. Parker (1958) hat der Teufel die Aufgabe, Cipriano, der in seinen Studien weit fortgeschritten ist, von der Erkenntnis des christlichen Gottes abzuhalten. Da nach Thomas von Aquin der Teufel nämlich keine Möglichkeit hat, direkt auf den Menschen einzuwirken, muss er ihn durch Ablenkung in Unwissenheit führen. Ausgehend von Parker hat Angel L. Cliveti (1977) die Vielfalt der unterschiedlichen Erscheinungsformen des Teufels in Calieróns autos und comedias vorgeführt.

Es gab unterschiedliche Versuche, das Werk zu deuten. Geht man von den ersten Szenen aus, in denen Cipriano von der Existenz eines allmächtigen Gottes rational überzeugt zu sein scheint, dann dominiert in seiner weiteren Entwicklung seine unkontrollierte Leidenschaft für Justina. So stehen Vernunft und Leidenschaft, Wissen und Genusssucht, gegenüber. Indem sich Cipriano von der Vernunft entfernt, begibt er sich auf einen Irrweg und verliert die Freiheit des Willens mit der Möglichkeit, seinen Willen vernünftig und von den Leidenschaften ungestört zu steuern. Es ist also der Kampf zwischen Vernunft und menschlichen Schwächen, der dargestellt wird. Die Vernunft ist es, der im dramatischen Konflikt zum Sieg verholfen wird. Allegorisch wird ihre Vorrangstellung im Stück belegt. Calderón kritisiert also nicht etwa die Beschränktheit der Vernunft, sondern erklärt die Verirrung Ciprianos als Resultat des Aufgebens seiner Studien und der Abkehr von der Vernunft zugunsten sinnlicher Wünsche und der der philosophischen Vernunft entgegengesetzten Magie. Vernunft und Religion zeigen sich also als Verbündete im Kampf gegen die teuflischen Kräfte der Magie, wie Ignacio Arellano (1996, 34f) hervorhebt.

Man kann das Stück auch als Veranschaulichung des Fortschritts von bloß rationaler und unvollständiger Erkenntnis Gottes hin zur empirischen Erfahrung der Allmacht Gottes deuten. Vor diesem Hintergrund würde der Teufel als Instrument Gottes agieren und durch vergebliche Versuchungen ebenso wie durch das Eingeständnis der Beschränktheit seiner Macht die Allmacht Gottes erst erfahrbar machen. Erst durch diese individuelle Gotteserfahrung wird Cipriano bekehrt. Sie ist also der bloß rationalen Suche überlegen. Damit werden die Unzulänglichkeiten einer bloß rational begründeten »natürlichen Religion« veranschaulicht, die Thomas von Aquin in *Contra gentiles* dargestellt hat. Das Stück beschreibt in dieser Perspektive den Weg von rationaler philosophischer Suche zur angemessenen **persönlichen Glaubenserfahrung**, vom gelesenen zum gelebten Wissen. Die Entwicklung Ciprianos erfolgt insofern paradox, als es gerade seine Verfehlungen sind, aus denen sich das Gute ergibt. Ohne den Pakt mit dem Teufel hätte seine Seele keine Rettung gefunden. Erst mit dem Pakt ist der zuvor in intellektueller Unverbindlichkeit lebende Cipriano in die christliche Dialektik von Sündenfall und Gnade getreten. Da Gott als allmächtig verstanden wird, kann auch der Teufel nur als sein Werkzeug zur Bekehrung Ciprianos handeln. Obwohl sich Gottes Macht offenbart, ist es doch schließlich Ciprianos freier und von Leidenschaften ungetrübter Wille, der die Entscheidung zur Konversion fällt. So kann man Gott selbst als den Titelhelden, den »mágico prodigioso« verstehen, der auf wundersamen Wegen die Menschen zu sich führt.

Formal ist das Stück also durch einen **syllogistischen Schematismus** strukturiert, wie er als Denkform der damaligen spanischen Universitäten beliebt war: 1. Gott ist allmächtig. 2. Der Teufel ist nicht allmächtig. 3. Also ist der Teufel nicht Gott. Oder: 1. Gott hat die Charakteristika von Plinius' Definition. 2. Nur der christliche Gott hat diese Charakteristika. 3. Also ist nur der christliche Gott ein Gott. Dass Calderón tatsächlich eine Vorliebe für das scholastische Repertoire der Argumentation hat, zeigt Everett W. Hesse (1953) mit zahlreichen Beispielen von Syllogismen und Analogieschlüssen aus unterschiedlichen Stücken.

Justina kommt insofern Vorbildfunktion zu, als ihr Sieg über die Verführungskünste der Magie durch Gottes Schutz ermöglicht wird, der sich damit auch vor Cipriano als die wahre Macht erweist. Sie belegt die auch von Thomas von Aquin vertretene These, dass teuflische Kräfte machtlos sind angesichts praktizierter Tugend, die auf der Entscheidung des freien Willens basiert. Ihre **freie Willensentscheidung** hat sie davor bewahrt, den Verführungsversuchen des Teufels (2314-2334) nachzugeben. Als sie insgeheim gegenüber Cipriano Mitleid fühlte, ermunterte sie der Teufel ihre Gedanken in die Tat umzusetzen, da sie schon mit sündigen Gedanken gesündigt habe. Sie widerspricht ihm: Sünde sei nicht durch Gedanken, sondern erst durch die freie Entscheidung des Willens und der daraus resultierenden Tat möglich. Sie hat also keinen Grund, die Hoffnung auf Gottes Hilfe und Erbarmen aufzugeben. Eben dazu aber, d.h. zur »desperatio«, zur Verzweiflung, lädt sie der Teufel ein. Die »desperatio« war seit Thomas von Aquin eine Sünde, die mit der Aufgabe der Hoffnung auf das Seelenheil verbunden war. Aus ihr ergeben sich weitere menschliche Verfehlungen, wofür z.B. Julia in *La devoción de la Cruz* Beispiel ist. Justina, die sich mit ihrem freien Willen für Gott entscheidet, ist ein Gegenbeispiel. Da der freie Wille von Gott gegeben ist, tendiert er ebenso wie die menschliche Seele zum Guten. So kann auch das Schlechte bzw. der Teufel zum guten Ende führen.

Die unlösbare Problematik rein weltlicher Liebe, die anders als bei Cipriano nicht religiös geläutert ist, führen Floro und Lelio vor, während auf der Ebene der Diener als parodistische Kontrapunkte Instinkt und körperliche Liebe dominieren. Floro und Lelio dienen zudem dem Teufel als Verführer Justinas. Charakteristisch für sie ist das Thema der »**ignorancia**«: Bei ihren Duellen um Justina denken sie nur an ihre eigene Ehre und lassen dabei die Ehre der Justina außer Acht. Außerdem vergessen sie ihre Pflicht als Edelleute, die ihr Leben nicht leichtsinnig aufs Spiel zu setzen haben und dem Dienst des Staates nachkommen sollen. Dass Calderón sie als erhellende Kontrastfiguren eingeführt hat, wird schon dadurch deutlich, dass sie in seiner Vorlage, dem *Flos sanctorum* des Alonso de Villegas, nicht vorkommen. Diese Figuren sind repräsentativ für die heidnische Stadt Antiochia, in deren Kontext Cipriano anfangs ein führender Intellektueller und Vertreter der antiken Wissenschaft war. Verglichen mit den beiden Freunden und den Dienern hat Cipriano bereits als Weiser und Sucher nach Weisheit den höchsten Stand erreicht, den er als Nicht-Christ erreichen kann. Um sich jedoch zum Heiligen entwickeln zu können, fehlt noch die Bekehrung. Als Cipriano schließlich den geordneten Kosmos der Stadt Antiochia verlasst und sich ihr als Christ entgegenstellt, gehört er im augustinischen Sinn der *Civitas Dei* an und muss mit seiner weltlichen Umgebung in Konflikt geraten.

Vergleichbar ist die Bekehrung des Augustinus, wie er sie in seinen »Bekenntnissen« festgehalten hat, mit der Bekehrung des Cipriano, wie sie Calderón in seinem Stück darstellt. Die pädagogische Funktion, die Justina für Cipriano hat, übernahm im Fall der Bekehrung des Augustinus dessen Mutter Monika. Augustinus war vor seiner Konversion neun Jahre lang Anhänger der Heilslehre des Manichäismus, der die Welt dualistisch in ein absolut böses und ein absolut gutes Prinzip aufspaltete, in einem Akt vernünftiger Erkenntnis das Bewusstwerden des eigenen Ich anstrebte und die Erlösung durch Trennung der Lichtelemente des Menschen von der Materie seines Leibes erreichen wollte. Gegen diesen **Dualismus** führt Calderón das eingangs zitierte Pliniuszitat an: »Dios es una bondad suma, /Una esencia, una sustancia, /Todo vista, todo ma-

nos.« (»Gott ist höchste Güte, eine Essenz, eine Substanz, ganz Sehen, ganz Hände«). Diese Vorstellung von der Einheit erinnert an
die höchste Idee in Platons Ideenlehre. Sie schließt die Vielfalt der
antiken Götter ebenso aus wie die Annahme, dass das Böse als
selbständige und unabhängige Macht existiert. Wenn das Böse als
Fehlen des Guten so wie Dunkelheit als Fehlen von Licht zu verstehen ist, erscheint die Macht des Teufels als falsche Vorstellung. Dies
aber kann der noch nicht bekehrte Cipriano, der den Teufel für einen mächtigen Magier hält, noch nicht wissen. So polemisiert Calderón nicht nur gegen den beim Volk verbreiteten Glauben an die
Verstrickung in Teufelspakte, sondern exemplifiziert auch die
»bondad suma«, die sich als Gnade der Bekehrung Ciprianos äußert.

In zwei Fassungen ist das Stück erhalten: einer gedruckten, die
1663 erschienen ist, und einem Manuskript der Erstfassung von
1637. Die Unterschiede zwischen beiden Texten ergeben sich aus
dem Aufführungskontext. Handelte es sich zunächst um eine klein-
städtische Fronleichnamsaufführung, erfolgte später eine großstädti-
sche Corral-Bühnenaufführung, in der mit Rücksicht auf den **Publikumsgeschmack** der metaphysische Kern durch die Erweiterung der
Liebesthematik als »comedia de santos« unterhaltsamer gestaltet
wurde. Obwohl das Stück kein auto sacramental ist, hat es, wie in
dieser Gattung üblich, einen dogmatischen Kern, der durch die
Handlung veranschaulicht wird. Die Unterhaltsamkeit wird durch
Zauberkünste, Verwandlungen, Verkleidungen und Verwechslungen
so gesteigert, dass man auch den Eindruck gewinnen kann, es mit
einer Variante »a lo divino« einer Magierkomödie zu tun zu haben
(Aubrun 1966).

5.5   *La devoción de la Cruz* (*Die Andacht zum Kreuz*)

Das Stück liegt in zwei Fassungen vor: Die eine ist unter dem Titel
La cruz en la sepultura (*Das Kreuz im Grab*) 1634 in *Parte 28 de comedias de varios autores* erschienen und wurde fälschlicherweise Lope
de Vega zugeschrieben, die andere erschien 1636 unter dem Titel *La
devoción de la Cruz* in der *Primera parte de comedias de Calderón*. A.
Valbuena Briones (1965) hat eine Ausgabe von *La cruz en la sepultura* aus der ersten Hälfte des 17. Jahrhunderts gefunden, die Calderón zuzuschreiben ist, womit jeder Zweifel über die Autorschaft
beseitigt sein dürfte. In der Zeit der **Romantik** erfreute sich der
Stoff des Stückes großer Beliebtheit, da das sich liebende Paar im

Räubermilieu außerhalb der gesellschaftlichen Ordnung lebt und gegen die geltenden gesellschaftlichen Normen rebelliert. A. Cardona-Castro (1988) hat mit dem Hinweis auf Parallelitäten zwischen Eusebio und Karl Moor und die in der Romantik verbreitete Spanienbegeisterung nachzuweisen versucht, dass Calceróns Stück eine Quelle für F. Schiller gewesen ist.

Das besondere des Stückes ist nicht der Gegensatz von christlicher und nichtchristlicher Religion, sondern die **Verknüpfung der religiösen Thematik mit der Ehrenthematik.** Die sich bekämpfenden Figuren sind Mitglieder einer Familie, ohne aber davon zu wissen. Eusebio und Julia sind, wie sich herausstellt, nicht nur Verliebte, sondern auch Geschwister. Lisardo fordert bei der Verteidigung der Familienehre den eigenen Bruder Eusebio heraus, und Curcio treibt beim Versuch, sich am Verführer seiner Tochter zu rächen, den eigenen Sohn in den Tod. Bemerkenswert ist der souveräne Umgang mit der Zeit, der durch den Einschub von Erzählungen ermöglicht wird, in denen die Protagonisten aus der Vergangenheit berichten. Im Handlungsverlauf spielt Curcio eine zentrale Rolle. Er ist ein verarmter Adliger, der seiner Tochter Julia keine angemessene Mitgift geben kann. Er will sie daher in ein Kloster schicken. Eusebio, dessen Liebesbriefe Lisardo, der Bruder Julias, gefunden hat, wird als nicht standesgemäße Partie abgelehnt. Daher will sich zu Beginn des ersten Akts Lisardo mit Eusebio duellieren, der ihm jedoch zuvor seine Lebensgeschichte erzählt, die zeige, dass er trotz seiner unbekannten Herkunft würdig sei, Julia zu heiraten. Er sei nämlich von seinen ihm unbekannten Eltern am Fuß eines Kreuzes in den Bergen ausgesetzt, von Hirten gefunden und aufgezogen worden. Auch trage er ein Mal in Form eines Kreuzes auf der Brust, durch das er im Laufe seines Lebens immer wieder aus großer Gefahr wie durch ein Wunder gerettet worden sei. Das Duell findet dennoch statt. Eusebio verletzt Lisardo, der ihn im Namen des Kreuzes bittet, ihn nicht ohne Beichte sterben zu lassen. Daher bringt ihn Eusebio zu einem nahe gelegenen Kloster. Belauscht wurde die Szene vom Diener Gil, der zusammen mit anderen graciosos immer wieder in kontrapunktischen Nebenhandlungen wiederkehrt.

Eusebio begibt sich zum Hause Curcios, verheimlicht Julia den Vorfall und versucht, sie zur Flucht mit ihm zu überreden. Als Curcio auftritt, versteckt sich Eusebio. Curcio erzählt Julia die Umstände ihrer Geburt. Als er seinerzeit von einem achtmonatigen Aufenthalt in Rom zurückkehrte, fand er seine Frau hochschwanger vor. In der Meinung, sie habe ihn betrogen, habe er sie voller Eifersucht und aus Rache ins Gebirge gebracht. Die Erzählung wird durch die

Nachricht vom Tod Lisardos unterbrochen. Als der Diener Gil Eusebio verrät, will Curcio seine Tochter Julia am selben Tag ins Kloster schicken, um sie »lebendig zu begraben«. Er lässt sie mit dem Toten allein. Hin- und hergerissen zwischen Liebe und Rache entscheidet sie, Eusebio, der aus seinem Versteck hervorkommt und sich den Anklagen Julias stellt, fortzuschicken und gehorsam ins Kloster zu gehen.

Im **zweiten Akt** ist aus Eusebio der Hauptmann einer Räuberbande geworden, der seine Opfer mit dem Zeichen des Kreuzes zu versehen pflegt. In einem Fall wird ein Opfer dadurch gerettet, dass die Gewehrkugel, die ihn töten sollte, in einem Buch steckengeblieben ist. Es ist Alberto, der nach Rom reist, um den Papst um die Erlaubnis zu bitten, einen Orden zu gründen. Das wundertätige Buch enthält die Ergebnisse seiner theologischen Studien über die Wunder des Kreuzes. Eusebio verschont Albertos Leben und nimmt ihm dafür das Versprechen ab, in der Stunde seines Todes zu kommen, um seine Beichte anzuhören. Curcio, der mit einer Truppe von Bauern Eusebios Räuberbande verfolgt, gelangt im Gebirge zu jenem Ort, zu dem er seine schwangere Frau gebracht hatte, als er sie töten wollte. Er erinnert sich, dass sie das Kreuz umklammerte, ihre Unschuld beschwor und seine Hiebe sie nicht trafen. Am nächsten Morgen trat sie ihm mit seiner neugeborenen Tochter Julia entgegen, die am Fuß des Kreuzes geboren wurde und ein kreuzförmiges Mal auf der Brust trug. Allerdings hatte sie Zwillinge geboren und das andere Kind unter dem Kreuz zurücklassen müssen.

Eusebio will Julia aus dem Kloster befreien. Er hat Visionen von Flammen, die versuchen zu verhindern, dass er mit einer Leiter ins Kloster eindringt. Als er Julia in ihrer Zelle findet und ihr seine Liebe gesteht, wird er verunsichert durch das Kreuz, das er auf ihrer Brust erblickt, und löst sich aus ihren Armen. Er kann Julia im Angesicht des Kreuzes nicht dem Kloster entreißen. Schließlich fällt er von der Leiter. Er gelobt, in Zukunft vor jedem Kreuz, das er sieht, niederzuknien und zu beten. Julias Liebe jedoch wird umso größer, je weiter er sich entfernt. Sie entdeckt die Leiter, zögert und steigt hinab. Unten muss sie erkennen, dass sie gleich dem Teufel zur Sünde hinabgestiegen ist und keine Möglichkeit hat, in den Stand der Gnade zurückzugelangen. Tatsächlich treten einige Räuber auf, nehmen die Leiter mit und machen der verzweifelten Julia den Rückweg unmöglich.

Im **dritten Akt** ist Julia als Räuber verkleidet auf der Flucht und hat mehrere Menschen, denen sie begegnete und von denen sie fürchtete, sie könnten sie ihren Verfolgern verraten, kurzerhand umgebracht. Eusebio ist erschüttert, als sie von seinen Leuten aufgegriffen und ihm vorgeführt wird. Er will sie ins Kloster zurückschicken. Als nun aber Curcios Verbündete mit einer großen Schar angreifen, kämpft sie auf der Seite Eusebios mit. Als es zum Zweikampf zwischen Curcio und Eusebio kommt, ergibt sich Eusebio, von Reuegefühlen überwältigt. Curcios Bauern allerdings, die Eusebio des Vaterlandsverrats bezichtigen und seine Ehre in Frage stellen, verfolgen ihn. Als Eusebio nun einen Abhang hinunterstürzt, fällt er vor einem Kreuz nieder. Er vergleicht sich mit dem Sünder, der Christus am Kreuz um Verzeihung bat, denkt an Alberto und hofft, nicht ohne Beichte sterben zu müssen. Sterbend bittet er Curcio um Verzeihung. Dieser will Eusebios Wunde auf der Brust verbinden und entdeckt dessen Kreuzesmal. Als Eusebio ihm sagt, dass er am Fuße eben dieses steinernen Kreuzes geboren und ausgesetzt worden sei, an dem er jetzt liege, eröffnet ihm Curcio, dass er sein Sohn und Julias Bruder ist. Eusebios Leichnam wird mit Zweigen bedeckt. Als aber Alberto, der aus Rom zurückgekehrt ist, auftritt, ruft der totgeglaubte Eusebio nach ihm. Er erhebt sich, kniet beichtend vor Alberto, bevor er tot umfällt. Alberto erklärt, dass Eusebios Geist aus dem Jenseits in den Körper zurückgeschickt wurde, um beichten zu können und dann erst zu sterben. Als nun Julia öffentlich ihre Sünden bekennt, versucht der wütende Curcio, sie zu erstechen. Als sie aber gelobt, ins Kloster zurückzugehen und für alles zu büßen, und das Kreuz neben Eusebios Leichnam umarmt, trägt sie das Kreuz empor, so dass Curcio sie nicht erreichen kann.

Das Stück endet mit den Versen: »Y con el fin/ de tan grande admiración,/ la Devoción de la cruz / felice acaba su autor.« (1004) Es hat also ein **happy end** und kann nicht als Tragödie bezeichnet werden. Das glückliche Ende besteht darin, dass in hagiographischer Tradition gezeigt wurde, wie aus den Räubern Eusebio und Julia gläubige und reuevolle Christen werden. Damit der gute Ausgang nicht getrübt wird, kommentiert der Darsteller des Curcio das Stück, indem er den glücklichen Ausgang betont. Curcio ist also als Verkörperung der Härte und des Bösen nicht nur im Werk selbst widerlegt. Zudem wird durch die Zerstörung der Illusionshaftigkeit seiner Rolle zugleich der Glaube an die Macht des Bösen zerstört.

Auf den ersten Blick wird deutlich, dass im Stück die Ehrenthematik mit der religiösen Thematik verbunden wird. Lisardo, der wegen seiner Schwester mit Eusebio kämpft und unterliegt, soll von Curcio gerächt werden, der deshalb Eusebio verfolgt. Die Ehrenthematik wird also vom Prinzip der **Rache** dominiert. Die religiöse

Ebene wird durch das Kreuz evoziert, das für das Prinzip der Verge-
bung steht. Insofern lässt sich das Stück allegorisch als Ausdruck
von Calderóns Kritik eines Ehrenkodex deuten, der der christlichen
Lehre entgegengesetzt ist. Da durch Christus' Tod am Kreuz die
Menschheit von der Ursünde, die im Alten Testament Adam und
Eva auf sich und die Menschheit geladen haben, erlöst wird, ist das
Kreuz das Symbol der **Verzeihung**. Als solches steht es, wie E. Ho-
nig (1965) ausgeführt hat, im Mittelpunkt des Stückes.

In der *Genesis* des Alten Testaments ist ein archetypischer Inzest
die Folge des Ungehorsams des Menschen gegenüber Gott. Folgen
sind der Verlust der göttlichen Gnade, Erkenntnis des Bösen und
Schuld. Im Stück ist es Curcio, der wie Jahweh im Alten Testament
als zürnender Vertreter der Rache seine Kinder, deren Schöpfer und
Strafer er ist, verfolgt. Anders als Adam kennt Eusebio das **Kreuz**
und seine Bedeutung. Da er es auf Julias Brust sieht, kommt es
nicht zum Inzest. Dennoch verlassen Julia und Eusebio das Kloster-
zimmer über eine Leiter. Eusebio, der tatsächlich von der Leiter
stürzt, erinnert an den »Fall« aus dem Paradies. Als Julia die Leiter
hinabgestiegen ist, erkennt sie, dass die Rückkehr in den Zustand
der Unschuld versperrt ist. Das Kreuz als Zeichen künftiger Erlösung tragen Eusebio und Julia beide als Mal auf ihrer Brust. Eusebio
wird von seinen Sünden erlöst, da er beichtet, Julia wird am Ende
die Möglichkeit zur Buße eröffnet, da sie ihrem Verfolger durch das
Kreuz entzogen wird.

Julia lehnt sich mehrfach gegen den Ehrenkodex auf: Zu Beginn
ist sie nicht damit einverstanden, ins Kloster zu gehen, um so die
Ehre der Familie zu retten. Sodann bleibt sie nicht im Kloster, sondern beginnt ein kriminelles Leben. Als sie schließlich öffentlich
ihre Untaten bekennt, verstößt sie allein dadurch gegen den Ehrenkodex, dass sie bekanntmacht, was sie hätte verschweigen sollen. In
den Augen Curcios ist Verzeihung nicht auf der Erde durch öffentliches Schuldbekenntnis, sondern nur im Leben nach dem Tod zu erlangen. Die Übertragung der transzendenten Prinzipien von Beichte
und Verzeihung auf den gesellschaftsimmanenten Ehrenkodex würde den Mechanismus der Wiederherstellung der Ehre durch Rache
aufheben. Calderón konnte damit rechnen, dass die beliebte Ehrenthematik beim spanischen Publikum des 17. Jahrhunderts auf großes Interesse stieß. Umso größere Beachtung musste ein Stück erlangen, das die internalisierten Vorstellungen von **Ehre und Rache aus
christlicher Sicht** relativierte. Signifikant für den Sieg des christlichen Prinzips ist die Tatsache, dass Curcio am Ende den Gedanken,
an Eusebio Rache zu nehmen, aufgibt. Damit wird zugleich eine

Verbindung der alttestamentarischen Vorstellungen von Strafe und Rache mit dem aus ihnen abzuleitenden spanischen Ehrenkodex vorgenommen und eine Überwindung beider Prinzipien durch die neutestamentlichen Prinzipien von Verzeihung und Erlösung angedeutet.

Die Handlung ist also allegorisch zu verstehen. Was bei einer bloß realistischen Deutung als Übertreibung und Ungereimtheit stören würde, gewinnt in allegorischer Perspektive einen Sinn. Es hieße, das Stück von seinem zeitgenössischen Kontext zu trennen, reduzierte man seine Intention auf bloße religiöse Propaganda mit Moralvorstellungen, die den unsympathischen Kriminellen, nur weil er fromm ist, entschuldigen. Menéndez y Pelayo (1910, 221f) kritisiert an der Gestaltung der Figur der Julia, es sei widersprüchlich, wenn sie zunächst als zurückhaltend und schüchtern charakterisiert werde, dann aber wenige Tage, nachdem sie ihre Klosterzelle verlassen habe, draufgängerisch ein halbes Dutzend Morde begeht. Weitere Kritiker reduzierten die Thematik des Stückes auf die pointiert sophistische Frage: Was ist der späteste Zeitpunkt und die **letzte mögliche Reue**, um nach einem möglichst schlechten Leben die Rettung der Seele doch noch zu erlangen?

Beiden Kritiken lässt sich mit dem Hinweis auf den allegorischen Charakter des Stückes und die **Gnadenlehre** entgegnen. Thomas von Aquin unterscheidet zwischen der hinreichenden Gnade und der im Einzelfall tatsächlich wirksam werdenden Gnade. Erstere geht darauf zurück, dass Christus durch seinen Tod am Kreuz die gesamte Menschheit von der Erbsünde erlöst hat und damit für den einzelnen Menschen prinzipiell die Bedingung der Möglichkeit seiner Seelenrettung gegeben ist. Die Realisierung dieser Möglichkeit ist das Werk der im Einzelfall dann wirksam werdenden Gnade, die als individueller göttlicher Eingriff zu verstehen ist. Die wirksam werdende Gnade aber wird denen verweigert, die an die göttliche Gnade nicht glauben. So lässt sich als thematisches Gerüst des Stückes folgender Syllogismus denken: Die hinreichende Gnade begleitet den Sünder zu jeder Zeit, um seine Verdammung zu verhindern. Der Sünder wird durch tatsächlich wirksam werdende Gnade gerettet, wenn er bereit ist, diese Gnade zu empfangen. Deshalb braucht kein Sünder die Hoffnung zu verlieren, auch dann nicht, wenn seine Sünden zahlreich sind oder seine Reue spät kommt.

Die Gnadenlehre ist eng verbunden mit der **Tugendlehre**. Den drei Kardinaltugenden Glaube, Liebe und Hoffnung stehen als Todsünden Unglaube, Hass und Hoffnungslosigkeit gegenüber. Dabei bezeichnet letztere den Zustand der Verzweiflung dessen, der die

Hoffnung auf die Rettung seiner Seele aufgegeben hat und die
Möglichkeit göttlicher Gnade vergessen hat. Aus einem Zustand
von Verzweiflung heraus handelt im Stück Curcio, der sein Kind
nicht zu verstoßen und seine Frau nicht zu misshandeln brauchte.
Julia, die ihre Klosterzelle verlässt, hätte die Gelegenheit gehabt,
durch einen anderen Eingang zurückzukehren. Eusebio schließlich
hätte ein nützlicher Bürger in irgendeinem anderen der zahlreichen
italienischen Kleinstaaten werden können. Keiner von ihnen hätte
die Hoffnung aufgeben und »desperado« werden müssen. Als verzweifelt bezeichnet sich Julia, die an der Leiter steht: »Pues si ya me
habéis negado/ vuestra clemencia, mis hechos/ de mujer desespera-
da/ darán asombros al cielo« (993). (»Wenn ihr mir schon Eure Milde verweigert habt, dann werden meine Taten als Frau ohne Hoffnung den Himmel erschrecken«). Ihren Abstieg bringt sie mit dem
Fall des biblischen Erzengels Luzifer in Verbindung, der nach seinem Sturz vor der Entstehung der Menschheit zum Teufel wurde,
wenn sie sagt: »Demonio soy, que he caído/ despeñado deste cielo,/
pues sin tener esperanza/ de subir, no me arrepiento.« (993) (»Teufel
bin ich, die ich hinab von diesem Himmel gefallen bin. Nun also
ohne Hoffnung, wieder hinaufgelangen zu können, bereue ich
nicht«). Stärker ausgeprägt ist bei Eusebio die kriminelle Energie.
Seine Verehrung des Kreuzes allerdings beendet bei ihm den Zustand der Verzweiflung und ermöglicht es, dass die wirksam werdende Gnade (gratia efficiens) ihn schließlich durch ein Wunder
kurz für die Beichte, die seine Seele rettet, zum Leben zurückholt.

Die Symbolik des Auf- und Abstieges spielt im Stück eine zentrale Rolle. Nicht nur in der Szene mit der Leiter, sondern auch am
Ende, wenn Eusebio von dem Toten aufersteht und Julia vom Kreuz
emporgetragen wird, wird bildlich die Entfernung oder Nähe zur
göttlichen Gnade verdeutlicht. Das Kreuz, an dem Eusebio von einem Schäfer gefunden wurde bzw. bei dem die Abschlussszene
spielt, befindet sich auf einem Berg. Symbolischen Wert hat auch
die Verwendung von Licht und Dunkel. So ist Julias Klosterzelle,
die Eusebio betritt, dunkel. Da zu Calderóns Zeit die Theateraufführungen bei Tageslicht stattfanden und die Dunkelheit
bühnentechnisch nicht zu realisieren war, legt Calderón Eusebio den
Satz: »Qué oscuridad tan funesta!« (990) in den Mund. So wurde
der Zuschauer darüber informiert, dass er sich Dunkelheit vorzustellen hat. Julia entdeckt er, da ihre Schönheit durch ein Licht
hervorgehoben ist. Das Geschehen der Nacht schließlich wird nicht
nur durch die Flammenvisionen, sondern auch durch die aufgehen-
de Sonne beendet. »El que goza su ventura / Ricardo, en la noche

oscura,/ nunca el claro sol aguarda« (991) kommentiert der warten-
de Räuber Celio. Verwirrung (»muda confusión«, 993) wird für Julia
durch die Dunkelheit der Nacht symbolisiert, durch die sie läuft,
nachdem sie die Klosterzelle verlassen hat (993). So dient die
Raum- und Lichtmetaphorik nicht zuletzt der Verdeutlichung des
moralisch richtigen oder falschen Weges, sowie der religiösen
Orientierung oder Orientierungslosigkeit.

6. Autos sacramentales

Seit Papst Urban IV. im Jahr 1264 in seiner Bulle *Transiturus de hoc mundo* das **Fronleichnamsfest** vorgeschlagen und Papst Clemens V. es 1311 beim Konzil in Wien eingeführt hat, wird es von den Christen jedes Jahr am ersten Donnerstag nach dem Sonntag Trinitatis begangen. Im 14. Jahrhundert begann man, an diesem Tag Prozessionen durchzuführen, und im 16. Jahrhundert gibt es nach F. Gewecke (1974, 24-28) zahlreiche Belege für szenische Darstellungen während der Fronleichnamsfeierlichkeiten in Andalusien und Kastilien. Gefeiert wird die Eucharistie, also die Realpräsenz Christi in der Hostie nach dem Dogma der Transsubstantiation. Es wäre auch möglich gewesen, für dieses Fest den Gründonnerstag auszuwählen, an dem ohnehin der Einsetzung des Altarsakraments in der Kirche gedacht wird. Dabei hätte es aber die Nähe zum Karfreitag unmöglich gemacht, jenes öffentliche Freudenfest zu veranstalten, das Fronleichnam trotz aller Repräsentation und Demonstration geworden ist. Die Wahl eines Termins zu Beginn des Sommers dagegen hat nach Eugenio de Bustos (1988) den Vorteil, den Auferstehungszyklus zu verlängern und abzuschließen.

Zu Calderóns Zeit hat das Fronleichnamsfest folgenden Ablauf: Eine feierliche Messe und eine Prozession finden am Vormittag statt, dann am Nachmittag beginnt die erste **Aufführung eines auto sacramental**, in Madrid in Anwesenheit des Königspaares. Es folgen weitere Aufführungen desselben Stücks an anderen Orten der Stadt an demselben, manchmal aber auch an darauf folgenden Tagen. Die Bühne besteht aus zunächst zwei, später vier zusammengestellten Wagen. Im hinteren Bereich sind die bis zu 15 Meter hohen Kulissen untergebracht, während vorn die eigentliche Bühne steht. Wie im Theater des Königspalastes werden Macht und Glanz zur Schau gestellt, da nicht wie in den Corral-Häusern die Erwirtschaftung von Gewinnen erforderlich ist. Wenn zunehmend autos sacramentales im Corral-Theater gespielt werden, lässt sich das mit José María Díez Borque (1991) als Prozess der Demokratisierung deuten, es führt aber auch zur Konkurrenz mit dem kommerziellen Theater, die im 18. zum Untergang der Gattung führte.

Das **Wort** auto sacramental ist aus dem lateinischen »actus« abzuleiten und bezieht sich auf eine kurze dramatische Dichtung ohne

Akteinteilung. Ob nur Stücke, die das Sakrament der Eucharistie thematisieren, oder alle, die zu Fronleichnam aufgeführt wurden, auch wenn ihre Thematik weiter entfernt ist, dazugehören, ist, wie Frauke Gewecke (1974, 9-12) dargelegt hat, eine Frage der Definition und der geschichtlichen Entwicklung.

Angesichts der Bedeutung der Feier und der Enge des Raumes in der Kirche, musste der Zutritt zur Messe häufig beschränkt werden, zumal schon die Sitzordnung in der Kirche die Aufstellung für die Prozession vorgibt. Zu Ehren der Hostie, die in einer aufwendigen und wertvollen Monstranz im Zentrum der **Prozession** mitgeführt wurde, waren die Straßen mit Teppichen und Blumen geschmückt. Am Straßenrand wurden kleine Altäre aufgestellt. Dem Umzug voraus gingen Narren, Tänzer und Musikanten, die die Neugier der am Straßenrand wartenden Zuschauer wecken sollten. Die aktiven Teilnehmer waren nach Stand und Rang streng hierarchisch geordnet. Zünfte, zivile Körperschaften, Vertreter des Klerus, der Militär- und Mönchsorden waren an ihrer Kleidung und an ihren Farben zu erkennen. Streitigkeiten über Rangordnung und Reihenfolge in der Prozession waren nicht selten. Die Prozession war ebenso wie die Produktion und Aufführung des auto sacramental von kirchlicher und weltlicher Seite finanziert und diente nicht zuletzt dem Ausdruck der Verbundenheit beider.

Ein wichtiger Bestandteil der Messe ist die Predigt, die im Zeitalter des Barock besonders eindrucksvoll war. Während die Predigt in einem geschützten und symbolisch strukturierten Raum stattfindet, müssen für die Theatervorführung im Freien die bildenden Künste bei der Gestaltung des Bühnenbildes die Aufgabe übernehmen, Effekte hervorzurufen und Affekte anzusprechen. Auch der **Sprachstil** muss einfacher sein als in der Predigt, so dass das Publikum gleichermaßen durch Hören und durch Sehen gebannt werden kann. Schaut man sich jedoch wie Mercedes Blanco (1993, 76f) die Predigtrhetoriken an, dann lässt sich feststellen, dass ihr »concepto predicable«, bzw. »sistema de correspondencias« zwischen theologischer Argumentationsstruktur und dramatischer Handlungsstruktur auch den autos sacramentales zugrundeliegt.

Ungeachtet aller formalen Verfeinerung wurden auch **Inhalte** der autos von der Inquisition genau überwacht. Ein Beispiel dafür ist Calderóns auto sacramental *Las órdenes militares* (*Die Ritterorden*). Das Stück wurde 1662, also ein Jahr nach Verkündigung der päpstlichen Bulle *Sollicitudo omnium ecclesiarum*, in der die unbefleckte Empfängnis zur verbindlichen Glaubenslehre wurde, verboten, obwohl es diese und den König Philipp IV mit lobenden Worten wür-

digte. Da im Stück aber auch das Vorgehen der Inquisition allegorisch vorgeführt wird, hat nach Barbara E. Kurtz (1994) Diego de
Arce, der nach der Exilierung seines Gegners Olivares von 1643 bis
1665 ein besonders eifriger Generalinquisitor war, vor allem auf einen vermeintlichen Angriff seiner Institution reagiert. In den autos
kommen aber nicht nur theologische Themen zur Sprache, sondern
auch philosophische bzw. solche, bei denen die Philosophie die
Theologie stützt. Dazu gehören nach Eugenio Frutos (1952) etwa
die Beziehung von Raum und Zeit, von Leib und Seele, der Wille,
die sinnliche Wahrnehmung, die menschliche Erkenntnis, die Leidenschaften, der Aufbau des Universums sowie Herkunft, Natur
und Sinn des Menschen. Angesichts der Schwierigkeit der rationalen Erklärung der Trinität, der Einheit und Verschiedenheit von Vater, Sohn und Geist, begnügt sich allerdings Calderón z.B. in *A Dios
por razón de Estado* (*Zu Gott aus Staatsklugheit*) mit dem Hinweis
auf die Unergründlichkeit des »Dios ignorado« und die Notwendigkeit der Beschränkung auf die Praxis moralisch angemessenen Handelns (Strosetzki 1997). Calderón vertraut folglich nicht den Ertrá-
gen scholastischer Summen, sondern hält sich ganz wie der
Humanismus der Renaissance zunächst an die menschliche Praxis,
was wohl nicht zuletzt aus einer Skepsis gegenüber den ihm wohlbe-
kannten scholastischen Überlieferungen resultiert.

Ob nicht eine gewisse **Dunkelheit** auch beim auto sacramental
bewusst belassen wurde, um das nicht vorgebildete Publikum emotional zu bewegen, statt rational aufzuklären, fragt sich Manfred
Tietz (1983, 83). »No quiere primordialmente ampliar los conoci-
mientos teológicos del vulgo ignorante, sino dar al católico expañol
de la época la sensación de pertenecer al grupo superior de la con-
tienda religiosa.« Seine These sieht Tietz (1985) auch dadurch bestätigt, dass die Figur des Entendimiento oft kein Vorbild für die ra-
tionale Erörterung religiöser Fragen ist, sondern eher zu einer
gefühlsmäßigen Bindung an die Kirche einlädt. Ganz im Gegensatz
dazu sieht Ansgar Hillach (1982, 51) ein vom 16. Jahrhundert
herrührendes »**aufklärerisches Element**« in der optimistischen An-
thropologie, die für Calderón charakteristisch ist. Was die Intention
eines Textes ist, rekapituliert in rhetorischer Tradition der Schluss.
Daher beschäftigt sich Aurora Egido (1992) mit den Epilogen der
autos sacramentales. Sie stellt fest, dass diese im Rahmen der rheto-
rischen Tradition durchaus Freiräume bieten. Einmal spielen sie an
auf die Titel, dann auf den Autor, dann auf den Ort der Vorstellung, auf die Zuschauer; sie haben erhabene und komische Elemente, wechseln in der Metrik; sie bitten um Applaus oder Verge-

bung und tragen dafür Sorge, dass das Publikum den triumphalen Schluss zufrieden mit nach Hause nimmt.

Auf welche Traditionen konnte die Gattung des auto sacramental zurückgreifen? Immer wieder wird das Theater genannt, das an Jesuitenschulen von Schülern einstudiert und dann vor den Eltern und einem größeren, meist adligen Publikum aufgeführt wurde. Es handelt sich dabei um eine Fortsetzung der Tradition des seit dem Mittelalter verbreiteten lateinischen Schultheaters, das nur laut vorgelesen oder aber bei festlichen Anlässen der Hochschule aufgeführt wurde. Es greift nach José Luis Canet Vallés (1993) auf die Komödien des Terenz und die Satiren des Juvenal zurück, um moralisch zu belehren, z.B. durch lächerliche Darstellung von Lastern wie Faulheit, Überheblichkeit, Habgier, Gefräßigkeit oder Unzucht. Die **Stücke des Jesuitentheaters** dienten in der Anfangszeit dem Erlernen des Lateinischen und wurden in lateinischer Sprache verfasst. Bekanntlich war Ende des 16. Jahrhunderts Latein die Wissenschaftssprache in Europa und z.B. die einzige an der Universität Sorbonne erlaubte Sprache. Dennoch wurden im Jesuitentheater zunächst die Zwischenspiele, dann Zusammenfassungen der Handlung am Ende eines Aktes in der Volkssprache gehalten, bis man nach Cayo González Gutiérrez (1994, 49) allmählich im 17. Jahrhundert dazu überging, für das ganze Stück die Volkssprache vorzusehen, um ein größeres Publikum zu erreichen.

Die auftretenden Figuren sind Personifizierungen von Lastern, Leidenschaften, Tugenden, Wissenschaften wie Grammatik, Rhetorik oder Philosophie, mythologische Götter oder Naturphänomene. Es treten auch Heilige und Engel oder Abstrakta wie Welt, Ruhm, Kirche, Armut, Freiheit, Gesetz oder Gelegenheit auf. Die Jesuiten nutzten dieses Theater, das wie das Corral-Theater durch musikalische und tänzerische Einlagen bereichert wurde, für die Darbietung von Wissenswertem, von moralischen Wahrheiten und von Kenntnissen aus der Bibel. Als Schüler einer Jesuitenschule konnte Calderón mit dieser Technik Erfahrungen sammeln, die er später in bezug auf seine autos sacramentales als **Verkleidung von Predigten** charakterisierte. Die Vorstellung der Jesuiten, im Kampf für die Sache des Christentums gegen deren Feinde anzutreten, bot Calderón nach Balbino Marcos Villanueva (1973) eine Plattform, wo auf der abstrakten Ebene der autos sacramentales Tugenden gegen Laster, Engel gegen Teufel, und der Glaube gegen die Häresie zu Gefecht zogen.

Bekannt sind die **Definitionen** des auto durch Lope de Vega und Calderón. Bei ersterem heißt es:

»Y ¿qué son autos? – Comedias / a honor y gloria del pan, / que tan devota celebra / esta coronada villa, / porque su alabanza sea / confusión de la herejía / y gloria de la fe nuestra, / todas de historias divinas« (*Loa entre un villano y una labradora*) (*Lob zwischen einem Nichtadligen und einer Bäuerin*).

(»Und was sind ›autos‹? – Stücke zur Ehre und zum Ruhm des Brotes, das diese so fromme königliche Stadt feiert, damit sein Lob Verwirrung der Irrlehre und Ruhm unseres Glaubens sei, alle aus göttlichen Geschichten«).

Deutlich wird die Intention der Glorifizierung des Christentums und der Herabsetzung seiner Gegner durch die Ehrung des Brotes der Eucharistie, wobei die Eucharistie aber nicht unbedingt das Hauptthema zu sein braucht. Erlaubt sind verschiedenste religiöse Themen.

Calderón setzt den Schwerpunkt etwas anders: Für ihn sind autos »**Sermones / puestos en verso**, en idea / representable, cuestiones / de la Sacra Teología / que no alcanzan mis razones / a explicar ni comprender, / y el regocijo dispone / en aplauso deste día.« (160-167) wie er in der loa zu *La segunda esposa y triunfar muriendo* (1649?) (*Die zweite Braut und sterbend triumphieren*) sagt. (»Predigten in Vers gefügt und aufführbar gemachte Ideen, Fragen der heiligen Theologie, die meine vernünftigen Überlegungen weder erklären noch verstehen können und die der Jubel unter dem Beifall dieses Tages bereitstellt«). Barbara E. Kurtz (1994, 165-174) will das Wort »cuestiones« besonders gewürdigt wissen. Sie sieht darin einen Hinweis auf die scholastische quaestio und disputatio, bei der sich die richtige Meinung gegen Gegenargumente zu verteidigen hatte. Dass auch Angriffe auf die orthodoxe Lehre in den autos formuliert werden, ist auf das Wiedererwachen dieser scholastischen pädagogischen Praxis im posttridentinischen Spanien zurückzuführen.

Insofern sie der Unterweisung dienen sollen, sind die autos mit den Predigten zu vergleichen. Die Tatsache, dass Calderón das auto sacramental als eine Art Predigt betrachtet, erklärt, dass er sich nach seiner Priesterweihe im Jahr 1651 verstärkt mit dieser Gattung beschäftigte. Wie die Predigt soll das auto sacramental die unter Laien verbreitete Unwissenheit in religiösen Fragen vermindern und dadurch das Entstehen von Ketzerei und Aberglaube verhindern. Dass im Zentrum des auto sacramental die Eucharistie steht, kommt der Bemühung entgegen, die katholische Auffassung von der Eucharistie von der protestantischen oder jener der alumbrados und observantes abzugrenzen. Die zahlreichen Auseinandersetzungen mit der Lehre der Protestanten in den autos zeigen nach Nicolas Shumway (1981) einerseits, dass Calderón **die protestantischen Lehren** und deren Verfechter sehr gut kannte und dass andererseits die autos der Stärkung des antiprotestantischen Lagers dienten. Allerdings wäre es ein Irrtum zu meinen, Calderóns auto sacramental ginge es primär darum, die Protestanten zu bekämpfen, weil sie gerade das gefeierte Altarsakrament nicht in der gleichen Weise anerkennen und verehren. Indem er immer wieder »iglesia« als Allegorie für das Neue Testament und »sinagoga« als Allegorie für das Alte Testament gegenüberstellt, zeigt sich nach Manuel Delgado Morales (1984) zwar das Judentum als gegnerisch und außerhalb der Kirche stehend, der Protestantismus aber als zugehörig, wenn auch in einem Teil der Lehre von Christus irregeleitet.

Neben dem Judentum ist auch der **Islam** Gegner des Christentums. In den autos wird immer wieder das in Spanien beheimatete Christentum dem Islam Afrikas gegenübergestellt. Diese geographischen Zuordnungen ergeben sich aus der Geschichte der Mauren- und Moriskenvertreibung. Der Islam wird nach Miguel Angel de Bunes Ibarra (1991) als falsche Religion hingestellt, die ihre Expansion allein der Waffengewalt verdankt.

Die Bibel ist das **Buch** der Bücher. So erklärt sich, dass das Buch als Symbol für dogmatische und katechetische Belehrung nach Dietrich Briesemeister (1985) häufig verwendet wird, z.B. wenn eine Figur mit einem Buch in der Hand oder in einer Bibliothek auftritt, aus einem Buch vorliest, wenn über Bücher gestritten wird, wenn es in einer Bühnenanweisung heißt »sale leyendo« oder wenn schließlich dem Lesen, dem Schreiben, dem Zitieren eine allegorische Bedeutung zukommt. Ganz allgemein lässt sich sagen, dass das Buch- und Schriftwesen viel Material zur metaphorischen Verwendung bietet. Die Tätigkeit des Schreibens, das Schreibgerät, die Schriftzüge oder Schriftstücke, das Archiv und die Tätigkeit des Lesens bieten von Calderón häufig ausgeschöpfte rhetorische Anwendungsmöglichkeiten, für die Irmhild Schulte (1938) zahlreiche Beispiele nennt. Die jeweilige Unterweisung muss aber nicht unabhängig von der **zeitgenössischen Lebenswelt** erfolgen. Im Gegenteil kann die Einbeziehung der Umstände des Zuschauers nur von Vorteil sein. Immer wieder beziehen sich autos auf gesellschaftliche Institutionen und Mechanismen, wie literarische Wettkämpfe, Priesterweihe, universitäre Lehrstuhlbesetzungen, juristische Konflikte zwischen Eheleuten, Reinheit der Abstammung, Rittertum und Ehrenkodex. Zur Anwendung kommen dabei Volkslieder, Spiele und Sprichwörter. Die allegorischen Gestalten werden nicht selten mit Gegenständen aus dem Alltag ausgestattet, wie Julio Rodríguez Puértolas (1983) belegt.

6.1   *Los encantos de la culpa*
(*Die Zauberei der Schuld*)

Der einaktige auto mit 1354 Versen wurde 1645 uraufgeführt, also nach der comedia *El mayor encanto amor* aus dem Jahr 1635, die auch den Mythos von Odysseus und Circe bearbeitet. Quellen sind nicht nur, wie bereits in bezug auf *El mayor encanto amor* erwähnt, der 10. Gesang der *Odyssee* Homers und das 14. Buch der *Metamorphosen* Ovids, sondern auch Kompilatoren wie Juan Pérez de Moya mit *Filosofía secreta* und Baltasar de Vitoria mit *Teatro de los Dioses de la gentilidad*, die aus den Mythen moralische Lehren ableiten. Dies schien erlaubt, da die antiken Autoren ihrerseits, wie ihnen die Kirchenväter bescheinigen, auf das Alte Testament zurückgegriffen und in ihrem Kontext die Aufgaben der späteren Theologen erfüllten. Baltasar de Vitoria (1646, preliminares) schreibt:

»Sabida cosa es, que los Filósofos, y Poetas antiguos, fueron los Theólogos de la antigua Gentilidad como lo afirman Lactancio Firmiano, San Agustín, y San Ambrosio: y assí los más de los Poetas procuraron aprovecharse de los libros del sapientíssimo Moyssés, y de los demás que tocavan a la Sagrada Escritura, sacándola de sus quicios para adorno de sus fábulas.«

(»Bekannt ist, daß die antiken Philosophen und Dichter in der Antike die Theologen der Heiden waren, wie es Laktanz, Augustinus und Ambrosius behaupten; und so versuchten die meisten Dichter, die Bücher des besonders weisen Moses zu nutzen und die übrigen, die mit der Bibel verbunden sind, wobei sie sie aus ihrem Kontext nehmen, um damit ihre Geschichten zu schmücken«).

Zu Beginn zeigt das Stück auf einem Schiff den Menschen mit den allegorischen Gestalten des Verstandes und der fünf Sinne (Sehen, Hören, Schmecken, Fühlen und Riechen). Als ein gefährlicher Sturm aufkommt, rufen sie die Hilfe des Himmels an. Der Mensch, dessen Name Odysseus ist, zeigt sich zuversichtlich, dass er trotz der verzagenden Sinne alle Gefahren überstehen wird. Das demütige Flehen wird vom Himmel erhört. Das Meer beruhigt sich, und der Verstand kann als Steuermann das Schiff sicher in den Hafen eines unbekannten Landes bringen. Während nun die fünf Sinne die Erfüllung ihrer weltlichen Wünsche erwarten, rät der Verstand zur Buße und erinnert an vergangene Schicksalsschläge. Der Mensch aber legt sich unter einer Zypresse schlafen und schickt seine Sinne auf die Suche nach Genüssen.

Als er erwacht, erzählt ihm der Verstand, er habe zusammen mit den fünf Sinnen einen Palast mit einer wunderschönen Frau namens

Circe und ihren Dienerinnen gefunden, in denen er die Schuld und ihre Laster sah. Als sich die Sinne von den Lastern haben bewirten lassen – der Gesichtssinn vom Neid, der Tastsinn von der Wollust, der Geruchssinn von der üblen Nachrede, der Geschmackssinn von der Unmäßigkeit und der Gehörsinn von der Schmeichelei – seien sie zu Tieren geworden, der Gesichtssinn zum Tiger, der Tastsinn zum Bären, der Geschmackssinn zum Schwein, der Geruchssinn zum Löwen, der Gehörsinn zum Chamälion. Der Mensch muss erkennen, dass er dies durch mangelnde Bewachung der Sinne verschuldet hat. Bei richtiger Führung hätten sich die Sinne nicht den Lastern, sondern den Tugenden zugewandt. So kann das Gehör z.B. auch religiöse Reden hören.

Während Odysseus nun seine Unachtsamkeit auf Anraten des Verstandes vor Gott bekennt und seine Schuld bereut, erscheint die Buße, Iris, und wirft ihm einen aus Tugenden gewundenen Blumenstrauß zu. Nun tritt die Schuld, Circe, mit ihrem Gefolge auf und versucht, Odysseus zu beeindrucken und ihm ein Getränk zu reichen. Vom Verstand gewarnt berührt er mit seinem Blumenstrauß den Becher, der sogleich in Flammen aufgeht. Er weiß nun, dass Circe ihm schaden wollte und beschließt, sie zu töten. Durch ihre Reden bringt sie ihn davon ab und gibt den Sinnen ihre ursprüngliche Gestalt zurück. Als der Verstand zur Weiterfahrt rät, schickt ihn der Mensch fort, das Schiff vorzubereiten.

Circe verspricht ihm Einblick in geheime Wissenschaften und verführt ihn mit einer kunstvollen Rede, während derer der Mensch den schützenden Blumenstrauß verliert, zu süßen Sinnenfreuden im Garten ihres Palastes, der an den paradiesischen Garten Eden, den Schauplatz des ersten Sündenfalls, erinnert. Die eine Musik fordert den Menschen auf, sich des Lebens zu erfreuen und den Tod zu vergessen, bis auf Veranlassung der Buße und des Verstandes eine andere Musik erklingt, die Gedanken von Krieg und Tod aufkommen lässt. Odysseus, der sich nun für Tugend oder Sinnenfreude zu entscheiden hat, wählt, gedrängt durch den Verstand, erstere. Triumphierend erscheint nun die Gestalt der Buße und zeigt Odysseus das Sakrament der Eucharistie, die Speise also, die den Zauber und die Macht der die Schuld verkörpernden Circe vollständig brechen kann. Die Buße erweist sich diesmal also nicht nur als Mittel zur Erlangung der Tugenden, sondern als Bedingung der Möglichkeit der Eucharistie. Bei ruhiger See kann Odysseus seine Weiterfahrt nach Hostia antreten und den Palast der Circe in der Ferne versinken sehen. Die Stadt Madrid schließlich wird aufgefordert der Rettung des Menschen zu gedenken und sie zu feiern.

Hans Flasche (1980) kommentiert einzelne **Metaphern und Allegorien** des Stücks. Die Schiffsmetapher sieht die Seele bzw. das menschliche Leben als Schiff und den Menschen als Steuermann. Das Meer mit seinen Stürmen ist die Welt mit ihren Versuchungen. Erst der heimatliche Hafen – er trägt den Namen Hostia – bietet Rettung und evoziert damit in Erinnerung an Vergils Epos den Hafen der Stadt Rom, die Hostie der Eucharistie und Rom als Mittelpunkt der katholischen Kirche. In einem vorgetäuschten, trügerischen Hafen dagegen erfolgt die Landung auf der Insel der Circe. Sie veranlasst Entendimiento zum Hinweis, dass der Mensch bereits aus dem brennenden Troia herausgeholt worden ist. Hans Flasche sieht in der Figur des Entendimiento (Verstand) Christus eingeführt, der verspricht, die Menschheit nach dem Sündenfall zu erlösen. Odysseus zeigt sich also nach dem angedeuteten Sündenfall der Genesis als ein ständig in der Gefahr des Sturzes befindliches und erlösungsbedürftiges Wesen. Der die See befahrende Odysseus ist der das Meer der Leidenschaften durchquerende Mensch. Er symbolisiert aber auch die Gemeinschaft der Gläubigen im davonfahrenden Schiff der Kirche auf dem Weg zur Erlösung, wobei Christus als Entendimiento der Lenker ist.

Das Stück thematisiere keinen Konflikt und habe keine neue theologische Botschaft, meint hingegen James E. Maraniss (1978, 22). Es bestehe vielmehr aus Ornat und einer »powerful emotional manipulation«. Dagegen lässt sich Aurora Egido (1982, 119f) anführen, die als konstante Thematik der Calderónschen autos sacramentales den Menschen sieht, wie er zwischen Gut und Schlecht stehend, nach der Sünde von Adam und Eva aus dem Paradies vertrieben und von Christus' Tod am Kreuz erlöst wurde. Unterschiede gibt es nur in der Art des Weges zur Erlösung oder Verdammnis, der unter der dialektischen Spannung von Himmel und Erde, von göttlichen und menschlichen Kräften steht und seinen Kristalisationspunkt im Lob der Eucharistie findet. Dass nur ein Ort des Durchgangs, also nicht Selbstzweck, sondern Mittel zum Zweck und dass Erlösung nur vom Himmel zu erwarten ist, verdeutlicht Calderón, indem er die Erde mit Erdbeben und Kämpfen zwischen den Naturgewalten zu einem unwirtlichen Platz macht. Dem Weg der äußeren Handlung, der **peregrinatio**, sei diese mythologisch, historisch oder gleichnishaft, entspricht der Kampf, ein **bellum intestinum**, den der Mensch im Laufe seiner Entwicklung im Inneren führt. Dieser Kampf kann in verbaler Auseinandersetzung oder in der Gegenüberstellung von Situationen, Figuren oder Handlungen dargestellt werden. In *Los encantos de la culpa* wird die Idee der peregrinatio vitae

mit der des bellum intestinum verbunden und das Sakrament der
Eucharistie zum Ziel der Suche nach Erlösung gemacht.

Für Diego Martínez Torrón (1983) steht die **Buße** im Mittelpunkt des Stücks. Während die Liebesszene mit Odysseus und Circe
den Höhepunkt im griechischen Mythos bildet, fährt Calderón fort,
um mit der Reue des Menschen zu schließen, der die Schuld, also
Circe, verlässt, um zum Schiff der Kirche zurückzukehren. Der antike Odysseus kennt keine Schuld. Dass dies beim christlich umge-
deuteten Odysseus anders ist, unterstreicht Calderón, indem Circe
als personifizierte Schuld des Odysseus auftreten lässt. Dass der
Mensch auf dieser Welt als Wanderer zu betrachten ist, der als Ziel
seinen **Tod** hat, darauf deutet Calderón schon durch die Einführung
der Zypresse, dem Symbol des Todes, und dem darunter schlafen-
den Odysseus an, dessen Traum wie der Tod mit dem Verlust der
Sinneswahrnehmungen verbunden ist. Während der griechische
Mythos in der Immanenz bleibt, ermahnt das auto, ans Jenseits zu
denken: Gemäß barocker Denkart fordert die Musik auf: »Si quieres
gozar florida / edad entre dulce suerte, / olvídate de la Muerte / y
acuérdate de la Vida.« (418) (»Wenn Du das blühende Alter bei sü-
ßem Glück genießen willst, vergiß den Tod und erinnere Dich an
das Leben«). Dem entgegnen Entendimiento und Penitencia: »Ulises, capitán fuerte, / si quieres dicha crecida / olvídate de la Vida / y
acuérdate de la Muerte.« (418) (»Odysseus, starker Kapitän, wenn
Du große Glückseligkeit erstrebst, vergiß das Leben und erinnere
Dich an den Tod«). Schließlich war es die Buße, durch deren aus
Tugenden bestehenden Blumenstrauß Circe die Macht über die Sinne des Menschen verlor, so dass er sie wiedergewann. Die Buße fördert daher die Tugenden, die ihrerseits zur Eucharistie führen.

6.2 *El gran teatro del mundo*
 (*Das große Welttheater*)

Das schon vor 1635 entstandene Stück mit Musik und aufwendiger
Bühnentechnik bedient sich der **Allegorie des Theaters**. Ein Theaterdirektor verteilt Rollen, die Schauspieler erhalten die erforderli-
chen Requisiten, die sie nach der Vorstellung wieder abgeben müssen. Belohnt werden sie, wenn sie gut gespielt haben. Proben gibt es
nicht, man soll improvisieren wie die Schauspieler der commedia
dell'arte, nur die Hilfe der Ley de Gracia, des Gnadengesetzes, die
das Leitmotiv zu Beginn des Spiels in zwei Versen als loa angibt:

»Ama al otro como a ti, / y obra bien, que Dios es Dios.« (666-667)
Den zweiten Vers wiederholt sie im Stück mehrfach, ohne von den
Figuren verstanden zu werden. Die allegorische Ebene der Hand-
lung wird dadurch unterstrichen, dass der Theaterdirektor, el autor,
Gott ist, der die Welt, el mundo, geschaffen hat, damit diese als im
Stück auftretende Figur die Requisiten an diejenigen verteilt, denen
die unterschiedlichen Rollen zugewiesen werden. Während des
Spiels ist die Bühne zweigeteilt: Der Theaterdirektor hat in einem
oberen Bereich Platz genommen und verfolgt wie das Publikum den
Verlauf der Handlung. Wenn die Schauspieler von ihm aufgefordert
worden sind, gut zu spielen, dann heißt dies, dass sie sich als Men-
schen in ihrer Lebensführung moralisch richtig zu verhalten haben.
Insbesondere sollen sie sich der Tatsache bewusst sein, dass das Leben kein Selbstzweck ist, sondern eine Prüfung, die beurteilt wird.
So steht am Ende des Spiels im Spiel die Beurteilung der einzelnen
Figuren durch Gott, den Theaterdirektor, und die Belohnung bzw.
Bestrafung durch Himmel, Hölle, Purgatorium oder Limbus. Letzterer Ort ist vorgesehen für ein ungetauft und belastet mit der Erbsünde sterbendes Kind, das im Stück in der Figur des Niño eine
Rolle erhält und so die Systematik der vier nach dem Tod möglichen Orte vervollständigt.

Das Stück besteht aus **drei Teilen**: dem Theaterspiel der Figuren,
der ewigen Zeit davor und der ewigen Zeit danach. Die Vorzeit
kommentiert die Figur der Welt mit dem Hinweis auf die Schöpfung und das heilsgeschichtliche Geschehen. Zahlreich sind hier die
Entlehnungen aus der Bibel. Die irdische Gegenwart wird dadurch
verdeutlicht, dass die Figuren durch eine Tür mit einer Wiege auf-
und durch eine andere Tür mit einem Sarg abtreten. Im ersten und
im dritten Teil, d.h. vor der Geburt und nach dem Tod, greift der
Theaterdirektor ein, im zweiten Teil, dem Leben also, überlässt er
die Figuren ihrem freien Willen. Er sagt:

»Yo bien pudiera enmendar / los yerros que viendo estoy, / pero por eso les
di / albedrío superior / a las pasiones humanas, / por no quitarles la acción
/ de merecer con sus obras, / y así dejo a todos hoy / hacer libres sus papeles, / y en aquella confusión / donde obran todos juntos, / miro en cada
uno yo / diciéndoles por mi ley: (Canta La Ley.) / Obrar bien, que Dios
es Dios.« (929-942)

(»Ich könnte wohl die Irrtümer, die ich sehe, verbessern, aber deshalb gab
ich sie dem freien Willen, der über den menschlichen Leidenschaften steht,
um den Menschen nicht die Möglichkeit zu nehmen, mit ihren Taten Verdienste zu erwerben. So lasse ich heute alle frei ihre Rollen spielen und in
der Verwirrung, in der alle zusammen handeln, sehe ich auf jeden einzel-

nen, während ich ihnen durch mein Gesetz mitteilen lasse: (Das Gesetz singt.) Handelt recht, denn Gott ist Gott«).

Bei der Rollenverteilung werden mit dem König, dem Bauern und der Figur der Discreción (Urteilskraft), die Mitglied eines religiösen Ordens ist, die drei mittelalterlichen **Stände** berücksichtigt. Die Figuren des **Reichen und des Armen** sind nicht nur der Bedeutung des Kapitals zu Beginn der Neuzeit zu verdanken, sondern auch der bekannten Bibelstelle bei Lukas (16, 19-31), wo Lazarus einen reichen Mann um Almosen bittet und dieser sich abweisend zeigt; nach dem Tod beider wird der Reiche verdammt, Lazarus aber erlöst. Diese Geschichte war nicht zuletzt durch den *Lazarillo de Tormes*, dessen Name darauf zurückgeht, allgemein bekannt. Indem der Arme in Calderóns Stück die anderen Figuren allerdings um Almosen bittet, hat er auch die Funktion, die schon im Mittelalter immer wieder geforderte Tugend der Mildtätigkeit auf die Probe zu stellen. Er ist auch der einzige, der auf den Vers von Ley de Gracia mit »¡Oh, cómo esta voz consuela!« (809) angemessen reagiert.

Hinzu kommt die Figur der **Schönheit**, deren Hinfälligkeit die Vergänglichkeit des irdischen Lebens besonders gut verdeutlicht. Beim Reichen bettelt der Arme vergeblich, der König verweist auf seinen für Almosen zuständigen Mitarbeiter, der Bauer lädt ihn zur Arbeit ein, der Vertreter der Religion muss sich vom Armen vorwerfen lassen, dass er doch auf sehr bequeme Weise Gott dient. Immerhin ist auch er, wie der Arme, auf Hilfe angewiesen. Das **Spiel der Figuren** besteht aus monologischen Selbstdarstellungen, Dialogen zwischen Gegensatzpaaren wie dem Reichen und dem Armen oder der Schönheit und der Discreción, wobei das Gesetz der Gnade immer wieder mit der Mahnung »Obrar bien, que Dios es Dios« eingreift. Als schließlich alle Menschen auf der Bühne versammelt sind, wird einer nach dem anderen von der Stimme des Todes abberufen, wobei noch Gelegenheit zu einer reumütigen oder übermütigen Äußerung gegeben wird.

Schließlich lädt Gott diejenigen zu einer **feierlichen Tafelrunde** ein, an der die Discreción, deren Demut und Gebet durch eine Mönchskutte angedeutet wird, sofort, der König nach einem dank der Unterstützung der Kirche kürzeren und der Landmann und die Schönheit nach einem längeren Aufenthalt im Purgatorium teilnehmen dürfen. Der Reiche bleibt wegen fehlender Reue ausgeschlossen und verdammt. Am Schluss steht das Lob des Brotes der Eucharistie: »Pues el ángel en el cielo, / en el mundo las personas, / y en el infierno el demonio / todos a este pan se postran« (1561-1564). (»Denn der Engel im Himmel, auf der Welt die Menschen

und in der Hölle der Teufel, alle werfen sich nieder vor diesem
Brot«). Es folgt die wiederholt gesungene Hymne auf die Eucharistie, dem »Tantum ergo sacramentum Veneremur cernui: et antiquum documentum Novo cedat ritui: Praestet fides supplementum
Sensuum defectui.« (Zwischen V. 1568 und 1569) (»Laßt uns tiefgebeugt verehren. Ein so großes Sakrament. Dieser Bund wird ewig
währen, Und der alte hat ein End: Unser Glaube soll uns lehren,
was das Auge nicht erkennt«).

Die **Theatermetapher** erfreut sich im Barock besonderer Beliebtheit, vielleicht weil breite Volksschichten ihre Leidenschaft für das
Theater entdeckt haben. Als mögliche Quellen für die Metapher
sind genannt worden: Autoren wie Seneca, Epictet, Lucilius, Erasmus, Vives, Lope de Vega und Quevedo, aber auch eine anonyme
»Danza de la Muerte« aus dem Anfang des 15. Jahrhunderts, wo der
Tod nacheinander mit dem guten Prediger, dem guten Rat, dem
Herrscher, dem Kardenal, dem Ritter, dem Händler und dem Landarbeiter spricht. Mit Aurora Egido (1995) gilt es aber zu bedenken,
dass traditionell eine enge Verbindung zwischen Kosmographie und
Poesie insofern gesehen wurde, als die göttliche Schöpfung als
Kunstwerk galt, von dessen Harmonie und Perfektion das künstlerische Werk ein Abbild zu sein habe. Dass die Figuren des autos am
Ende nicht etwa bestraft werden, weil sie aus der Welt kommen und
mit dem Makel befleckt seien, den die Welt jedem zufüge, der in ihr
auftritt, wie es Hugo Friedrich (1955) meint, stellt Erika Lorenz
(1961) richtig, indem sie darauf hinweist, dass die Schlussszene
nicht mehr auf der Welt, sondern in einem transzendentem Raum
spielt, in dem die Eucharistie nicht dieselbe Bedeutung hat wie in
der Welt.

Im Stück wechselt ein barocker Prunkstil mit einem einfachen
Stil. Die **Stilhöhe** ist aber nicht, wie Kurt Reichenberger (1981,
170f) hervorhebt, dem gesellschaftlichen Rang des jeweiligen Sprechers zugeordnet, sondern dient dramatischen Effekten. Des feierlichen Stils bedient sich die Figur der Welt, aber auch die der Schönheit und des Bettlers. Die ebenso feierliche wie würdevolle
Selbstdarstellung des Königs wird unterbrochen durch die Stimme,
die seinen Tod verkündet. Darauf wird das, was eben noch getragener Pathos war, als Stammeln fortgesetzt. Die binäre Anordnung
des Personeninventars erinnert Manfred Tietz (1988) an die **comedia**. Der Bauer erscheint als gracioso, wenn er sich über seine anstrengende Arbeit oder seine Steuerabgabenlast beschwert oder seinen Aufenthalt im Purgatorium dank eines Ablasskaufs verkürzt
sieht. Die Hermosura entspricht der Dame, die vom König und

vom Reichen umworben wird und einen Gegensatz zur Discreción bildet. Nicht ins Schema der comedia passen allerdings die Figuren von Mundo, Ley de Gracia, Autor, Niño und Voz, so dass die Parallelität eher beschränkt ist.

Dass neben binären Strukturen auch die **Dreizahl** eine große Rolle spielt, hat Alberto Sánchez (1983) belegt. Drei Bedeutungen sind es, die bei der Figur des Autors zu unterscheiden sind: der Schöpfergott, der Theaterdirektor und der Schriftsteller. Die Macht ist durch drei Figuren vertreten: die politische durch den König, die ästhetische durch Hermosura, die intellektuelle durch Discreción. Im Sinne von Thomas von Aquin werden im Vorspiel drei Zeitalter der Menschheit unterschieden. Im ersten, zu dessen Charakterisierung das Paradies, die Sintflut und die Naturgewalten evoziert werden, herrscht das Naturgesetz, »la gran ley natural«, im zweiten das geschriebene Gesetz, »ley escrita«, in der Form der zehn Gebote des Alten Testaments, im dritten Teil schließlich die Gnade, Ley de Gracia, wie sie durch Christus' Leben und Tod im Neuen Testament ermöglicht wird. Das dritte Zeitalter wird abgeschlossen durch das Weltende mit dem Gericht Gottes über die Menschen. Die genaue Orientierung dieser Darstellung an der Bibel hat Sebastián Bartrina (1958) nachgewiesen.

Da im Stück nicht nur andere **gesellschaftliche Gruppen** exemplarisch hätten vorgeführt werden können, sondern die tatsächlich auftretenden Figuren auch anders hätten dargestellt werden können, ist die Frage berechtigt, ob die vorgeführten sozialen Gegensätze auf Calderóns Zeit zu beziehen sind und ob sie auf einen konservativen oder reformfreudigen Standpunkt schließen lassen. Auffallend ist, dass es im Stück nur zwei Sonette gibt: das des Königs und das der Hermosura. Beide denken über ihre Macht nach. Discreción ist die einzige Figur, die begleitet von einem Instrument auf der Bühne singt. Sie wird damit der Stimme und der Ley de gracia, die ihrerseits singen, vergleichbar und in der Hierarchie emporgehoben. Wie wird der Vertreter der produktiven Arbeit, der Labrador, dargestellt? Er ergreift immerhin die Möglichkeit, sich über seine künftige Rolle zu beschweren. Ein Landgut zöge er dem Spaten vor. Dann würde er nicht unter der Steuerlast des Königs leiden. Er bereut seine Fehler, als die Stimme ihn ruft. Schließlich zeigt er sich kundig der Gesetze des Marktes und erklärt, dass bei Verknappung des Weizens durch Trockenheit die Preise steigen und er reicher würde: »y yo sé que si no llueve / este abril – que ruego a Dios / que no llueva – ha de valer / muchos ducados mi troje« (781–784). Dem Bettler gibt er den Rat zu arbeiten, statt ihn abzuweisen.

Dennoch wird dafür gesorgt, dass der Labrador als **Vertreter produktiver Arbeit** nicht ernst genommen werden kann, da er als gracioso auftritt. Der Bettler seinerseits wird seiner Rolle gerecht, wenn er leidet und nicht den Versuch unternimmt, in einen anderen Stand zu wechseln. Wenn beim Reichen schließlich nicht der Reichtum und der damit verbundene Müßiggang, sondern nur Habgier und fehlende Mildtätigkeit kritisiert werden, für den Labrador die Arbeit aber als Verpflichtung angesehen wird, kommen unzeitgemäße Tugenden der mittelalterlichen Ständegesellschaft zur Anwendung, die Calderón angesichts der neuen Verteilungsmechanismen und Produktionsbedingungen als wirtschaftsfreien Raum und »heile Welt« in Erinnerung ruft. So gewinnt D. Ynduráin (1974, 36f) den Eindruck, Calderón verschleiere ganz bewusst den sich abzeichnenden, auf Produktionsverhältnissen und Ausbeutung individueller Arbeit beruhenden Klassenkampf, indem er den Reichen demjenigen, der nichts produziert, und den Produzierenden dem zwar nicht ökonomisch, aber doch gesellschaftlich überlegenen König gegenüberstellt. So werde die die Welt in einem von wirtschaftlichen Spannungen gereinigten Theater vorführbar.

Was bedeutet der oft wiederholte Satz: »Obrar bien, que Dios es Dios«? Leo Pollmann (1988) sieht darin die ontologische Differenz zwischen Gott, von dem man weiß, dass er ewig derselbe ist, und der Welt mit den Menschen, die in ständigem Wandel begriffen ist. Menschen haben in Calderóns Sicht zwar eine unsterbliche Seele, spielen aber auf der Erde nur eine Rolle. Zwischen Gott und Mensch schaltet Calderón im Stück als Vermittlungsinstanzen die Welt, die Stimme und das Gesetz der Gnade ein. Dass Calderón nicht auch noch den Papst und die Katholische Kirche anführt, ist weniger bemerkenswert als Pollmann meint. Es liegt einfach an der Abstraktionsebene. Diese besteht eben in der ontologischen Differenz: »Gut seine Rollen spielen heißt erkennen, wer man ist und wer Gott ist, dass man Staub ist und Gott Gott ist. Schlecht die Rolle spielen heißt, sich verabsolutieren, seine Rolle vom ontologischen Grund, von Gott abziehen.« So ist die **Perspektive weniger eine sozialkritische als eine theologisch-ontologische**: Denn wer wie der Reiche meint, er sei sehr mächtig und besonders wichtig, vergisst leicht, dass er zu Staub wird und sein Glanz vergänglich ist – eine Gefahr, der der Bettler und der asketische Mönch weniger ausgesetzt sind.

In **Deutschland** ist das Stück bekannt geworden durch die relativ freie Übersetzung des Joseph Freiherrn von Eichendorff, die er 1846 im Sammelband *Geistliche Schauspiele* veröffentlichte. Zehn Jahre später folgte die Übersetzung des Geistlichen Franz Lorinser aus Breslau im Band *Geistliche Festspiele*. 1959 legt der Theologe Hans Urs von Balthasar eine neue, vor allem die theologische Dimension betonende Übersetzung vor, bei der, wie Dietrich Briesemeister (1994) zeigt, die christliche Dogmatik auf den neusten Stand gebracht wird, und macht aus dem ursprünglichen auto ein Lesedrama. Das theatrum mundi war schon eine beliebte Metapher bei Romantikern wie Novalis, Wackenroder oder Jean Paul. Dass die Vorstellung von der Welt als Theater, von Menschen, die ihre Rollen spielen, während sie von einer höheren Instanz beurteilt werden, bis ins 20. Jahrhundert in der Literatur verarbeitet wird, hat Manfred Karnick (1980) am Beispiel von Schiller, Strindberg, Beckett und Brecht vorgeführt. Bertolt Brechts *Der gute Mensch von Sezuan*, wo die Götter auf die Erde kommen, um einen guten Menschen zu suchen, ist ein Beispiel für eine sozialkritische Umkehrung des Stoffs. In Deutschland wird Calderóns Stück in Erinnerung gehalten durch die Calderón-Festspiele in Bamberg und seit 1924 im schweizer Kloster Einsiedeln, besonders aber in Salzburg durch die Aufführungen von Hugo von Hofmannsthals an Calderón angelehntes Stück *Das Salzburger Große Welttheater* (1922). Der gewandelte Zeitgeist zeigt sich nach Peter Michelsen (1983) bei Hofmannsthal z.B. in der Darstellung des Bettlers, der zum Repräsentaten des nach Veränderung strebenden Proletariats wird, der Almosen ausdrücklich ablehnt und den Labrador um Arbeit bittet. Auch gibt es keine hierarchisch oder ständisch begründeten Unterschiede. Es herrscht nach Michelsen (1983, 44) »grundsätzliche Gleichheit der Mitglieder des Wirtschaftsprozesses, die nur in ihrer Funktion differieren, alle aber als ›Arbeiter‹ aufzufassen sind.«

7. Teatro breve

Wie bereits eingangs erwähnt, werden die Theaterstücke im Siglo de Oro zu Beginn und am Ende durch kurze Stücke eingerahmt und in den Pausen zwischen den einzelnen Akten unterbrochen. Die Vielfalt und Bedeutung dieser Gattung vom 15. bis zum 20. Jahrhundert haben Agustín de la Granja und María Luisa Lobato (1999) in ihrem gemeinsamen Band bibliographisch erschlossen. Allen unterschiedlichen Typen von kurzen Stücken sind nach Evangelina Rodríguez Cuadros (1986, 203) folgende Charakteristika gemein: »la risa, **la provocación o subversión**, con el sustrato común de lo festivo, lo irracional, lo paródico, lo carnavalesco.« (»das Lachen, die Provokation oder Subversion, mit dem gemeinsamen Substrat des Festlichen, Irrationalen, Parodistischen, Karnevalesken«). Gerade Calderóns kurze Stücke scheinen Evangelina Rodríguez Cuadros und Antonio Tordera (1983) in ihrer gemeinsamen Veröffentlichung besonders geeignet, das falsche Vorurteil eines den Ehrenkodex stützenden Calderón zu beseitigen. María Luisa Lobato (1989, XI), die kurze Stücke Calderóns in einer kritischen Ausgabe herausgegeben hat, möchte dagegen nicht von einem subversiven Calderón sprechen, sondern von einer »recreación cómica de algunos aspectos de la realidad«. Sehr zurückhaltend argumentiert auch Hugo Laitenberger (1988), wenn er den entremeses die Funktion zuspricht, mit ihrer Komik für »**moralische Ferien**« zwischen den Hauptakten des Dramas zu sorgen, aber durch allzu tölpelhafte Darstellung der Protagonisten die Einstellung des Publikums z.B. zur Ehre nicht beeinflussen zu können, den Ehrenkodex also nicht in Frage zu stellen. Auch Evangelina Rodríguez Cuadros (2000, 178) ist neuerdings bemüht, möglichen Missverständnissen ihrer Position zuvorzukommen. Ebenso falsch sei es, Calderón als Revolutionär zu sehen wie ihn als »funcionario a tiempo completo de una multinacional llamada Contrarreforma« (»Vollzeitbeamter eines multinationalen Unternehmens namens Gegenreformation«) zu verstehen. Ein entremés ist nicht nur von kurzer Dauer, sondern auch hinsichtlich seiner Normüberschreitung von so kurzer Reichweite, dass auch der skeptischste, toleranteste und heiterste entremés in seiner Wirkung von dem ihm zugewiesenen Rahmen in Theater und Gesellschaft abhängig ist.

7.1 Entremeses (Zwischenspiele)

Die entremeses befinden sich zwischen den Akten, werden seit Beginn des 17. Jahrhunderts in Versform verfasst und sind geprägt von den Regeln der Komik: Während das Publikum in der comedia vom entehrten Ehemann Rache erwartet, amüsiert es sich über ihn im entremés, wo er verzerrt, **ins Karikaturhafte** übersteigert und lächerlich erscheint. Die Figuren im entremés bedienen sich der dem Publikum geläufigen Alltagssprache oder erzielen komische Effekte durch die Benutzung dialektalen, lateinischen und ordinären Wortschatzes. Sie präsentieren Vertreter unterschiedlicher Berufs- und Standesgruppen, z.B. den verarmten Hidalgo, den Gauner oder die Prostituierte, entfernen sich aber durch komische Übersteigerung von genrebildhafter Realitätsnähe. Wegen dieser karikaturhaften Verzerrungen und wegen der relativen Zeitlosigkeit der auch vorgeführten Beziehungen zwischen Mann und Frau ist es daher nicht unproblematisch, wie Justo Fernández Oblanca (1992) aus den entremeses auf die Gesellschaft des 17. Jahrhunderts zu schließen.

Manche entremeses sind für den berühmten Schauspieler Juan Rana (bürgerlich: Cosme Pérez) geschrieben und stellen ihn in unterschiedlichen Rollen vor. Im entremés *El desafío de Juan Rana* (*Die Herausforderung des Juan Rana*) erzählt dieser seiner Frau, dass Gil Parrado behauptet habe, dass sie es wesentlich lieber habe, wenn er, Juan Rana, ihr Ehemann, abwesend sei. Die Ehefrau entscheidet, dies sei eine Ehrverletzung, und drängt ihren Mann, einen Brief zur Herausforderung zum Duell zu schreiben. Da dieser Angst hat und alles mögliche versucht, um ein Duell zu verhindern, überbringt die Ehefrau selbst die Aufforderung zum Duell. Als dieses stattfindet, schlägt Juan Rana seinen Gegner nieder und kommt darauf ins Gefängnis. Erst der Einsatz seiner Frau bewirkt seine Freilassung. Deutlich wird hier die **Umkehr der im Ehrendrama vorherrschenden Situation**: Obwohl der Ehemann in seiner Ehre gekränkt wird, ist es die Ehefrau, die zu Rache und Duell drängt.

Zugleich greifen die entremeses **Themen** aus dem alltäglichen Leben auf und beziehen sich auf dem Publikum bekannte Gestalten und Stoffe der Literatur. Im Mittelpunkt stehen kann dabei die komische Handlung, die Darstellung typischer Verhaltensweisen, eine bestimmte komische Figur, der Versuch brillanter Sprachkunststücke oder der sich aus komischen Verkleidungen ergebende Effekt. Da entremeses auch vor der Vorführung des auto sacramental gespielt werden, geben sie dem Fest der Fronleichnahmsfeier einen fröhlichen und heiteren Charakter, wie Agustín de la Granja (1982) mit

Calderóns entremés *El mayorazgo* (*Das Mayorat*) belegt, der 1642 vor dem auto sacramental *Lo que va del hombre a Dios* (*Was von Mensch zu Gott reicht*) aufgeführt wurde. In diesem Stück will ein geiziger Alter die Hand seiner Tochter nicht Cosme geben, der sie liebt und von dem sie geliebt wird. Da Cosme ihm aber bis zu seinem Tod die Dauereinnahmen aus einem Majoratsamt verpfändet hat, ist er deswegen in unterhaltsamster Weise um die Gesundheit seines Schuldners bemüht. Schließlich wird der Alte überlistet, indem ihm vorgegaukelt wird, der verstorbene Cosme komme aus dem Jenseits zurück, und er habe die ausstehenden finanziellen Forderungen zu erfüllen.

Kurze komische Stücke, in denen Spielleute und Pantomimen durch übertriebene Gestik und derb komische Handlungen das Publikum zum Lachen brachten, gab es schon **seit dem Mittelalter**. Sie werden in Lope de Vegas *Arte nuevo de hacer comedias* als »una acción entre plebeya gente« bezeichnet und vom seriösen Theater unterschieden. Agustín de la Granja (1994, 170) belegt, dass sich diese »acciones breves«, die »égloga«, »danza«, »mimo«, »castillo«, »juego«, »alegría«, »donaire« oder »carro« genannt werden, zunächst als »verdaderos entremeses independientes« selbständig und unabhängig entwickelt haben, bevor sie als Zwischenspiele zum Zusatz der comedia wurden. Eine besondere Form der selbständigen **Entwicklung** des entremés führt auch John Varey (1992) an. Er nennt die im 14. Jahrhundert aus Frankreich eingeführte Sitte, die Speisen eines jeden neuen Gangs des Menus begleitet durch Tanz- und Gesangseinlagen aufzutragen. 1380 konnte das Wort »entremets« im Katalanischen entweder eine besondere Speise oder eine außergewöhnliche Unterhaltung bezeichnen. 1399 bot man bei einem Festmahl in Zaragoza zum Wechsel der Speisen statt Gesängen und Tänzen ein Theaterstück dar. Derartige Einlagen wurden »juegos«, »fiestas« oder »invenciones« genannt, der Name entremés wird erst 1487 für ein Theaterstück gebräuchlich, und erst Mitte des 16. Jahrhunderts bezieht diese Bezeichnung sich auf ein kurzes lustiges Stück, das in ein mehraktiges Theaterstück eingeschoben ist.

Auf der anderen Seite gab es schon zu den zu geistlichen Spielen des Mittelalters und in der italienischen commedia dell'arte komische Einlagen. In Spanien übernahm diese Tradition **Lope de Rueda** mit seinen »pasos«. Deren derbe Komik veredelte **Cervantes** mit seinen entremeses, die in einer Viertelstunde Anekdoten, Satiren und Milieuschilderungen präsentieren. Die wichtigsten **Autoren** von entremeses sind Miguel de Cervantes, Quevedo, Calderón, Moreto und Luis Quiñones de Benavente. María Luisa Lobato (1991) hat belegt, dass bei allen Unterschieden im einzelnen letztere drei Autoren gleichermaßen in der Versform silvas, romances und seguidillas bevorzugen.

Ein entremés ist keiner einzelnen comedia zugeordnet, sondern kann im Kontext unterschiedlicher Stücke Verwendung finden. Dies erschwert in vielen Fällen die eindeutige Bestimmung der Autorschaft. Ein Beispiel für diese Schwierigkeit ist der entremés *La melancólica*, in dem die Melancholische sich in Begleitung ihrer Freundin durch einen Theaterbesuch zerstreut. Agustín de la Granja hat dieses Stück in einer Anthologie aus dem ersten Drittel des 18. Jahrhunderts gefunden, in der es pauschal heißt, die Autoren der einzelnen Werke seien Calderón und Moreto. Dass *La melancólica* Calderón zuzuschreiben ist, erschließt de la Granja (1981) aus der Tatsache, dass sich im Stück Zitate aus anderen Werken Calderóns befinden, und dass für Calderón typische Formulierungen vorkommen, die Handlungsführung, ebenso wie die Komik und die Selbstironie der in anderen Stücken vergleichbar ist. Ein weiteres Argument ist die bewusste Anspielung auf andere erfolgreiche eigene Stücke. Sie erscheint als Versuch spielerischen Umgangs mit dem Vorwurf der stereotypen Wiederholung, den man Calderón machte. Dass von den wohl vierzig entremeses zu autos sacramentales von Calderón aus der Zeit von 1661 bis 1674 ihm fünf mit Sicherheit zuzuordnen sind, beweist de la Granja (1984) an anderer Stelle.

7.2 Loa (Lob)

Mit der loa, dem Lob, beginnt das Schauspiel. Sie hat die Aufmerksamkeit und das Wohlwollen des Publikums zu erregen. Dies gelingt ihr, indem in ihr die Stadt gelobt wird, in der die Aufführung stattfindet, oder indem die Mitglieder der königlichen Familie, die zum Publikum gehören, hervorgehoben werden. Letzteres ist nach Hans Flasche (1981) der Fall in der loa zum wohl 1634 in Madrid aufgeführten auto sacramental *El nuevo palacio del Retiro*. Hier treten die allegorischen Figuren »Palacio« und »Retiro« (Zufluchtsort, Park) sowie »vida activa« und »vida contemplativa« auf. Der Palast wird dem aktiven Leben und der Park dem kontemplativen zugeordnet, woraufhin ein Streitgespräch entsteht über die Priorität, bei dem eine Parallelisierung von königlichem und himmlischem Hof entsteht, und der königliche Hof mit der Eucharistieverehrung verbunden wird. Dies ist der Fall, wenn der Retiro als Aufenthaltsort des »guten Hirten« bezeichnet wird und damit gleichzeitig auf Christus und König Philipp IV. verweist.

Es gibt auch loas, die durch ihre bloße Komik dafür sorgen, dass das Publikum sich auf das Geschehen auf der Bühne konzentriert und ruhig wird. Die ursprünglich als Monolog konzipierte loa nimmt immer mehr die Dialogform und damit den Charakter des entremés an. Zu recht weist Ignacio Arellano (1994) mit Blick auf die loas zu auto sacramentales darauf hin, dass angesichts der Kürze der Gattung und der Praxis, sie durch kleine Änderungen für unterschiedliche Anlässe und Stücke verwendbar zu machen, weder die Autorschaft, noch die Zuordnung zu bestimmten autos leicht zu ermitteln ist. Eine loa zu einem auto sacramental kann auch zur **Einführung in die theologische Materie** dienen. Dabei kann die loa durch Tanz und Musik begleitet werden, wie z.B. Calderóns *Tono, loa y baile al Santísimo Sacramento*, wo »tono« die Eucharistie als köstliches Mahl aus Feuer und Schnee bezeichnet. Nun tritt der erste Mensch auf und fragt sich, wie Feuer und Schnee, die von Natur aus unvereinbar sind, zusammenkommen können. Dabei stellt er sich das Sakrament als feurigen Liebhaber gekleidet vor, der in Flammen aufgehen lässt, womit er in Berührung kommt. Der Schnee erscheint ihm mit seiner Farbe, die so weiß ist wie die Hostie als Symbol der Reinheit. Dann treten Musiker auf und ein gracioso, der den König sucht, der den hungrigen Armen Gehör und sogar Brot schenkt. Der erste Mensch versucht, die Missverständnisse des gracioso zu beseitigen. Man singt, scherzt und tanzt, bis schließlich der gracioso am Ende um Ruhe bittet, damit der auto beginnen kann.

Auf die heute blasphemisch erscheinende **Verbindung von Alltäglichem und Sakralem** weist Edward M. Wilson (1972) hin. Er deutet den Hunger der Armen als Metapher für das Sehnen der Menschen nach der aufrichtigen Einnahme des Sakraments. In der loa zu *El cubo de la Almudena* kommt es zu einer komplexen Handlung, bei der der Glaubenseifer die Buße bittet, den Weg zum Sakrament der Eucharistie zu zeigen. Da stellt sich ihnen die mit Schlangen gekrönte Häresie entgegen, deren Argumente gegen die Eucharistie von der Kirche dadurch widerlegt werden, dass unterschiedliche Länderallegorien auftreten und Gegenbeispiele anführen. Als sich die Häresie geschlagen gibt, bittet der Glaubenseifer die Kirche, den Sieg mit einem auto sacramental feiern zu dürfen.

7.3 Tanz, Jácara (gesungene Romanze)

Die Unterbrechungen zwischen den Akten können auch durch die Vorführungen von Tänzen überbrückt werden, die von Instrumenten, Gesang und Rezitativ begleitet werden. Je nachdem wie sehr der Text in den Vordergrund tritt, kann man von Tänzen mit Elementen des entremés oder von einem entremés mit tänzerischen Einlagen sprechen.

Möglich war zwischen den Akten auch die Darbietung einer gesungenen Romanze, einer »jácara«, in der im allgemeinen über das wundersame Leben eines Gauners in Gaunersprache berichtet wurde. Eine **Mischform** stellt ein entremés dar, in dem unterschiedliche Figuren singen. Ein Beispiel dafür ist der *Entremés de las jácaras* mit seinem zweiten, von María Luisa Lobato (1986) edierten Teil, wo ein gesangsfreudiges Mädchen mit den in ihren Liedern vorkommenden Protagonisten konfrontiert wird, die plötzlich vor ihr auftreten.

7.4 Mojiganga (Karnevalsstück)

Die mojiganga entwickelte sich aus einer tänzerischen Einlage und stand zunächst zwischen dem zweiten und dritten Akt der comedia. Seit der Mitte des 17. Jahrhunderts schloss sie die Theaterveranstaltung ab als eine Art kurzes **Karnevalsfest**, bei dem die Schauspieler durch ihre groteske Verkleidung, durch übertriebene Bewegungen, unregelmäßige Tänze oder lärmende Musikinstrumente bewusst lächerlich wirkten. Catalina Buezo (1993, 35, 69) hebt hervor, dass es karnevalsähnliche Feste im Winter wie im Sommer gab, die durch mojigangas begleitet wurden. Der Tag vor dem Aschermittwoch stellte nur einen Höhepunkt dar. Es gab fünf unterschiedliche soziale Ebenen mit den entsprechenden Aufführungsorten: Am Hof hatte man den Park des Retiro oder einzelne Räume des Palastes, im volkstümlich-städtischen Kontext bediente man sich einiger in der Stadt improvisiert aufgestellter Bühnen, im studentischen Kontext hatte man die Räume der Universität, für den kirchlichen Kontext standen Klöster und Kirchen zur Verfügung, und im Zusammenhang mit dem Stierkampf nutzte man die Arena.

Die Nähe zum Karneval führen Evangelina Rodríguez Cuadros und Antonio Tordera (1983) dazu, die **Bachtinschen Merkmale** wie Hervorkehrung der Körperlichkeit, Ikonisierung, (wenn z.B. in den

parodierten Figuren eines Stücks zugleich auch Elemente der Speise-
karte oder der Pflanzenwelt zu erkennen sind, d.h. Unbelebtes
belebt wird), oder Transformation, z.b. von Schmerz in Freude, und
Aufhebung der Zeit deutlich in der mojiganga zu sehen. Allerdings
korrigiert E. Rodríguez Cuadros (2000, 128) den Ausschließ-
lichkeitsanspruch des Bachtinschen Ansatzes und bevorzugt nunmehr
eine subtilere Bedeutung, die sich aus unlogischen Beziehungen, aus
sich nicht ausschließenden Gegensätzen und aus Wortspielen ablei-
tet, die im physischen wie im verbalen Bereich eine ebenso spielerische wie unsinnige Dynamik schaffen, »una dinámica lúdica y dis-
paratada que afecta tanto a lo verbal como a lo físico.«

Die mojiganga erinnert an **Metatheater**, insofern die Schauspieler die Künstlichkeit des dargebotenen Stücks dadurch unterstreichen, dass sie sich nun so grotesk verkleiden, dass sie die Scheinhaftigkeit des Theaters und der Verkleidung augenfällig machen. Dieser
Charakter wird besonders deutlich in Calderóns *La mojiganga de las
visiones de la muerte*, wo sich die Mitglieder einer Schauspieltruppe
nach dem Ende einer soeben aufgeführten mojiganga noch kostü-
miert auf einen Wagen begeben, der auf sie wartet, um sie zu einem
benachbarten Ort zu bringen, wo sie dieselbe mojiganga am selben
Tag noch einmal aufführen sollen. Sie nehmen Platz, nicht ohne
theologische und alltägliche Rücksichtnahmen zu beachten. So sind
die Figuren von Leib und Seele durch die Figur des Todes getrennt;
der Engel – es ist die Ehefrau des Schauspieldirektors – hat sich neben den Teufel zu setzen und verdeutlicht so, was er für den Ehemann ist. Auf seinem Weg in einer sumpfigen Gegend kippt der
Wagen um, eine Szene, deren Zeuge ein betrunkener Passant wird.
Ebenso auf den Kopf gestellt erscheinen die Dialoge, die sich nun
zwischen Seele, Körper, Tod und Passanten ergeben. Der Engel fällt
vom Glauben ab, der Teufel macht ein Kreuzzeichen, der Passant
trinkt seinen Wein auf die Gesundheit des Todes. Als schließlich der
Wein als Protagonist auftritt, gibt es nur noch Beschimpfungen und
Handgemenge. Nun kommt eine Gruppe von Galiziern hinzu, die
Zigeuner verfolgen, um sie auszurauben. Erst angesichts des Teufels und des Todes kommen sie zum Stillstand. Nun tanzen und singen alle, sie erklären, dass das Stück ein genialer Unfug und beendet
ist.

Eine bewusste **Parodie** des Calderónschen auto sacramental *Pleito matrimonial del Alma y el Cuerpo* (*Der Eheprozeß von Leib und
Seele*) sieht L. García Lorenzo (1986) im Stück, wobei der betrunke-
ne Passant der mojiganga als **Karikatur** des Segismundo aus *La vida
es sueño* erscheint, da der Passant mit Blick auf die Weinflasche, die

ihm als Kopfkissen dient, behauptet, das Leben sei ein Traum. Nach Margaret R. Greer (1995, 320) ist es von Calderón für sein auto *La vida es sueño* verfasst und dient zwar nicht unbedingt der Parodie religiöser Dogmen, aber doch der Satire jener Konventionen, unter denen mit der Vorführung von autos sacramentales auf der Bühne das Frohnleichnahmsfest begangen wird.

Die mojiganga kann auch eine **Fortsetzung des entremés** sein. So wird nach Agustín de la Granja (1987, 155-157) 1659 am Ende des entremés *La rabia* ein zweiter Teil angekündigt, der dann nach dem auto sacramental *El sacro parnaso* mit der mojiganga *Del Parnaso* folgt. In dieser mojiganga geht María zu ihrer Tante, um etwas Essbares zu bekommen. Da diese auch nichts hat, schmiedet sie den Plan, María solle sich an einem Eingangstor ohnmächtig stellen und sie würde dann einen vorbeikommenden Herrn bitten, Kuchen und Wein zu besorgen, damit die Ohnmächtige wieder zu sich kommt. Zwar gelingt der Plan, doch ist der Wohltäter auf der Flucht und beide eilen vergebens von einem Ort zum anderen, um ungestört die Speisen zu sich zu nehmen. Als schließlich ein Ordnungshüter nach dem Aufenthaltsort des Wohltäters fragt, verliert María die Nerven und verwendet den Kuchen zweckentfremdend, indem sie damit den Ordnungshüter bewirft, da sie als ehrenwerte Frau kein Portal in Madrid findet, wo sie ohne Zeugen essen kann: »Yo lo diré en dos palabras: / no haber portal en Madrid / donde una mujer honr[r]ada / pueda comer un pastel / sin testigos, y, enojada, / hacer que sirva de todo / el que no sirvió de nada; / tirándole a un pendolista.«

Während in den Dramen die männliche Ehre beleidigt wird und gerächt werden muss, erfolgt in der mojiganga eine **spielerische Umkehrung des Ehrenkodex**. In dem von María Luisa Lobato (1987) herausgegebenen Stück *La pandera* rächt sich eine Frau für die beleidigende Bemerkung eines Mannes ihr gegenüber, indem sie ihn bloßstellt. Er, der vor seinen Freunden behauptet, er habe Glück bei den Frauen, wird in eine Situation gebracht, wo nicht nur alle anwesenden Frauen ihm versichern, sie seien nicht in ihn verliebt, sondern sie ihn bis aufs Hemd ausziehen, das Gesicht mit Mehl beschmieren und ihn von seinen Freunden verspotten lassen.

8. Rezeption und Wirkung

8.1 Deutschland

München und Wien waren seit dem 17. Jahrhundert wichtige Vermittler spanischer Literatur für den deutschsprachigen Raum. In Wien hatte Leopold I. 1666 die spanische Infantin Margarita geheiratet, die mangels Sprachkenntnissen in Wien nie heimisch wurde und daher ihren Ehemann erfolgreich um die Aufführung spanischer comedias bat. So wurden mehrere Stücke von Calderón noch zu dessen Lebzeiten in Wien aufgeführt, zum Teil, wie Angeles Cardona Castro (1989, 382) meint, noch vor der Aufführung in Madrid. Erste Übersetzungen und Bearbeitungen Calderóns erschienen in Deutschland noch zu Lebzeiten des Autors (Franzbach 1999). **Lessing** äußert im 18. Jahrhundert die Meinung, es lohne sich, *El alcalde de Zalamea* auf die deutschen Verhältnisse zu übertragen und eine entsprechend umgeschriebene Fassung vorzulegen. Herder hatte bei der Bearbeitung seiner Volksliedsammlung die spanischen Romanzen entdeckt, denen er sich besonders ausführlich widmete, da er sie für das Zeugnis eines ursprünglichen Volkscharakters hielt, bei dem Dichtung, Volk und Klima übereinstimmten.

Von besonderer Bedeutung aber wurde Calderón zur Zeit der **deutschen Romantik**. Die romantische Calderónverehrung wurde nach Henry W. Sullivan (1998, 183) zwischen 1793 und 1809 vorbereitet und erreichte ihren Höhepunkt zwischen 1809 und 1829. Der Schriftsteller und Kritiker Ludwig Tieck, der Shakespeare und Cervantes' *Don Quijote* übersetzte, entdeckte während einer Glaubenskrise Calderón und gewann eine wachsende Sympathie für den Katholizismus. 1799 las Tieck *La devoción de la Cruz* und empfahl das Werk August Wilhelm Schlegel. Bei Vorträgen und Lesungen machte Tieck Werbung für Calderón und konnte viel Interesse wekken für *La vida es sueño*. Die Präsenz des Phantastischen, Magischen, Jenseitigen, Traumhaften, Unbekannten und Unendlichen bei Calderón kam dem von den romantischen Autoren Novalis und Schelling artikulierten Bedürfnis nach dem Übernatürlichen, dem Wunderbaren und Mystischen entgegen. Zwischen 1801 und 1804 lobte Tieck anlässlich mehrerer Vorlesungsreihen in Berlin das spanische Theater und insbesondere Calderón.

Angesteckt von diesem Enthusiasmus schrieb **August Wilhelm Schlegel** 1803 seinen *Aufsatz über das spanische Theater*, wo Calderón als Vertreter des »romantischen Dramas« mit Shakespeare und wichtigen mittelalterlichen Autoren verglichen wird. Schlegel war 1801 nach Berlin gegangen, wo er mit Tieck, Novalis, Fichte und Schelling einen ersten romantischen Zirkel bildete. Seit 1803 war er mit Mme de Staël befreundet, die mit ihrem Buch *De l'Allemagne* das französischsprachige Publikum mit der Weltsicht und Spanienbeurteilung der deutschen Romantik und ihrer Vertreter vertraut machte. Das für die französische Romantik programmatische Vorwort zu Victor Hugos Stück *Cromwell* (1827) bedient sich der Vorgaben Mme de Staels.

Während in Frankreich im 17. und 18. Jahrhundert ein an den aristotelischen Regeln orientiertes Theater herrschte, war die romantische, dem spanischen Theater folgende Befreiung von diesen Regeln etwas Neues und Willkommenes, nicht zuletzt weil sie mit nationalen und antifranzösischen Ressentiments angesichts der Bedrohung durch Napoleons Militär assoziiert wurde.

Entgegen kam der Romantik auch die Relativierung des Ernsten und Wichtigen durch das Komische, wie es in Miguel de Cervantes' *Don Quijote* Sancho Panza gegenüber seinem Herrn vorführt oder wie sich die graciosos des spanischen Theaters des 17. Jahrhunderts gegenüber ihren Herren verhalten. Ein solches Vorgehen loben die Romantiker als **Ironie**, die für sie nicht weniger als ein Zeichen der Freiheit des Künstlers oder des Menschen ist. Werner Brüggemann (1964, 217) zitiert aus A. Müllers 1808 erschienenen *Phöbus*: »Mit, und unmittelbar nach den tiefsten Rührungen der Religion, konnte ein edles Gemüth des Mittelalters, wir fühlen es noch heut, übergehn zum freiesten Scherz über Gegenstände des heiligen Glaubens. Warum? Darum, weil beide Empfindungen, die des Ernstes und der Lust, nur geschieden sind, in einem unedlen irreligiösen Gemüth, dagegen in einem ächten, gediegenen Herzen belebt sind, beide von derselben Andacht und Frömmigkeit.«

Der Bruder August Wilhelms, Friedrich Schlegel, der eine Literatur sucht, die zugleich christlichen und nationalen Ansprüchen genügt, entdeckt diese bei Calderón und Cervantes. Das Typische des **Mittelalters**, wo Phantasie nicht nur die Dichtung, sondern auch das wirkliche Leben prägte, ist für ihn der romantische Geist. In seinen Vorlesungen zur Universalgeschichte interpretiert er die spanische Geschichte als Entwicklungsgeschichte der germanischen Verfassung in Spanien: Zunächst habe die germanische Verfassung den Geist des Römertums besiegt, sich trotz des arabischen Einflusses

behauptet und christliche Wertvorstellungen erarbeitet. Es folge das
Mittelalter, in dem die Verfassung zur Reife kommt, die auch im Siglo de Oro präsent ist. Erst im 18. Jahrhundert sei der römische
Despotismus mit der französischen Hegemonie zurückgekehrt. Da
diese drei Epochen nichts anderes als die Geschichte der germanischen, freiheitlichen Ständeverfassung in Spanien bilden, ist es
verständlich, dass die Suche nach dem zerstreuten Eigenen bei der
Aufnahme der spanischen Literatur leitendes Prinzip ist. Das Werk
Calderóns ist für Friedrich Schlegel zugleich aber die Verkörperung
der romantischen **Universalpoesie.** Bei ihm manifestierten sich
nicht nur Christliches und Phantasie, sondern auch Verankerung im
geschichtlichen Boden, nationaler Charakter und naturerwachsener
Ausdruck.

Zwanzig Jahre nach der allgemeinen Calderónbegeisterung, von
der Goethe 1825 sprach, übersetzte Joseph von **Eichendorff** einige
autos sacramentales Caderóns frei und aktualisierend, offensichtlich,
wie Dietrich Briesemeister (1973) meint, um gegen den geistig moralischen Verfall seiner Zeit zu protestieren und einen Versuch der
Erneuerung religiöser Literatur zu unternehmen. Anders als Eichendorff übersetzte der Privatgelehrte und Kleriker Franz **Lorinser** eng
an der Vorlage orientiert zwischen 1850 und 1887 insgesamt 73 autos sacramentales ins Deutsche. Sie sind für ihn Ausdruck eines goldenen Zeitalters der Religionsgeschichte, nach Pere Juan i Tous
(1988, 198) eine Art rückwärtsgewandte Utopie, »in der Staat, Kirche und (ständische) Gesellschaft auf symbiotische Weise miteinander verbunden waren« und dienen dem Nachweis einer universell
gültigen Literatur im Interesse der Stärkung des Katholizismus.

Nuancierter wird Calderón von Adolf Friedrich Graf **von Schack**
(1815-1894) in dessen dreibändiger *Geschichte des spanischen Dramas und Theaters* (1845/1846) beurteilt. Schwer übertragbar auf
deutsche Verhältnisse erscheinen ihm die oft überlangen Monologe,
die ein Spanisch sprechender Schauspieler schnell, sein deutscher
Kollege aber langsam und damit langweilig zum Ausdruck bringt.
Calderón wirkt bei Schack in seiner historisch-positivistischen, die
romantische Euphorie dämpfenden Perspektive nicht mehr als einsa-
mer Höhepunkt, sondern als Glied in einer langen Kette von Vor-
gängern, wie Dietrich Briesemeister (1982) zeigt. Es liegt auf der
Hand, dass Calderón, der von den Brüdern Schlegel als katholisch-
religiöser Autor eingestuft wurde, im Verlauf des 19. Jahrhunderts
mit dem Katholizismus identifiziert und von dessen Gegnern, wie
Heinrich Heine im Jahr 1833 und seinen Nachfolgern im »Kultur-
kampf« (1871-1887), unter Rückgriff auf die Argumente der Auf-

klärung abgelehnt wird. Doch selbst im Kreis der Romantiker kamen Zweifel auf. Franzbach (1974, 109) führt Tieck an, der 1827 den Mischcharakter der Allegorie kritisiere, der das Religiöse gleichermaßen »zu ›phantastischer Erhabenheit‹ wie zum ›wahrhaft Abgeschmackten und Läppischen‹« werden lasse.

Während sich in England der rebellische Autor Percy Bysshe Shelley Anfang des 19. Jahrhunderts vom metaphysischen Charakter des Calderónschen Theaters und seinen Teufelsfiguren beeindrucken und beeinflussen lässt, ist es in Deutschland **Goethe**, der mit seinem *Faust* die Thematik von Calderóns *El mágico prodigioso* wieder aufnimmt, den Calderónschen Text aber erst nach Abfassung seines eigenen kennen und bewundern lernt. Besonders lobende Worte hält Goethe auch für Calderóns *La hija del aire* bereit. Obwohl er Calderóns katholischen Hintergrund nicht teilt, lässt er 1811 in seinem Weimarer Theater *El príncipe constante* in der von ihm selbst modifizierten Schlegelschen Übersetzung, 1812 *La vida es sueño* und 1815 *La gran Zenobia* aufführen. Im *West-östlichen Divan* (1819) nennt er den durch seinen blumenreichen und allegorischen Stil bekannten persischen Dichter Háfiz, den man kennen sollte, um Calderón richtig zu verstehen.

In Bamberg lässt der für die Leitung des Theaters mitverantwortliche E.T.A. **Hoffmann** in deutscher Übersetzung 1811 *La devoción de la Cruz* und *El príncipe constante* aufführen. Auch **Schiller** hat sich von Calderón inspirieren lassen. Sein Stück *Die Räuber* (1777) hat nicht drei, sondern gemäß aristotelischer Lehre fünf Akte, ist aber hinsichtlich Handlungsaufbau, Hauptfiguren, Pathos und Ethik Calderóns *La devoción de la Cruz* sehr ähnlich, meint Angeles Cardona-Castro (1988).

8.2 Spanien, England, Frankreich

Im Spanien des **18. Jahrhunderts** steht zunächst die Beliebtheit des Calderónschen Theaters beim Publikum der ablehnenden Haltung der neoklassizistischen Theoretiker gegenüber, die sich gegen den barocken Charakter der Werke und gegen die autos sacramentales richtet, wenngleich es, wie Urzainqui (1983) belegt, auch Neoklassizisten gab, die bei Calderón Erfindungsgabe, Verwicklungstechnik, Sprache, Stil, Vers, Publikumsbezogenheit, Komik, Reflexionstiefe, Lokalkolorit und Gelehrsamkeit lobten. In der zweiten Jahrhunderthälfte werden Calderón nach Manuel Durán / Roberto González

Echevarría (1976, 25f) desweiteren vorgeworfen: Unwahrschein-
lichkeit der Handlung, technische Fehler, zu komplizierter Handlungsaufbau, überladener und unverständlicher Stil und fragwürdige
Moral. Als 1769 durch Dekret des aufgeklärten Königs Karl III. die
Aufführung der autos sacramentales verboten wurde, war dies nach
Manfred Tietz (1983, 49) keine so einschneidende Maßnahme,
wie man meinen möchte, da die ins Corral-Theater verlegten
Aufführungen nur zu 50% belegt waren und die relative Beliebtheit nicht auf religiöse Gründe, sondern auf die Freude an der aufwendigen Aufführungstechnik zurückzuführen war. Einfachere,
klarere Botschaften ohne die die öffentliche Ordnung störenden
aristokratischen Duelle und Profanierungstendenzen oder Über-
treibungen im Wunderglauben waren den bürgerlich denkenden
Aufklärern lieber. Ende des 18. Jahrhunderts gewannen die neoklassizistischen Werke an Popularität und verdrängten Calderón in
der Publikumsgunst.

Erst als das Interesse der deutschen Romantik an Calderón durch
den deutschen Kaufmann Juan Nicolás **Böhl de Faber** in Spanien
bekannt gemacht wurde, änderte sich die Situation. In seinem *Pasatiempo crítico en defensa de Calderón y el teatro antiguo español*
(1820) präsentierte er, allerdings in einer verkürzten Sicht, die
Schlegelschen Theorien und ruft den Widerspruch der Autoren José
Joaquín de Mora und Antonio Alcalá Galiano hervor. Es entsteht
ein literarischer Streit, hinter dem sich nach Guillermo Carnero
(1990) ein ideologischer verbirgt, da Mora und Alcalá Galiano libe-
ral denken, während der konservativ-monarchistisch denkende Böhl
de Faber alles ablehnt, was als liberale, neoklassizistische oder revo-
lutionäre Idee aus Frankreich kommt.

Der editorischen Arbeit Juan Eugenios **Hartzenbuschs** ist es zu
verdanken, dass das Werk Calderóns 1881 zum zweihundertsten
Jahrestag seines Todes in zahlreichen spanischen Bibliotheken zugänglich war. Beweis dafür, dass der damalige herrschende posi-
tivistische Zeitgeist für Calderón ungünstig war, ist die bekannte
Kritik des 25jährigen, später berühmten Literaturwissenschaftlers
Menéndez y Pelayo, die er in *Calderón y su teatro*, einem seiner ersten Bücher, 1881 äußert. Menéndez y Pelayo betrachtet Calderón
aus der Perspektive des Neoklassizismus und lehnt sich an Luzán an,
wenn er Calderóns rhetorisch stilisierte und metaphernreiche Sprache und die unwahrscheinliche psychologische Stringenz in der Entwicklung der individuellen Charaktere kritisiert und ihm Anachro-
nismen bei den historischen Dramen und Wiederholungen von
Typen und Situationen vorwirft. Anknüpfend an Menéndez y Pel-

ayo wird nach Bruce W. Wordropper (1982) Calderón von Ortega y Gasset, Antonio Machado und Miguel de Unamuno vorgeworfen, falsche Ideen zu verbreiten, an veraltetem scholastischen Denken festzuhalten und im Standesdünkel einer kleinen Gruppe in Kirche und Hof zu verharren.

Sicherlich ist es der Überwindung von Realismus und Naturalismus sowie der Wiederentdeckung des Barock durch die 27er Generation in Spanien zu verdanken, dass Calderón in den zwanziger und dreißiger Jahren des 20. Jahrhunderts eine **Neubewertung** erfährt. **In Spanien** gaben Angel Valbuena Prat, Valbuena Briones, Pérez Pastor, Cortarelo y Mori und Félix de Olmedo dazu den Anstoß. **In England** waren es Alexander A. Parker und E.M. Wilson, von denen die Initiative der angelsächsichen Forschung ausging, das Interesse weniger auf die sprachliche Gestaltung oder Inszenierung zu richten, als vielmehr auf eine an Ideen, Themen und moralischen Prinzipien orientierte Strukturanalyse, bei der nicht selten die Handlung aus dem durch sie exemplifizierten Prinzip logisch ableitbar wird. Während der Engländer Parker stärker an theologischen Themen interessiert ist, experimentiert der Amerikaner Wardropper mit unterschiedlichen, z.B. auch psychoanalytischen, Paradigmen.

Das **französische Theater** des 17. Jahrhunderts lehnt einerseits das spanische Theater ab, da es die aristotelischen Regeln nicht berücksichtigt, andererseits übernimmt es Themen und Stoffe, nicht der philosophischen oder religiösen, sondern der komischen Stücke. Häufig waren es frühe französische Übersetzungen und Bearbeitungen, die nach Franzbach (1974, 117) die Impulse für die Rezeption in den Niederlanden, England und Deutschland gegeben haben. Im 18. Jahrhundert beeinflusste Calderóns Komödie Marivaux und Beaumarchais. Voltaire, der selbst *En esta vida todo es verdad y todo mentira* (*In diesem Leben ist alles Wahrheit und alles Lüge*) übersetzte, hielt dessen Handlung für weniger wahrscheinlich als die jedes beliebigen Märchens aus *1001 Nacht*. Die autos sacramentales lehnte er als religiösen Aberglauben ab.

Auf die französische »Querelle des Anciens et des Modernes«, vor deren Hintergrund Calderón noch im 18. Jahrhundert kontrovers diskutiert wurde, weist Hans Mattauch (1979) hin. Im 19. Jahrhundert wird in Frankreich die Kontroverse um Calderón mit der Kontroverse über die *Vorlesungen über dramatische Kunst und Literatur* von A. W. Schlegel, die bereits 1814 in französischer Übersetzung vorlagen, verknüpft. Er wird nun entweder mit Schlegel positiv aufgenommen oder mit Rückgriff auf aufklärerische Standpunkte abgelehnt. Dass sich die französische Literaturwissenschaft weniger mit

Calderón beschäftigte als etwa die deutsche oder angelsächsische, ist für Jean Canavaggio (1984) angesichts des großen Publikumserfolgs der Mantel- und Degenstücke im 17. und 18. Jahrhundert und Calderóns Einfluss auf die französischen Romantiker verwunderlich. Er führt es darauf zurück, dass der in Frankreich berühmte Hispanist Alfred Morel Fatio (1923) mit seinem negativen Urteil ähnlich verheerend gewirkt hat wie in Spanien Menéndez y Pelayo.

8.3 Ausblick

Hans Flasche ist der deutsche Hispanist, der sich seit 1936 bis in die neunziger Jahre für Fortgang und Förderung der Calderónforschung ganz besonders eingesetzt hat. Zu nennen sind nicht nur seine zehn *Coloquios Anglogermanos,* die unter dem Titel *Hacia Calderón* beim Steiner-Verlag in Wiesbaden und Stuttgart erschienen, sondern auch die Konkordanz zu Calderón, die Herausgabe von Texten wie *El divino cazador* und die zahlreichen Arbeiten, in denen er wichtige linguistische, rhetorische, themen- ideen- und gattungsgeschichtliche Aspekte bei Calderón hervorhebt. Demgegenüber sieht **Hugo Friedrich** (1955, 5) Calderóns Theater eher ablehnend und skeptisch. Ihm erscheint es geprägt durch den gegenreformatorischen Katholizismus. Es fasziniere den, der historischen Sinn besitzt gerade um seiner Befremdung willen. »In dieses Werk hat er die theologischen, patriotischen, höfischen Gesinnungen seines Zeitalters aufgenommen, um sie einem Themenkreis und einer Symbolik dienstbar zu machen, die mittelalterlicher Herkunft sind, und um sie künstlerisch zu verlebendigen in einem hochstilisierten Theater, das sich farben- und wortschwelgerisch vor einem düsteren, eintönigen Hintergrund abspielt.«

Etwas moderner wird diese These von José Antonio Maravall (1975, 185-187, 195f) formuliert. Für ihn ist Calderóns Theater nicht mehr als ein wirksames **Instrument** zur Verbreitung der Werte der herrschenden Klasse. Allerdings muss man sich die Frage stellen, warum das Propagandatheater einer gelenkten Kultur immer wieder Angriffe und Ablehnungen der Theoretiker und Wortführer dieser Kultur hervorgerufen hat. Für José Amezcua (1997, 59) sind die zur Lösung einer Ehrenproblematik erzwungenen Eheschließungen, z.B. in *El médico de su honra* oder in *No hay cosa como callar,* nichts anderes als Provokationen zur **Auseinandersetzung mit überlieferten Vorstellungen** und dem eigenen kritischen Urteilsvermögen eines

beunruhigten und unkonformistischen Autors, »de un autor intran-
quilo, inconforme con la sociedad representada, que es la suya.«

Auch Manfred Engelbert (1985, 262f) hält Calderón für einen
Apologeten der Vergangenheit. Er sieht Calderón durch die jesuitische Gnadentheologie geprägt, deren Vertreter, der spanische Jesuit
L. de Molina, dem Menschen die Möglichkeit zubilligt, trotz Sündenfall durch gute Werke zur eigenen Erlösung im Jenseits beizu-
tragen. Wenn sich nun Protestantismus und Kapitalismus als »zwei
Seiten derselben Medaille« dem entgegenstellen, wird zur zentralen
Aufgabe Calderóns »die Rechtfertigung von Herrschaftsstrukturen,
die durch den sich entwickelnden Kapitalismus in Frage gestellt
werden.« Joachim Küpper (1990, 92f) führt Engelberts Position fort
und sieht Calderón als Autor der Gegenreformation, der angesichts
der mit Renaissance, Humanismus und Reformation aufgetretenen
Unsicherheiten im Sinne des Konzils von Trient die überlieferten
Lehren einer »Diskurs-Renovatio« unterzieht, bei der das Neue in
das Alte zurückintegriert wird. Küppers Grundthese ist, dass die
durch blinde Kontingenz, nominalistische Zerrüttung und Chaoti-
sierung gekennzeichnete Welt der Renaissance im Barock verarbeitet
und zugunsten einer neuen Ordnung mit exemplarischen und typo-
logischen Gesetzmäßigkeiten überwunden wird. »Die profunde Orientierungslosigkeit und der Ordnungsverlust des rinascimentalen
Diskurses wird durch den Rekurs auf die Basis-Schemata der ortho-
dox-analogischen Rede, durch eine Diskurs-Renovatio bewältigt.«
Ausführlich setzt sich Küpper mit Calderóns Quellen aus der Renaissance auseinander, um so zu zeigen, wie das spanische Barockdrama im einzelnen auf den Diskurs der Renaissance Italiens
reagiert. So finde man Spuren des Nominalismus und der Diskurs-
vielfalt der Renaissance im barocken »Sprachregelungstheater« (Küpper 1990, 414) wieder. Dominierend aber ist der christliche Diskurs, in dessen Ordnung Elemente der Renaissance im mehrfachen
Sinn des Wortes »aufgehoben« werden.

Antonio Regalado (1995, 265f) dagegen sieht Calderón als
Überwinder der Traditionen des Mittelalters. Für ihn dominiert
bei Calderón das Neue. »Los tres enemigos de la moral y la fe cris-
tianas denunciados por Pascal – probabilismo, escepticismo y teatro
– confluyeron contundentemente en el arte dramático de su contemporáneo Calderón.« (»Die drei von Pascal angeprangerten Feinde
christlicher Moral und christlichen Glaubens, Probabilismus, Skeptizismus und Theater, fanden im Theater seines Zeitgenossen Calderón eine überzeugende Verbindung«). Der Calderón prägende
Probabilismus behauptet, dass man in Wissenschaft und Philosophie

nicht zu einer Sicherheit gelangen, sondern sich mit einer mehr
oder weniger großen Wahrscheinlichkeit begnügen müsse. Ethisch
wird er relevant, wenn eine Handlung nicht eindeutig durch die
Moral verboten wird. Schon die Stoiker stritten sich darüber, ob
z.b. ein Kaufmann, der zur Zeit einer Hungersnot Getreide nach
Rhodos bringt, aber unterwegs erfährt, dass mehr Zufuhr komme,
dies sagen und sein Getreide billiger verkaufen solle oder nicht.

In der von den Jesuiten vertretenen **Kasuistik** greift dann die
Lehre, dass beim Zweifel über die Erlaubtheit oder Unerlaubtheit einer Handlung auch der weniger sicheren aber mit billigenden Gründen gestützten Meinung gefolgt werden darf, auch wenn die entgegengesetzte Meinung z.b. durch die Autorität eines prominenten
Theologen billigenswerter ist. So sei Calderóns Protagonist »Luis
Pérez el gallego« im gleichnamigen Stück, der den falschen Zeugen
und den ungerechten Richter tötet, um nicht als Unschuldiger verurteilt zu werden, nicht Resultat einer fehlenden Moral, sondern einer subjektiven Interpretation, bei der das Individuum seine individuelle Moral über die korrupte Justiz stelle. Obwohl Verbrechen
mit Sünde gleichgesetzt werden, konkurrieren z.b. in *El médico de
su honra* weltliches und geistliches Recht. Einer der bekanntesten
Kasuisten des 17. Jahrhunderts Antonio Diana behauptet, »que ›el
adulterio en cuanto pena de sangre pertenece al juez seglar‹, ya que
no es lícito por parte del marido, según las leyes eclesiásticas, matar
a la mujer adúltera.« (Regalado I, 1995, 371) (»daß ›der Ehebruch,
was die Blutrache als Strafe anbetrifft, in den Aufgabenbereich des
weltlichen Richters fällt‹, da es seitens des Ehemanns nach den
kirchlichen Gesetzen nicht erlaubt ist, die ehebrecherische Frau zu
töten«).

La vida es sueño wird für Regalado zum Beispiel dafür, dass Calderón mit Segismundo auf der Seite des erkenntnistheoretischen
Skeptizismus steht, wenn er Basilios vermeintliche apriorische Sicherheit widerlegt (Regalado I, 1995, 457-494). Als weiteres Beispiel für Skeptizismus erscheint Regalado der Tyrann Focas in Calderóns *En la vida todo es verdad y todo es mentira* (Regalado I, 195,
638). Während nach Descartes von zwei Personen, die gegensätzliche Meinungen vertreten, sich einer täuschen muss, postuliert der
skeptische Probabilismus beim inneren Konflikt gegensätzlicher
Optionen, dass für praktische Handlungen ein hoher Grad von
Wahrscheinlichkeit ausreicht. Eben darin liegt nach Regalado der
Schlüssel zu Calderóns Theater: »En el teatro de Calderón se repiten
situaciones en las que el personaje se ve asediado por dos opiniones
igualmente probables o por los deberes o imperativos de idéntica

fuerza« (Regalado I, 1995, 670). (»In Calderóns Theater kommen
immer wieder Situationen vor, in denen sich die Figur zwei gleichermaßen wahrscheinlichen Optionen oder gleichstarken Pflichten
oder Imperativen ausgesetzt sieht«). Modern erscheint Calderón zudem durch sein Eintreten für Moriskem, für Indios aus Peru und für
Bauern sowie durch seine Kritik von früheren Monarchen, die ihm
auch den Tyrannenmord legitim erscheinen lässt. Für Regalado geht
Calderón noch über den Cartesianischen Zweifel hinaus:

»El dramaturgo impone sobre sus personajes una duda nada cartesiana, ya
que los priva de toda posibilidad de certidumbre abismándoles en la deses-
peración. [...] Calderón logra esa subversión de toda creencia y opinión so-
metiendo a sus personajes a un proceso que les impide aferrarse a una certidumbre y que les obliga a poner en duda hasta su propia existencia«
(Regalado I, 1995, 729f).

(»Der Theaterautor setzt seine Figuren einem in keiner Weise cartesianischen Zweifel aus, da er sie jeder möglichen Sicherheit beraubt und sie in
ihrer Verwirrung verzweifeln läßt. [...] Calderón erreicht diese Untermimie-
rung jeder Ansicht und Meinung, indem er seine Figuren einem Prozeß unterzieht, der es ihnen unmöglich macht, auf einer Sicherheit zu beharren
und sie dazu zwingt, sogar ihre eigene Existenz in Zweifel zu stellen«).

Jacinto Rivera de Rosales (1998) präzisiert Regalados Ansatz und
sieht Calderón ebenso sehr vom **Skeptizismus und Pyrrhonismus**
wie von Thomas von Aquin geprägt. Dass Calderón die These des
Thomas von Aquin übernimmt, nach der der Weg zur Erkenntnis
des Übersinnlichen über die Wahrnehmung des Sinnlichen führt,
belegt er mit einem Zitat der Figur der Weisheit aus *El nuevo hospi-
cio de pobres*: »Que lo invisible no es / posible que se comprenda; / y
sólo para rastrearlo / da a lo visible licencia, / de que en ejemplos vi-
sibles, / lo no visible se entienda« (Obras completas III, 1187a).
(»Daß das Unsichtbare nicht verstanden werden kann; und nur, um
ihm nachzuforschen gibt es dem Sichtbaren die Erlaubnis, daß in
sichtbaren Beispielen das Unsichtbare verständlich wird«). So erscheint auch die Frage nach der Seinsweise Gottes und der Seele nur
über Gegebenheiten aus der Erfahrung beantwortbar. Diese aber ist
unsicher, da Sinne und Vorstellungen täuschen.
     Dass bei Calderón nicht nur der Skeptizismus eines Michel de
Montaigne (1533-1592), Pierre Charron (1541-1606) oder Francisco Sánchez (1551-1623), sondern auch **der methodische Zweifel**
Descartes' angelegt ist, belegt Rivera de Rosales (1998, 10) mit Segismundo aus *La vida es sueño*. Nachdem dieser sein Leben eingesperrt in einem Turm verbracht hat und unter Betäubung in die völ-

lig andere und unbekannte Realität des Hofes versetzt wurde, versucht er, seine Erkenntnis an einen festen Punkt zu binden. Das erste,
worauf er zurückgreift ist dieses Denkende, die Evidenz seiner eigenen
Existenz, dass er lebt und Bewusstsein hat. Segismundo sagt: »Decir
que sueño es engaño, / bien sé que despierto estoy. / ¿Yo Segismundo
no soy?« (1236-1238). (»Sagen, daß Traum Täuschung ist, ich weiß
gut, daß ich im wachen Zustand bin. Bin ich nicht Segismundo?«).
Dass auch die Vorstellungen täuschen, zumal wenn sie von fehlenden
oder falsch gedeuteten Beobachtungen ausgehen, dafür ist Gutierre in
El médico de su honra ein Beleg, der auf die Frage des Königs, was er
denn wirklich gesehen habe, antwortet: »Nada: que hombres como yo
/ no ven; basta que imaginen« (2127f). (»Nichts, daß Menschen wie
ich nicht sehen, es genügt, daß sie Vorstellungen haben«). Die genannten, in den jeweiligen Stücken zentralen und zahlreiche weitere
von Rivera de Rosales angeführte Belege zeigen, wie stark Calderón
vom Skeptizismus der Renaissance geprägt ist.

Für Susana Hernández-Araico (1986, 14f) steht **der distanzierende Effekt der Komik** im Zusammenhang mit einer distanzierten
Haltung Calderóns gegenüber bestimmten herrschenden Normen.
Im Theater des Siglo de Oro sieht sie einen »perspectivismo dialógi-
co« im Sinne von M.M. Bachtins »tradición carnavalesca que celebra la relatividad de la vida en contra de la sombría seriedad oficial,
unilateral y dogmática, la cual basada en el miedo a la evolución natural pretende absolutizar las condiciones del orden social.« (»karne-
valeske Tradition, die die Relativität des Lebens feiert und gegen den
düsteren offiziellen, einseitigen und dogmatischen Ernst stellt, der
auf der Grundlage der Furcht vor der natürlichen Entwicklung beansprucht, die Bedingungen der sozialen Ordnung verabsolutieren«). Der Erfolg von Calderóns Theater beruhte also nicht auf seiner Funktion als Propagandainstrument zur Stabilisierung des
politischen Systems, sondern auf dem Mechanismus der zunehmenden offiziellen Einbeziehung und Institutionalisierung des Karnevalesken. Wenn das Theater ernste Probleme wie den Missbrauch
der königlichen Macht thematisiert, dann kann es als scheinbar bloß
komische Unterhaltung der Aufmerksamkeit der Zensoren entgehen. Mit der mythisch überhöhten Vorstellung des Königs im mythologischen Theater sieht Hernández-Araico (1987) immer auch
zugleich einen Gegendiskurs verbunden, der sie mit mahnenden,
kritischen und burlesken Elementen unterläuft. Dass sich Calderón
nicht der staatlichen Propagandamaschine unterordnete, sondern
sich ihr erfolgreich widersetzte, wurde am Beispiel von *El mayor encanto amor* gezeigt. (s. Kap. 4.1).

Beim »**teatro breve**« sind, wie sich gezeigt hat, Lachen, Provokation, Subversion und Parodie geradezu Gattungskennzeichen. So zeugen denn auch die quantitative Präsenz der zahlreichen obligatorisch ein- oder anzufügenden kleinen Stücke von der Bedeutung, die Provokation, Parodie, Subversion und Lachen im Theater überhaupt hatten. Dass bei allen diesen Stücken eine dialogische Perspektive die Verabsolutierung von Normen und Dogmen, wenn sie denn stattfände, verhindern würde, kann nicht bestritten werden. Da sich aber gezeigt hat, dass häufig auch die comedias selbst durchaus ein kritisches Potential haben, erweisen sich nun die kurzen Stücke als Bestärkung und Fortsetzung der bereits im Hauptprogramm angelegten Kritik.

Wie ist die Frage nach Calderóns Modernität oder Traditionsverbundenheit, nach seiner Funktion als Kritiker oder Verfechter des politischen Systems, der gesellschaftlichen Verhältnisse und des Ehrenkodex rückblickend auf die unterschiedlichen vorgetragenen Aspekte zu beantworten? Wenn in Marc Vitses (1997) **Kampf zwischen den Generationen** im Verlauf des Jahrhunderts zunehmend die jüngere den Sieg davonträgt, dann ist dies nicht der Fall, weil sie bestehende Normen verteidigt, sondern weil sie sich ihnen entgegenstellt. Dass gesellschaftliche Verhältnisse in Calderóns Theater nicht unkritisch hingenommen werden, wurde bei mehreren Stücken deutlich. *El alcalde de Zalamea* erschien als »verkehrte Welt«, in der ein adliger Soldat vom Dorfrichter verurteilt und unstandesgemäß exekutiert wird, wobei die dominierende Ehrauffassung des Stücks christlich egalitär war.

Als Prüfstein für die Bewertung von Macht und staatlicher Autorität erweist sich die **Darstellung des Königs** bzw. Herrschers. Dass anders als in der Calderón-Forschung traditionell immer wieder behauptet, der König durchaus nicht immer eine als unantastbar und positiv darzustellende Figur ist, hat A. Robert Lauer (1988) nachgewiesen. Er zeigt, dass sich dies in eine Kette einfügt, die zu Juan de la Cueva über Lope de Vega zu Calderón führt. Machterlangung und Machterhaltung sind häufige Themen. Beispiel eines tyrannischen Unterdrückers ist Focas in *En esta vida todo es verdad y todo mentira*. Bei Calderón werden Despoten und solche, die es werden wollen, als habgierig, ehrgeizig, stolz und unverschämt dargestellt. Beispiele sind Thronanwärter Absalón und der Thronfolger Amon in *Los cabellos de Absalón*, Semíramis in *La hija del aire* oder Aureliano in *La gran Cenobia*. Von letzterem heißt es: »Viva, para ser azote / sangriento y mortal asombro / de la tierra« (1951, 157). Er wird im Stück zwanzig Mal als Tyrann, vier Mal als Barbar und ebensooft als Verräter bezeichnet. Als »rex inutilis« erweist sich der

Monarch, der zwar legal an der Macht ist, dem aber Kraft und
Energie der Usurpatoren und Thronanwärter fehlen. Beispiel dafür
ist der mental zurückgebliebene Juan Basilio im ersten Teil von *El
principe perseguido* (*Der verfolgte Fürst*).

Auch bei Calderóns Schülern ist der König Zielscheibe der Kritik, wie der ineffiziente, furchtsame und unachtsame Mustafa in *El
tirano castigado* (1671) (*Der bestrafte Tyrann*) von Juan Bautista Dia-
mante belegt. Im selben Stück wird der tyrannische Sultan Osman
vom Parlament zum Tod verurteilt (Lauer 1988). Man kann dem
entgegnen, dass dies einem christlichen König bei Calderón nicht
passiert wäre, muss aber auch die Möglichkeit des Analogieschlusses
und der Übertragbarkeit sehen. Zu Recht hatte A.A. Parker (1988)
bemerkt, dass unmoralische oder ungerechte Monarchen von Calderón mit Vorliebe zeitlich in die Antike oder das Mittelalter oder
räumlich ins ferne Ausland versetzt werden. So erscheint auch Basilio in negativem Licht, da er sich in *La vida es sueño* mit spekulativen Fragen der Mathematik beschäftigt, statt sich ganz der Praxis
des Regierens zu widmen. Da er nicht seinen legitimen Sohn als
Herrscher einsetzen will, erscheint er als Tyrann, den durch eine
Rebellion abzusetzen erlaubt ist. Herodes in *El mayor monstruo del
mundo* ist von Privatinteressen geleitet, handelt wütend und leidenschaftlich und steht gleichfalls im Gegensatz zum Idealbild des
verantwortungsbewussten, stoisch denkenden und am Wohl des Ge-
meinwesens orientierten Herrschers.

Ein weiteres Kriterium für die Einschätzung der bestehenden
Verhältnisse in Calderóns Theater ist sein kritischer **Umgang mit
dem Ehrenkodex**. In *El médico de su honra* werden die unchristlichen Konsequenzen des Festhaltens am Ehrenkodex exemplifiziert,
der als bloßer Schatten eines mittelalterlichen, noch an Heldentum
geknüpften, Ehrbegriffs erscheint. Wenn in *El pintor de su deshonra*
aus dem Täter Juan ein weiteres Opfer wird, dann dominiert die
Kritik an einem Rache suchenden Ehrenkodex, der mit der christlichen Ethik unvereinbar ist. Wenn wie in *La devoción de la Cruz*
der Ehrenkodex mit der religiösen Thematik verbunden wird und
Curcio am Ende den Gedanken, an Eusebio Rache zu nehmen, aufgibt, werden Ehre und Rache aus christlicher Sicht relativiert und
durch Verzeihung und Erlösung überwunden. Sogar die Verwechs-
lungskomödie *La dama duende* zeigt als negative Folgen des Ehrenkodex, dass Angela an das Haus der Brüder gefesselt und zur
Verkleidung und Verstellung gezwungen ist. Hier wird der Ehrenkodex spielerisch umgangen und durch die Dominanz der weiblichen Perspektive relativiert.

Dass die religiösen Stücke und die autos sacramentales die Christen in ihrem Glauben bestärken sollen, ist selbstverständlich. Dies allerdings können sie durch Rückgriff auf die scholastische Tradition oder unter Berücksichtigung unterschiedlicher in Renaissance, Reformation und Gegenreformation aufgetretener neuer Gesichtspunkte. Letzteres jedenfalls scheint der Fall zu sein, wenn in *El mágico prodigioso* die Unzulänglichkeiten einer scholastisch und rational begründeten natürlichen Religion der überlegenen persönlichen und gelebten Glaubenserfahrung gegenübergestellt werden. Während das auto sacramental *Los encantos de la culpa* eine Variation der in Antike und Renaissance beliebten Alternative zwischen Tugend und Sinnenfreude, vor der auch Herakles schon stand, vorführt, wird in *El gran teatro del mundo* angesichts aller Rätsel zwischen Geburt, Tod, Diesseits und Jenseits immer wieder der auf die Praxis verweisende Vers »Obrar bien, que Dios es Dios« wiederholt. Beide autos sind symptomatisch für das in dieser Gattung besondere Interesse für die Ethik und das menschliche Handeln. Auch diese Interessenverlagerung **von der scholastischen Metaphysik zu einem christlichen Humanismus**, der sich in erster Linie für das Handeln des Menschen in der Welt interessiert, ist ein Erbe, das die Renaissance hinterlassen hat.

Schließlich hat sich gezeigt, dass das mythologische Theater nicht nur der Machtdemonstration eines als homogen zu verstehenden Herrscherhauses ist. Dass Calderón auch bei Intrigen am Hof Partei ergriff, hatte M. Greer (1986) am Beispiel des von ihr herausgegebenen Stücks *La estatua de Prometeo* vorgeführt. Hier spiegelt der Antagonismus zwischen dem reaktionären Anführer Epimetheus und Prometheus als dem Vertreter neuer Ideen den Konflikt zwischen den konservativen Beratern der Königin und dem Reformer Juan José de Austria, wobei Calderón letzteren in positiverem Licht darstellt. Wenn in *Eco y Narciso* ebenso wie in *Fieras afemina amor* dem zivilisierten höfischen Leben gegenüber der Einsamkeit des Waldes oder dem Streben nach Ruhm der Vorzug gegeben wird, dann dient dies nicht in erster Linie zur Ehre des Hofes, sondern ergibt sich aus dem Postulat der **Realisierung eines in der Renaissance universal verstandenen Menschenbildes**, das den Verzicht von Liebe und gesellschaftlichen Umgang als unzivilisierte Wildheit ablehnt. Für den Humanisten der spanischen Renaissance Juan Luis Vives gehört zur »dignitas hominis« (Buck 1995, 7) ein humanistischer Imperativ, der als Motto auch über den genannten mythologischen Stücken Calderóns stehen könnte: Die »dignitas hominis« sei zu erstreben durch einen »homo humanus, der sich der Gesellschaft

gegenüber verantwortlich fühlt und sich daher zusammen mit andern um die öffentlichen Angelegenheiten kümmert« und gleichermaßen »prudens, iustus, socius, humanus, benignus« ist.

Bibliographie

1. Zur Einführung

Texte

Obras completas:
  tomo 1 dramas. Luis Astrana Marín (Hg.). Madrid Aguilar 1951.
  tomo 2 comedias. Angel Valbuena Briones (Hg.). Madrid: Aguilar 1956.
  tomo 3 autos sacramentales. Angel Valbuena Prat (Hg.). Madrid: Aguilar 1952
Obras maestras. Alcalá-Zamora, José, und José María Díez Borque (Hg.). Madrid:
  Castalia 2000
Teatro cómico breve. María Luisa Lobato (Hg.). Kassel 1989

Calderóns ausgewählte Werke in zehn Bänden. Wolfgang von Wurzbach (Hg.).
  Leipzig: Hesse und Becker Verlag 1910

La exaltación de la Cruz. In: Juan Eugenio Hartzenbusch (Hg.): Comedias. Madrid:
  BAE 1945, Bd. 2, 355-375
La gran Cenobia. In: Luis Astrana Marin (Hg.): Pedro Calderón de la Barca. Ob-
  ras completas. tomo I. Dramas. Madrid: Aguilar 1951, 153-185
La hija del aire (primera parte). In: Luis Astrana Marin (Hg.): Pedro Calderón de
  la Barca. Obras completas. tomo I. Dramas. Madrid: Aguilar 1951, 633-668

Forschungsliteratur

Alcalá-Zamora, José, José María Díez Borque (Hg.): Pedro Calderón de la Barca,
  Obras maestras. Madrid: Castalia 2000
Allen, John J.: El papel del vulgo en la economía de los corrales de comedia ma-
  drileños. In: Edad de Oro 12, 1993, 9-12
Arellano, Ignacio: Historia del teatro español del siglo XVII. Madrid: Cátedra
  1995
Arellano, Ignacio: La comicidad escénica en Calderón. In: Bulletin Hispanique
  88, 1986, 47-92
Arellano, Ignacio: Valores visuales de la palabra en el espacio escénico del Siglo de
  Oro. In: Revista canadiense de estudios hispánicos XIX, 3, primavera 1995,
  411-443
Asensio, Eugenio: Itinerario del entremés: desde Lope de Rueda a Quiñones de
  Benavente. Madrid: Gredos 1965
Aubrun, Charles Vincent: La comédie espagnole (1600-1680). Paris : PUF 1966
Blanco, Mercedes: De la tragedia a la comedia trágica. In: Christoph Strosetzki
  (Hg.): Teatro español del Siglo de Oro. Teoría y práctica. Frankfurt a.M. 1998,
  38-60

Buezo, Catalina: La mojiganga dramática. De la fiesta al teatro. I. estudio. Kassel 1993

Campa Gutiérrez, Mariano de la, Delia Gavela García, Dolores Noguera Guirao: Breve corpus documental para el estudio de los festejos públicos y su dimensión teatral a finales del XVI en Madrid. In: Edad de Oro, XVI 1997, 89-98

Canet Vallés, José Luis: El nacimiento de una nueva profesión: Los autores-representantes (1540-1560). In: Edad de Oro XVI, 1997, 109-120

Cazal, Françoise: Del pastor bobo al gracioso: el pastor de Diego Sánchez de Badajoz. In: Criticón 60, 1994, 7-18

Cotarelo y Mori, Emilio: Bibliografía de las controversias sobre la licitud del teatro en España (Madrid 1904), José Luis Suárez García (Hg.). Granada: Universidad de Granada 1997

de Armas, Frederick A., David M. Gitlitz und José A. Madrigal (Hg.): Critical Perspectives on Calderón de la Barca. Lincoln, Neb. 1981, Society of Spanish and Spanish-American Studies

Denzler, Georg (Hg.): Calderón. 1600-1681. Bamberger Vorträge zum 300. Todesjahr. Bamberg 1983

Díez Borque, José María (Hg.): Actor y técnica de representación del teatro clásico español. London: Tamesis 1989

Díez Borque, José María (Hg.): Pensar Calderón desde 2000, im Druck

Díez Borque, José María: El auto sacramental en los corrales de comedias. In: Hans Flasche (Hg.): Hacia Calderón. Noveno coloquio anglogermano. Liverpool 1990. Stuttgart 1991, 45-53

Díez Borque, José María: Teoría, forma y función del teatro español de los siglos de oro. Madrid: Olañeta 1996

Durán, Manuel, Roberto González Echevarría: Calderón y la crítica: Historia y antología. Madrid: Gredos 1976

Egido, Aurora: Heráclito y Demócrito. Imágenes de la mezcla tragicómica. In: Christoph Strosetzki (Hg.): Teatro español del Siglo de Oro. Teoría y práctica. Frankfurt a.M. 1998, 68-101

Eglseder, Andreas: Der »Arte Nuevo« von Lope de Vega. Frankfurt a.M. 1998

Ferrer Valls, Teresa: La práctica cortesana: de la época del Emperador a la de Felipe III. London: Tamesis 1991

Flasche, Hans (Hg.): Calderón de la Barca. Darmstadt: Wiss. Buchgesellschaft 1971

Flasche, Hans (Hg.): Hacia Calderón. Coloquio Anglogermano. Exeter 1969, Berlin 1970

Flasche, Hans (Hg.): Hacia Calderón. Segundo coloquio anglogermano. Hamburgo 1970, Berlin, New York 1973

Flasche, Hans (Hg.): Hacia Calderón. Tercer coloquio Anglogermano. Londres 1973, Berlin, New York: de Gruyter 1976

Flasche, Hans (Hg.): Hacia Calderón. Cuarto Coloquio Anglogermano. Wolfenbüttel 1975, Wiesbaden 1979

Flasche, Hans, Robert D. F. Pring-Mill (Hg.): Hacia Calderón. Quinto coloquio anglogermano. Oxford 1978, Wiesbaden 1982

Flasche, Hans (Hg.): Hacia Calderón. Sexto Coloquio Anglogermano. Würzburg 1981. Wiesbaden: Steiner 1983

Flasche, Hans (Hg.): Hacia Calderón. Séptimo Coloquio Anglogermano. Cambridge 1984, Stuttgart: Steiner 1985

Flasche, Hans (Hg.): Hacia Calderón. Octavo coloquio Anglogermano. Bochum 1987, Stuttgart 1988

Flasche, Hans (Hg.): Hacia Calderón. Noveno Coloquio Anglogermano. Liverpool 1990, Stuttgart 1991

Flasche, Hans (Hg.): Hacia Calderón. Décimo Coloquio Anglogermano. Passau 1993, Stuttgart 1994

Friedrich, Hugo: Der fremde Calderón. Freiburg 1955

García Lorenzo, Luciano (Hg.): Calderón. Actas del »Congreso internacional sobre Calderón y el teatro español del siglo de oro«, Bd. 2. Madrid: CSIC 1983

García Lorenzo, Luciano (Hg.): Estado actual de los estudios calderonianos. Kassel 2000

Gewecke, Frauke: Thematische Untersuchungen zu dem vor-calderonianischen »auto sacramental«. Genf 1974

Granja, Agustín de la : El actor barroco y el arte de hacer comedias. In: Heraclia Castellón, Agustín de la Granja, Antonio Serrano (Hg.): En torno al teatro del siglo de oro, Actas de las jornadas IX-X celebradas en Almería. Almería, Instituto de Estudios Almerienses 1995, 17-42

Granja, Agustín de la : El actor en las alturas: de la nube angelical a la nube de Juan Rana. In: Cuadernos de Teatro Clásico. Madrid, im Druck

Granja, Agustín de la: La música como mecanismo de la tentación diabólica en el teatro del siglo XVII. In: Cuadernos de teatro clásico 3. Madrid 1989, 79-94

Granja, Agustín de la : Notas sobre el teatro en tiempos de Felipe II. In: Luciano García Lorenzo, J. E. Varey, Teatros y vida teatral en el siglo de oro a través de las fuentes documentales, London: Tamesis 1991, 19-41

Granja, Agustín de la : Por los entresijos de los antiguos corrales de comedias. In: Christoph Strosetzki (Hg.): Teatro español del Siglo de Oro. Teoría y práctica. Frankfurt a.M. 1998, 159-190

Hempel, Wido: Diez y otra vez diez años de estudios sobre el teatro español del siglo XVII realizados en los países de habla alemana. In: Rassegna Iberistica 67, Novembre 1999, 17-35

Hesse, Everett W.: The Comedia and Points of View. Potomac 1984

Kellenberger, Jakob: Calderón de la Barca und das Komische unter besonderer Berücksichtigung der ernsten Schauspiele. Frankfurt a.M. 1975

Lapesa, Rafael: Lenguaje y estilo de Calderón. In: Anthropos. Extraordinarios 1, 1997, 52-55

Lobato, María Luisa: Calderón, autor trágico. In: Luciano García Lorenzo (Hg.): Estado actual de los estudios calderonianos. Kassel 2000, 61-98

Mackenzie, Ann L.: La escuela de Calderón. Estudio e investigación. Liverpool 1993

Matzat, Wolfgang: Die ausweglose Komödie. Ehrenkodex und Situationskomik in Calderóns ›comedia de capa y espada‹. In: Romanische Forschungen 98, 1986, 58-80

McGaha, Michael D.: Approaches to the Theater of Calderón. Lanham, New York, London: University Press of America 1982

Menéndez y Pelayo, M.: Calderón y su teatro. Madrid 1910, (4. Aufl.)

Navarro González, Alberto: Comicidad del lenguaje en el teatro de Calderón. In: Iberoromania 14, 1981, 116-132

Oehrlein, Josef: El actor en el teatro español del Siglo de Oro. Madrid 1993

Oehrlein, Josef: Las compañías de título: Columna vertebral del teatro del Siglo
    de Oro. In: Christoph Strosetzki (Hg.): Teatro español del Siglo de Oro. Teoría
    y práctica. Frankfurt a.m. 1998, 246-262
Parker, A.A.: Towards a Definition of Calderonian Tragedy. In: Bulletin of Hispa-
    nic Studies 39, 1962, 222-237
Parker, Alexander A.: The mind and art of Calderón. Essays on the Comedias.
    Cambridge: Cambridge University Press 1988
Parr, James A.: Breve comentario sobre tragedia, comedia y tragicomedia. In: Kurt
    und Theo Reichenberger (Hg.): Calderón. Protagonista eminente del Barroco
    europeo, Bd. 1. Kassel 2000, 513-522
Pietschmann, Horst: Von der Gründung der spanischen Monarchie bis zum Aus-
    gang des Ancien Régime. In: Walther L. Bernecker, Horst Pietschmann: Ge-
    schichte Spaniens. Stuttgart, Berlin, Köln 1997, 13-203
Prades, J. de J. : Teoría de los personajes de la comedia nueva. Madrid: CSIC
    1963
Profeti, María Grazia: La profesionalidad del actor: fiestas palaciegas y fiestas
    públicas. In: Pedraza Jimenez, F.B. und R. Gonzales Canal (Hg.): Los albores
    del teatro español. Actas de las XVII jornadas de teatro clásico. Almagro: Uni-
    versidad de Castilla-La Mancha 1995, 69-88
Querol, Miquel: La dimensión musical de Calderón. In: Luciano García Lorenzo
    (Hg.): Actas del »Congreso internacional sobre Calderón y el teatro español del
    siglo de oro«. Madrid 1983, 1155-1160
Querol, Miquel: La música en el teatro de Calderón. Barcelona: Diputació 1981
Querol, Miquel: Teatro musical de Calderón. Estudio, transcripción y realización
    del acompañamiento. Barcelona: CSIC 1981
Reichenberger, K. und R.: Manual bibliográfico calderoniano, Kassel I, 1979, III,
    1981, II, 1, 2000
Rozas, J. M.: Significado y doctrina de »El arte nuevo« de Lope de Vega. Madrid:
    SGEL 1976
Ruano de la Haza, J.M.: La comedia y lo cómico. In: Ignacio Arellano, Víctor
    García Ruiz, Marc Vitse (ed.): Del horror a la risa. Los géneros dramáticos clá-
    sicos. Homenaje a Christiane Faliu-Lacourt, Kassel: Reichenberger 1994, 269-
    285
Ruano de la Haza, José María : Ediciones y manuscritos del teatro calderoniano.
    In: Luciano García Lorenzo (Hg.): Estado actual de los estudios calderonianos.
    Kassel 2000, 1-34
Ruano de la Haza, José María: Escenografía calderoniana. In: Rilce 12-1, 1996,
    301-336
Ruano de la Haza, José María, John A. Allen: Los teatros comerciales del siglo
    XVII y la escenificación de la comedia. Madrid: Castalia 1994
Ruiz Ramón, Francisco: Calderón y la tragedia. Madrid: Alhambra 1984
Ruiz Ramón, Francisco: El bufón en la tragedia calderoniana. In: Hacia Calderón,
    Séptimo Coloquio Anglogermano. Cambridge 1984, Hans Flasche (Hg.).
    Stuttgart: Steiner 1985, 102-109
Ruiz Ramón, Francisco: El espacio del miedo en la tragedia de honor calde-
    roniana. In: Criticón 23, 1983, 197-213
Ruiz Ramón, Francisco: Historia del teatro español desde sus orígenes hasta 1900.
    Madrid 1988, 7. edición

San Miguel, Angel (Hg.): Calderón. Fremdheit und Nähe eines spanischen Barockdramatikers. Akten des internationalen Kongresses anläßlich der Bamberger Calderón-Tage 1987. Frankfurt a.M. 1988

Schulz-Buschhaus, Ulrich: Der Barockbegriff in der Romania. Notizen zu einem vorläufigen Resümee. In: Zeitschrift für Literaturwissenschaft und Linguistik 98, 1995, 6-24

Shergold, N.D., und J.E. Varey: Los autos sacramentales en Madrid en la época de Calderón, 1637-1681. Madrid: Ediciones de Historia, Geografía y Arte 1961

Simón Díaz, José: Literatura y servidumbre en el siglo de oro: el caso de Calderón de la Barca. In: Luciano García Lorenzo (Hg.): Actas del congreso internacional sobre Calderón y el teatro español del siglo de oro. Madrid 1983, 309-321

Strosetzki, Christoph (Hg.): Actas del V congreso internacional de la asociación internacional Siglo de Oro (AISO). Münster 1999, Frankfurt a.M. 2001

Strosetzki, Christoph (Hg.): Teatro español del Siglo de Oro. Teoría y práctica, Frankfurt a.M. 1998

Strosetzki, Christoph : La casuística de los juegos de azar y de los espectáculos públicos en el Siglo de Oro. In: ders. (Hg.): Teatro español del Siglo de Oro. Teoría y práctica. Frankfurt a.M. 1998, 322-343

Strosetzki, Christoph: Ocio, trabajo y juego. Aspectos de su valoración en algunos tratados del siglo de oro. In: Siglo de Oro. Actas del IV congreso internacional de AISO. Alcalá de Henares 1996, Alcalá 1997, 1547-1553

Sullivan, Henry W., u.a. (Hg.): La comedia española y el teatro europeo del siglo XVII. London: Tamesis 1999

Tietz, Manfred (Hg.): Texto e imagen en Calderón. Undecimo coloquio anglogermano sobre Calderón. St. Andrews, Escocia 1996, Stuttgart 1998

Tietz, Manfred: Die Thematisierung der Leidenschaften in religiösen und profanen Texten. In: Wolfgang Matzat und Bernhard Teuber (Hg.): Welterfahrung – Selbsterfahrung: Konstitution und Verhandlung von Subjektivität in der spanischen Literatur der frühen Neuzeit. Tübingen 2000, 267-292

Toro, Alfonso de: Observaciones para una definición de los terminos ›tragoedia‹, ›comoedia‹ y ›tragicomedia‹ en los dramas de honor de Calderón. In: Hacia Calderón, Séptimo Coloquio Anglogermano. Cambridge 1984, Hans Flasche (Hg.). Stuttgart: Steiner 1985, 17-53

Valbuena-Briones, Angel: Calderón y la comedia nueva. Madrid: Espasa-Calpe 1977

Valbuena-Briones, Angel: Perspectiva crítica de los dramas de Calderón. Madrid: Rialp 1965

Valbuena-Briones, Angel: La biografía de Pedro Calderón de la Barca: una vocación para el teatro. In: Anthropos. Extraordinarios 1, 1997, 25-30

Varey, J.E.: Los hospitales y los primeros corrales de comedias vistos a través de documentos del archivo histórico nacional. In: Luciano García Lorenzo, J. E. Varey, Teatros y vida teatral en el siglo de oro a través de las fuentes documentales. London: Tamesis 1991, 9-17

Varey, J.E.: Town and Country in the Theatre of the Golden Age. London: Queen Mary and Westfield College 1994

Vitse, Marc: Calderón trágico. In: Anthropos. Extraordinarios 1, 1997, 61-64

Vitse, Marc: Eléments pour une théorie du théâtre espagnol du XVIIe siècle. Toulouse: PUM 1990, 2. ed.

Vitse, Marc: Notas sobre la tragedia áurea. In: Criticón 23, 1983, 15-33
Wardropper, Bruce W. (ed.): Critical Essays on the Theatre of Calderón. New York: New York University Press 1965
Wardropper, Bruce: El horror en los distintos géneros dramáticos del Siglo de Oro. In: Criticón 23, 1983, 223-240
Zapata Fernández de la Hoz, Teresa: El teatro y las fiestas públicas en la corte durante el reinado de Carlos II. In: Luciano García Lorenzo und J. E. Varey (Hg.): Teatros y vida teatral en el Siglo de Oro a través de las fuentes documentales. London 1991, 217-136

2.   Comedia seria

Texte

El alcalde de Zalamea. In: José Alcalá-Zamora und José María Díez Borque (Hg.): Pedro Calderón de la Barca. Obras Maestras. Madrid: Castalia 2000, 259-290
Der Richter von Zalamea. Übers. von E. Gürster. Stuttgart: Reclam 1992
La vida es sueño. In: José Alcalá-Zamora und José María Díez Borque (Hg.): Pedro Calderón de la Barca. Obras Maestras. Madrid: Castalia 2000, 223-257
Das Leben ist ein Traum. Übers. von E. Gürster. Stuttgart: Reclam 1995

Gracián, Baltasar: El héroe. El político. El discreto. Oraculo manual y arte de prudencia, Arturo del Hoyo Martinez (Hg.). Barcelona: Plaza & Janés 1986 (Oraculo manual y arte de prudencia 1647)

Forschungsliteratur

Archer, Robert: Role-Playing, Honor and Justice in *El alcalde de Zalamea*. In: Journal of Hispanic Philology XIII, 1, 1988, 49-66
Arellano, Ignacio: Magos y prodigios en el escenario de siglo de oro. In: J. Berbel (Hg.): En torno al teatro del siglo de oro. Actas de Jornadas XII-XIII. Almería 1996, 13-35
Armas, Frederick A. de: ‹El planeta más impío›: Basilio's Role in *La vida es sueño*. In: Modern Language Review 81, 4, 1986, 900-911
Bickert, Vera Brigitte: Calderons *El alcalde de Zalamea* als soziales Drama. Frankfurt a.M., Bern, Las Vegas 1977
Cliveti, Angel L.: El significado de *La vida es sueño*. Madrid: Albatros ediciones 1971
Díez Borque, José María: Sociología de la comedia española del siglo XVII. Madrid: Cátedra 1976
Domingo Ynduráin: *La vida es sueño*: doctrina y mito. In: Segismundo 19, 41-42, 1985, 99-126
Dunn, Peter N.: The Horoscope Motif in *La vida es sueño*. In: J. E. Varey (Hg.):

Critical Studies of Calderón's Comedias. Westmead, Farnborough: Hants 1973, 117-131

Edwards, Gwynne: The Closed World of *El alcalde de Zalamea*. In: Frederick A. de Armas, David M. Gitlitz und José A. Madrigal (Hg.): Critical Perspectives on Calderón de la Barca, Lincoln, Neb. 1981, Society of Spanish and Spanish-American Studies, 53-67

Egido, Aurora: El gran teatro de Calderón. Personajes, temas, escenografía. Kassel 1995

El Saffar, Ruth: Way Stations in the errance of the Word: a Study of Calderón's *La vida es sueño*. In: Renaissance Drama 17, 1986, 83-100

Escudero Baztán, Juan M. (Hg.): *El alcalde de Zalamea*: edición crítica de las dos versiones (Calderón de la Barca y Lope de Vega, atribuida). Madrid: Iberoamericana, Frankfurt a.M.: Vervuert 1998

Fox, Dian : »Quien tiene al padre alcalde...:« The Conflict of Images in Calderón's *El alcalde de Zalamea*. In: Revista Canadiense de Estudios Hispánicos VI, 1, Otoño 1981, 262-268

Franzbach, Martin: Pedro Calderón de la Barca. Der Richter von Zalamea. München 1971

Franzbach, Martin: Untersuchungen zum Theater Calderóns in der europäischen Literatur vor der Romantik. München 1974

Gendreau Massaloux, Michèle: Rosaura en *La vida es sueño*: Significado de una dualidad. In: Luciano García Lorenzo (Hg.): Calderón. Actas del »Congreso internacional sobre Calderón y el teatro español del siglo de oro«, Bd. 2. Madrid: CSIC 1983, 1039-1048

González Fernández, Angel: El tema de la caverna platónica en la literatura del barroco. In: Letras de Deusto, 71, v. 26, 1996, 217-236

Heiple, Daniel L.: The Tradition behind the Punishmane of the Rebel Soldier in *La vida es sueño*. In: Bulletin of Hispanic Studies L, 1973, 1-17

Hesse, Everett W.: Calderón's Concept of the Perfect Prince in *La vida es sueño*. In: Bruce W. Wardropper, Critical Essays on the Theatre of Calderón. New York University Press 1965, 114-133

Hurtado Torres, Antonio: La astrología en el teatro de Calderón de la Barca. In: Luciano García Lorenzo (Hg.): Actas del congreso internacional sobre Calderón y el teatro español del siglo de oro. Madrid 1983, 925-937

Knoke, Ulrich: Calderóns Drama *La vida es sueño* und seine Kritiker. In: Romanistisches Jahrbuch 20, 1969, 239-289

Küpper, Joachim: *La vida es sueño*: ›Aufhebung‹ des Skeptizismus, Recusatio der Moderne. In: Joachim Küpper (Hg.): Diskurse des Barock: dezentrierte oder rezentrierte Welt? München 2000, 383-425

Lauer, A. Robert: Bandos y tumultos en el teatro político del siglo de oro. In: Hernandez Valcarcel (Hg.): Teatro, historia y sociedad. Seminario internacioal sobre teatro del Siglo de Oro español. Murcia 1994, Ciudad Juarez 1996, 123-138

Lauer, A. Robert: Contaminación y purificación en *El alcalde de Zalamea*. In: Anthropos extra 1, 1997, 102-107

Lorenz, Erika: Calderón und die Astrologie. In: Romanistisches Jahrbuch 12, 1961, 265-277

Maspoch Bueno: Santiago, Los animales en *La vida es sueño*. In: Anthropos. Extraordinarios 1, 1997, 107-111

Matzat, Wolfgang: La prueba: una estructura básica del teatro calderoniano. In: Hans Flasche (Hg.): Hacia Calderón, Noveno Coloquio Anglogermano. Liverpool 1990. Stuttgart 1991, 113-122

May, T.E.: Segismundo y el soldado rebelde. In: Hans Flasche (Hg.): Hacia Calderón. Coloquio Anglogermano. Exeter 1969, Berlin 1970, 71-75

McGrady, Donald: Calderón's Rebel Soldier and Poetic Justice Reconsidered. In: Bulletin of Hispanic Studies 1985, 62, 2, 181-183

McGrady, Donald: Who Rules at the End of *La vida es sueño*? In: Forum for Modern Language Studies 24,1, 1988, 53-57

Menéndez y Pelayo: Calderón y su teatro. Madrid 1910 (4. Aufl.)

Molho, Maurice: Segismundo ou l'Oedipe sauvage. In: Iberica II, Cahiers ibériques et ibéroaméricains de l'Université de Paris-Sorbonne. Paris 1979, 129-136

Morón Arroyo: Ciriaco, *La vida es sueño* y *El alcalde de Zalamea*. Para una sociología del texto calderoniano. In: Iberoromania, 14 NF, 1981, 27-41

Olmedo, Félix G.: Las fuentes de *La vida es sueño*. Madrid: Editorial Voluntad 1928

Parker, Alexander A.: Segismundo's Tower: a Calderonian Myth. In: Bulletin of Hispanic Studies LIX, 1982, 247-256

Primorac, Berislav: El gravamen del alojamiento en *El alcalde de Zalamea*. In: Ysla Campbell (Hg.): El escritor y la escena III. Estudios en honor de Francisco Ruiz Ramón. Actas del congreso internacional de teatro español y novohispano de los siglos de oro. 1994, México: Univ. Autónoma de Ciudad Juárez 1995, 143-153

Ruano de la Haza, José M.: Introducción, *La vida es sueño*. Madrid: Castalia 1994

Ruiz Ramón, Francisco: El »mito de Uranos« en *La vida es sueño*. In: Teatro del siglo de oro. Homenaje a Alberto Navarro González. Kassel 1990, 547-562

Ruiz Ramón, Francisco: El Rey Basilio: entre el miedo y la violencia. In: Hacia Calderón. Noveno Coloquio Anglogermano, Hans Flasche (Hg.). Stuttgart 1991, 147-153

Ruiz Ramón, Francisco: Estudios sobre el teatro español clásico y contemporáneo. Madrid: Cátedra 1978, 45-96

Ruiz Ramón, Francisco: La torre de Segismundo y el espacio el monstruo. In: Frances Cerdan (Hg.): Hommage à Robert Jammes. Toulouse: PUM 1994, Bd. 3, 1051-1060

Sloman, A.E.: The Structure of Calderón's La vida es sueño. In: Bruce W. Wardropper (Hg.): Critical Essays on the Theatre of Calderón. New York University Press 1965, 90-100

Sobré, J.M.: Calderón's Rebellion. Notes on *El alcalde de Zalamea*. In: Bulletin of Hispanic Studies LIV, 1977, 215-222

Strosetzki, Christoph: La mujer en Calderón y el principio barroco de engaño y desengaño. In: Juan Antonio Martínez Berbel, Roberto Castilla Pérez (Hg.): Las mujeres en la sociedad española del siglo de oro: Ficción teatral y realidad histórica. Actas del II coloquio del Aula-Biblioteca »Mira de Amescua« 1997. Granada 1998, 115-136

Teuber, Bernhard: Pedro Calderón de la Barca. *La vida es sueño* – comedia. In: Volker Roloff und Harald Wentzlaff-Eggebert (Hg.): Das spanische Theater vom Mittelalter bis zur Gegenwart. Düsseldorf 1988, 146-162, hier 146

Valbuena Briones: A., El concepto del hado. In: ders., Perspectiva crítica de los dramas de Calderón. Madrid: Rialp 1965, 9-17

Valbuena-Briones, Angel: Calderón y la comedia nueva. Madrid: Espasa-Calpe 1977

Ynduráin, Domingo: El alcalde de Zalamea, historia, ideología, literatura. In: Edad de Oro 1986, 5, 299-311

3. Ehrentragödien und Verwechslungskomödien

Casa con dos puertas mala es de guardar. In: José Alcalá-Zamora und José María Díez Borque (Hg.): Pedro Calderón de la Barca. Obras Maestras. Madrid: Castalia 2000, 373-407

Es escondido y la tapada. In: Don Juan Eugnio Hartzenbusch (Hg.): Comedias. Madrid: BAE 1944, Bd. 1, 450-480

El mayor monstruo del mundo. In: José Alcalá-Zamora und José María Díez Borque (Hg.): Pedro Calderón de la Barca. Obras Maestras. Madrid: Castalia 2000, 41-73

El médico de su honra. In: José Alcalá-Zamora und José María Díez Borque (Hg.): Pedro Calderón de la Barca. Obras Maestras. Madrid: Castalia 2000, 113-145

El pintor de su deshonra. In: José Alcalá-Zamora und José María Díez Borque (Hg.): Pedro Calderón de la Barca. Obras Maestras. Madrid: Castalia 2000, 291-327

La dama duende. In: José Alcalá-Zamora und José María Díez Borque (Hg.): Pedro Calderón de la Barca. Obras Maestras. Madrid: Castalia 2000, 337-372

Dame Kobold. Übers. von H. Schlegel. Stuttgart: Reclam 1995

No hay burlas con el amor. In: José Alcalá-Zamora und José María Díez Borque (Hg.): Pedro Calderón de la Barca. Obras Maestras. Madrid: Castalia 2000, 441-472

No hay cosa como callar. In: Angel Valbuena Briones (Hg.): Calderón de la Barca. Comedias de capa y espada, IV. Madrid: Espasa-Calpe 1962, 111-223

Forschungsliteratur

Arellano, Ignacio: El sentido cómico de No hay burlas con el amor. In: Luciano García Lorenzo (Hg.): Calderón. Actas del Congreso internacional sobre Calderón y el teatro español del siglo de oro. Madrid: CSIC 1983, 365-380

Arellano, Ignacio: Sobre las lecturas trágicas Calderonianas: El mayor monstruo del mundo (Notas para una síntesis del drama). In: Ignacio Arellano, Víctor García Ruiz, Marc Vitse (ed.): Del horror a la risa. Los géneros dramáticos clásicos. Homenaje a Christiane Faliu-Lacourt. Kassel: Reichenberger 1994, 9-41

Bandera, Cesáreo: El mayor monstruo del mundo. In: Anthropos. Extraordinarios 1, 1997, 89-94

Bauer, Helga: Der Index Pictorius Calderóns. Untersuchungen zu seiner Malermetaphorik. Berlin: de Gruyter 1969, 109-166

Benabu, I.: Further Thoughts on King Pedro's Predicament at the End of Calderón's *El médico de su honra*. In: Bulletin of Hispanic Studies, Vl. LIX, 1982, 26-32

Bentley, Eric: The Life of the Drama. New York 1964, 301-302

Colahan, Clark: Art and Imagination in Calderón's *El pintor de su deshonra*. In: Bulletin of the Comediantes 33, 1982, 73-80

Déodat-Kessedjian, Farie-Françoise: El silencio en el teatro de Calderón de la Barca. Frankfurt a.M. 1999

Díez Borque, José María: Sociología de la comedia española del siglo XVII. Madrid: Cátedra 1976

Domínguez Ortiz, Antonio: La España de Calderón. In: Luciano García Lorenzo (Hg.): Calderón. Actas del Congreso internacional sobre Calderón y el teatro español del siglo de oro, Bd. 1. Madrid: CSIC 1983, 19-35

Dunn, P.N.: Honour and the Christian Background in Calderón. In: BHS 37, 1960, 75-105

Eglseder, Andreas: Der »Arte Nuevo« von Lope de Vega. Frankfurt a.M. 1998

Fischer, Susan L.: Art-Within-Art: The Significance of the Hercules Painting in *El pintor de su deshonra*. In: Frederick A. de Armas, David M. Gitlitz und José A. Madrigal (Hg.): Critical Perspectives on Calderón de la Barca, 1981, Society of Spanish and Spanish-American Studies, 69-79

García Gómez, Angel María: Incomunicación en la dramaturgia calderoniana. In: Hans Flasche (Hg.): Octavo Coloquio Anglogermano. Bochum 1987, Stuttgart 1988, 13-29

Hesse, Everett W.: Gutierre's Personality in *El médico de su honra*. In: Bulletin of the Comediantes, 28, 1976, 11-16

Hesse, Everett W.: Interpretando la comedia. Madrid: Porrúa Turanzas 1977 (Studia humanitatis), 84-98

Hildner, David J.: Sobre la interpretación tragedizante de *La dama duende*. In: Alva V. Ebersole, Perspectivas de la comedia II. Ensayos sobre la comedia del Siglo de Oro español. Valencia: Albatros 1979, 121-125

Küpper, Joachim: Diskurs-Renovatio bei Lope de Vega und Calderón. Untersuchungen zum spanischen Barockdrama. Mit einer Skizze zur Evolution der Diskurse in Mittelalter, Renaissance und Manierismus. Tübingen 1990

Lauer, A. Robert: La enfermedad y la cura de Mencía en *El médico de su honra* de Calderón. In: Kurt und Theo Reichenberger (Hg.): Calderón. Protagonista eminente del Barroco europeo, Bd. 1. Kassel 2000, 281-294

Lope de Vega: Arte nuevo, vgl. Eglseder, Andreas

Losada Goya, José Manuel : L'honneur au théâtre. La conception de l'honneur dans le théâtre espagnol et français du XVIIe siècle. Paris: Klincksieck 1994

Morón Arroyo, Ciriaco: Dialéctica y drama: *El médico de su honra*. In: Calderón. Actas del Congreso internacional sobre Calderón y el teatro español del siglo de oro, Luciano García Lorenzo (Hg.). Bd. 1. Madrid: CSIC 1983, 519-532

Mujica, Barbara Kaminar: Tragic Elements in Calderón's *La dama duende*. In: Kentucky Romance Quarterly, XVI, 4, 1969, 303-328

Mujica, Barbara: The Rapist and his Victim: Calderón's *No hay cosa como callar*. In: Hispania 62, 1979, 30-46

Müller, Hans-Joachim: Calderón und die Kasuistik. In: Theodor Berchem und Siegfried Sudhof, Pedro Calderón de la Barca. Vorträge anläßlich der Jahrestagung der Görres-Gesellschaft 1978. Berlin 1983, 92-103

Neuschäfer, Hans-Jörg: *Der Arzt seiner Ehre* oder die Angst vor dem Chaos. In: Angel San Miguel (Hg.): Calderón. Fremdheit und Nähe eines spanischen Barockdramatikers. Akten des internationalen Kongresses anläßlich der Bamberger Calderón-Tage 1987. Frankfurt a.M. 1988, 81-93

Neuschäfer, Hans-Jörg: El triste drama del honor. Formas de crítica ideológica en el teatro de honor de Calderón. In: Flasche, Hans (Hg.): Hacia Calderón. Segundo coloquio anglogermano. Hamburgo 1970, Berlin New York 1973, 89-108

Neuschäfer, Hans-Jörg: Revendications des sens et limites de la morale. Le paradigme anthropologique de la doctrine des passions et sa crise dans le drame classique espagnol et français. In: Frauke Gewecke (Hg.): Estudios de literatura española y francesa. Siglos XVI y XVII. Homenaje a Horst Baader. Frankfurt a.M. 1984, 105-121

O'Connor, Thomas Austin: El médico de su honra y la victimización de la mujer: La crítica social de Calderón de la Barca; in: Giuseppe Bellini (Hg.): Actas del Séptimo Congreso de la Asociación Internacional de Humanistas, Bd. II, 1982, 783-789

Parker, A.A.: Prediction and its dramatic function in »El mayor monstruo los celos«. In: Studies in Spanish Literature of the Golden Age presented to Edward M. Wilson, R. O. Jones (ed.). London: Tamesis 1973, 173-192

Parker, A.A.: Santos y bandoleros en el teatro español del Siglo de Oro. In: Arbor 13, 1949, 395-416

Parker, Alexander A.: A Calderónian conception of tragedy: *El pintor de su deshonra*. In: Parker 1988, 196-212

Parker, Alexander A.: The mind and art of Calderón. Essays on the Comedias. Cambridge: Cambridge University Press 1988

Parker, Alexander A.: Towards a Definition of Calderonian Tragedy. In: Bulletin of Hispanic Studies 39, 1962, 222-237

Paterson, Alan K.G.: El proceso penal en *El médico de su honra*. In: Hans Flasche (Hg.): Hacia Calderón, Séptimo Coloquio Anglogermano. Cambridge 1984. Stuttgart: Steiner 1985, 193-203

Pring-Mill, Robert: La ejemplaridad del auto y de la comedia: dos modos de argumentación dramática en Calderón. In: RJb 45, 1994, 295-320

Pring-Mill, Robert D.F. : La casuística como factor estructurizante en las comedias de Calderón. In: Iberoromania 14, 1981, 60-74

Quintero, María Cristina: Demystifying Convention in Calderón's *No hay burlas con el amor*. In: Romance Notes 27,3, 1987, 247-255

Román, David: Spectacular Women: Sites of Genda Strife and Negotiation in Calderón's *No hay burlas con el amor* and on the Early Modern Spanish Stage. In: Theatre Journal, Washington DC 1991, Dec. 43, 49, 445-456

Ruano de la Haza, J.M.: The meaning of the plot of Calderón's *El mayor monstruo del mundo*. In: BHS LVIII, 1981, 229-240

Ruano de la Haza, José María, John A. Allen: Los teatros comerciales del siglo XVII y la escenificación de la comedia. Madrid: Castalia 1994

Ruiz Ramón, Francisco: Calderón y la tragedia. Madrid: Alhambra 1984

Ruiz Ramón, Francisco: La ambigüedad del vaticinio en *El mayor monstruo del mundo*. In: Hans Flasche (Hg.): Hacia Calderón. Sexto Coloquio Anglogermano. Würzburg 1981, Wiesbaden: Steiner 1983, 96-105

Sabin, Elenora R.: The Identities of the Monster in Calderón's *El mayor monstruo del mundo*. In: Hispania 56, 1973, 269-275

Sloman, Albert E.: The Dramatic Craftsmanship of Calderón. His Use of Rarlier Plays. Oxford: The Dolphin Book 1958

Strosetzki, Christoph: La mujer en Calderón y el principio barroco de engaño y desengaño. In: Juan Antonio Martínez Berbel, Roberto Castilla Pérez (Hg.): Las mujeres en la sociedad española del siglo de oro: Ficción teatral y realidad histórica. Actas del II coloquio del Aula-Biblioteca »Mira de Amescua« 1997, Granada 1998, 115-136

ter Horst, Robert: The Ruling Temper of Calderón's *La dama duende*. In: Bulletin of the Comediantes, 27, 2, 1975, 68-72

Teuber, Bernardo: La comedia considerada como rito sacrifical. Apuntes para una lectura antropológica del teatro de honor. In: Christoph Strosetzki (Hg.): Teatro español del Siglo de Oro. Teoría y práctica. Frankfurt a.M. 1998, 344-354

Tous, Pere Juan i: Pedro Calderón de la Barca. *El médico de su honra*. In: Volker Roloff, Harald Wentzlaff- Eggebert (Hg.): Das spanische Theater. Vom Mittelalter bis zur Gegenwart. Düsseldorf 1988, 163-178

Valbuena Briones, Angel: Perspectiva crítica de los dramas de Calderón. Madrid: Rialp 1965

Varey, J.E.: »Casa con dos puertas«: Towards a Definition of Calderón's View of Comedy. In: Modern Language Review 1972, 83-94

Vitse, Marc: Calderón trágico. In: Anthropos. Extraordinarios 1, 1997, 61-64

Wardropper, Bruce W.: El pacto diabólico en *No hay cosa como callar*, de Calderón. In: David A. Kossoff, José Amor y Vázquez, Ruth H. Kossoff, Geoffroy W. Ribbans (Hg.): Actas del VIII Congreso de la Asociación Internacional de Hispanistas, II. Madrid 1986, 697-706

Wardropper, Bruce W.: The Unconscious Mind in Calderón's *El pintor de su deshonra*. In: Hans Flasche (Hg.): Calderón de la Barca. Darmstadt: Wiss. Buchgesellschaft 1971, 235-255

Watson, A. Irvine: *El pintor de su deshonra* and the Neo-Aristotelian Theory of Tragedy. In: Bruce W. Wardropper (ed.), Critical Essays on the Theatre of Calderón. New York: New York University Press 1965, 203-223

Watson, A. Irvine: Peter the Cruel or Peter the Just? A Reappraisal of the Role Playes by King Pedro in Calderón's *El médico de su honra*. In: Romanistisches Jahrbuch 14, 1963, 322-346

Wentzlaff-Eggebert, Harald: Calderóns Ehrendramen. In: Titus Heydenreich (Hg.): Pedro Calderón de la Barca (1600-1681). Beiträge zu Werk und Wirkung. Erlangen 1982, 19-32

Wilson, Edward M., Duncan Moir: The Golden Age: Drama 1492-1700. London, New York: Ernst Barnes und Noble 1971

4. Mythologische Dramen

Texte

Eco y Narciso. Comedia, editada por Charles V. Aubrun. Centre de recherches de l'institut d'études hispaniques. París 1963
El golfo de las sirenas. Sandra L. Nielsen (Hg.). Kassel 1989
El mayor encanto amor. In: Juan Eugenio Hartzenbusch (Hg.): Comedias. Madrid: BAE 1944, Bd. 1, 385-410
Über allem Zauber Liebe. Übers. von Franz Hui unter Benutzung der Fassung von August Wilhelm Schlegel: Stuttgart: Reclam 1963
El monstruo de los jardines. In: Juan Eugenio Hartzenbusch (Hg.): Comedias. Madrid: BAE 1945, 213-234
Fieras afemina amor. Edward M. Wilson (Hg.). Kassel: Reichenberger 1984
La estatua de Prometeo. Margaret Rich Greer (ed.). Kassel: Reichenberger 1986 (Teatro del siglo de oro, ediciones críticas 7)

Gracián, Baltasar: Agudeza y arte de ingenio. In: Arturo del Hoyo (Hg.): Obras completas. Madrid: Aguilar 1960, 229-514
Lope de Vega: *Obras poéticas*, José Manuel Blecua (Hg.). Barcelona: Editorial Planeta 1983, 919

Forschungsliteratur

Antonucci, Fausta: El salvaje en la comedia del siglo de oro. Historia de un tema de Lope a Calderón, Pamplona, Toulouse 1995
Arellano, Ignacio: Magos y prodigios en el escenario del siglo de oro. In: J. Berbel (Hg.): En torno al teatro del siglo de oro. Actas de Jornadas XII-XIII, Almería 1996, 15-35
Armas, Frederick A.: Metamorphosis in Calderon's *El mayor encanto, amor*. In: Romance Notes 1981, 22 (2), 208-212
Aubrun, Charles V.: *Eco y Narciso*. »Opéra fabuleux« de Calderón et son épure dramatique. In: A. David Kossof, José Amor Vázquez (Hgg.), Homenaje a William L. Fichter. Estudios sobre el teatro antiguo hispánico y otros ensayos. Madrid: Castalia 1971, 47-58
Aubrun, Charles V.: Estructura y significación de las comedias mitológicas de Calderón. In: Hans Flasche (Hg.): Hacia Calderón. Tercer coloquio anglo-germano. Londres 1973, Berlin, New York: de Gruyter 1976, 148-155
Blue, William R.: Dualities in Calderón's *Eco y Narciso*. In: Revista Hispánica Moderna. Columbia University Hispanic Studies, 39, 3, 1976-1977, 109-118
Brüggemann, Werner: Romantisches in Calderóns comedia mitológica *Eco y Narciso*. In: Gesammelte Aufsätze zur Kulturgeschichte Spaniens (Spanische Forschungen der Görresgesellschaft), Münster, 13, 1958, 239-258
Chapman, W.G.: Las comedias mitológicas de Calderón. In: RLit, 5, 1954, 35-67
Delfin L. Garasa: Circe en la literatura española del Siglo de Oro. In: Boletín de la Academia Argentina de Letras, 29, 1964, 257-265

Dipuccio, Denise: Ambiguous Voices and Beauties in Calderón's *Eco y Narciso* and their Tragic Consequences. In: Bulletin of the Comediantes, 37, 1, Summer 1985, 129-144

Dipuccio, Denise: The Enigma of Enchantment in *El mayor encanto, amor.* In: Hispania, Vol. 70, Nr. 4, December 1987, 731-739

Fischer, Susan L.: Calderón's *El mayor encanto, amor* and the Mode of Romance. In: William C. Mac Crary, José A. Madrigal (Hg.): Studies in Honor of Everett W. Hesse, Nebrasda, Society of Spanish ans Spanish-American Studies, 1981, 99-112

Greer, Margaret R.: The Play of Power: Calderón's *Fieras afemina amor* and *La estatua de Prometeo.* In: Hispanic Review 56, 1988, 319-341

Greer, Margaret Rich: The Play of Power. Mythological Court Dramas for Calderón de la Barca. Princeton: Princeton University Press 1991

Haverbeck Ojeda, N. Erwin: La comedia mitológica calderoniana: soberbia y castigo. In: Revista de Filología Española, 1973, t. LVI, cuadernos 1-4, 67-93

Hernández Araico, Susana: Official Genesis and Political Subversion of *El mayor encanto amor.* In: Charles Ganelin, Howard Mancing, The Golden Age Comedia. Text, Theory, and Performance. Purdue University Press, West Lafayette 1994, 119-136

Hernández-Araico, Susana: Revisión semiótica del drama mitológico calderoniano. In: Bulletin of the Comediantes, Vol. 39, Summer 1987, No. 1, 273-280

Hesse, Everet W.: Calderón's *Eco y Narciso* and the Split Personality. In: Kurt Levy, Jesus Ara (u.a. Hg.): Calderón and the Baroque Tradition. Waterloo 1985, 137-144

Hesse, Everet W.: Estructura e interpretación de una comedia de Calderón: *Eco y Narciso.* In: Boletín de la Biblioteca de Menéndez y Pelayo 1963, 39, 57-72

Hesse, Everett W.: Calderón's *El monstruo de los jardínes:* Sex, Sexuality, and Sexual Fulfillment. In: Revista Canadiense de Estudios Hispánicos, 1981, 5 (3), 311-319

Maraniss, James E.: On Calderón. Columbia & London: University of Missouri Press 1978

Neumeister, Sebastian: La fiesta mitológica de Calderón en su contexto histórico (*Fieras afemina amor*). In: Hans Flasche (Hg.): Hacia Calderón. Tercer coloquio anglogermano. Londres 1973, Berlin, New York: de Gruyter 1976, 156-170

Neumeister, Sebastian: Mythos und Repräsentation. Die mythologischen Festspiele Calderóns. München: Fink 1978, 137-199

O'Connor, Thomas A.: The Harmony/Dissonance of Calderón's *El monstruo de los jardines.* In: Barbara Mujica (Hg.): Texto y espectaculo. Selected Proceedings of the Symposium on Spanish Golden Age Theater March 1987. Lanham, New York, London: University Press of América 1989, 149-156

O'Connor, Thomas Austin: Hércules y el mito masculino: La posición »feminista« de *Fieras afemina amor.* In: Estudios sobre el Siglo de Oro: En homenaje a Raymond R. MacCurdy, Angel González, Tamara Holzapfel, Alfred Rodríguez (Hg.). Madrid: Cátedra 1983, 171-180

Paetz, Bernhard: Kirke und Odysseus. Überlieferung und Deutung von Homer bis Calderón. Berlin: de Gruyter 1970

Parker, Alexander A.: *El monstruo de los jardines* y el concepto calderoniano del destino. In: Hans Flasche (Hg.): Hacia Calderón. Cuarto Coloquio Anglogermano. Wolfenbüttel 1975, Wiesbaden 1979, 92-101

Pasero, Anne M.: Reconstructing Narcissus: Vision and Voice in Calderón's *Eco y Narciso*. In: Bulletin of the Comediantes 41, 2, Winter 1989, 217-226

Pérez de Moya, Juan: Philosophia secreta, Eduardo Gómez de Baquero (Hg.). Madrid: NBAE 1928, 2 Bde.

Schrader, Ludwig: Herkules-Darstellungen in der spanischen Literatur vom 15. bis zum 17. Jahrhundert. In: Walther Killy (Hg.): Mythographie der frühen Neuzeit. Ihre Anwendung in den Künsten. Wolfenbüttel 1984, 49-71

Schrader, Ludwig: Odysseus im Siglo de Oro. Zur mythologischen Allegorie im Theater Calderóns und seiner Zeitgenossen. In: Spanische Literatur im Goldenen Zeitalter. Fritz Schalk zum 70. Geburtstag. Frankfurt a.M. 1973, 401-439

Seznec, Jean: La survivance des dieux antiques. London 1940 (Studies of the Warburg Institute XI)

Sloman, Albert E. : The Dramatic Craftsmanship of Calderón. His Use of Earlier Plays. Oxford: Dolphin 1958

Strosetzki, Christoph: *Eco y Narciso*: el buen gobierno de los afectos y de los demás o el »ser persona«. In: José María Díez Borque (Hg.): Pensar Calderón desde 2000, im Druck

Trambaioli, Marcella: La funcionalidad panegírica de la mitología en las fiestas palaciegas de Calderón, In Annali dell'istituto universitario orientale, Sezione Romanza, XXXVII,1. Neapel 1995, 217-240

Trousson, Raymond: Le thème de Prométhée dans la littérature européenne. Genf: Droz 1964

Valbuena-Briones, A.: Eros moralizado en las »comedias mitológicas« de Calderón. In: Michael D. McGaha, Approaches to the Theater of Calderón. Lanham, New York, London: University Press of America 1982, 77-93

Valbuena-Briones, Angel: *Eco y Narciso*. In: Perspectiva crítica de los dramas de Calderón. Madrid: Rialp 1965, 372-378

Valbuena-Briones, Angel: El tratamiento del tema de *Eco y Narciso* en Calderón. In: Hispania 74, 1991, 250-254

Valbuena-Briones, Angel: La Corte contempla la Arcadia en *Eco y Narciso* de Calderón. In: Iberoromania 33, 1991, 101-112

Wilson, Edward M., Duncan Moir: The Golden Age: Drama 1492-1700. London, New York: Ernst Barnes und Noble 1971

5. Religiöse Dramen

Texte

El príncipe constante. In: José Alcalá-Zamora und José María Díez Borque (Hg.): Pedro Calderón de la Barca. Obras Maestras. Madrid: Castalia 2000, 9-40

Der standhafte Prinz. Übers. von Eugen Gürster. Stuttgart: Reclam 1969

La aurora en copacabana. Ezra Engling (Hg.). London, Madrid: Tamesis 1994

La cisma de Inglaterra. In: José Alcalá-Zamora und José María Díez Borque (Hg.):
Pedro Calderón de la Barca. Obras Maestras. Madrid: Castalia, 2000, 191-222
El mágico prodigioso. Bruce W. Wardropper (Hg.). Madrid: Cátedra 1985
Der wundertätige Magier. Übers. von Eugen Gürster. Stuttgart: Reclam 1962
La devoción de la cruz. In: Pedro Calderón de la Barca. Obras completas. Tomo I:
Dramas, Luis Astrana Marin (Hg.). Madrid: Aguilar 1951, 975-10004
Die Liebe zum Kreuz. In d. Fassung von Albert Camus / Calderón de la Barca,
übers. von Guido G. Meister. Reinbek bei Hamburg 1970

Forschungsliteratur

Aparicio Maydeu, Javier: La »comedia de santos« calderoniana: evangelización y
especulación teológica. In: Anthropos. Extraordinarios 1, 1997, 85-89
Arellano, Ignacio: Magos y prodigios en el escenario del siglo de oro. In: J. Berbel
(Hg.): En torno al teatro del siglo de oro. Actas de Jornadas XII-XIII, Almería
1996, 13-35
Aubrun, Charles Vincent: La comédie espagnole (1600-1680). Paris: PUF 1966
Cardona-Castro, A.: Temas literarios coincidentes en Calderón y Schiller: *La de-
voción de la Cruz* y *Die Räuber.* In: Hans Flasche (Hg.): Hacia Calderón. Octavo
coloquio anglogermano. Bochum 1987. Stuttgart 1988, 118-129
Cliveti, Angel L.: El demonio en el teatro de Calderón. Madrid: Albatros Edicio-
nes 1977
Dassbach, Elma: La comedia hagiográfica del Siglo de Oro español: Lope de Vega,
Tirso de Molina y Calderón de la Barca. New York: Lang 1997
Engling, Ezra S.: Vorwort zu: Calderón de la Barca, *La aurora en copacabana.* Ezra
Engling (Hg.). London, Madrid: Tamesis 1994
Entwistle, William J.: Justina's Tempation: an Approach to the Understanding of
Calderón. In: Modern Language Review 40, 1945, 180-189
Felten, Hans, Kirsten Schildknecht: El soneto a las flores y el soneto a las estrellas
en *El príncipe constante* de Calderón. In: Christoph Strosetzki (Hg.): Teatro es-
pañol del Siglo de Oro. Teoría y práctica. Frankfurt a.M. 1998, 112-118
Gascón Vera, Elena: La voluntad y el deseo en *El príncipe constante.* In: Luciano
García Lorenzo (Hg.): Calderón. Actas del Congreso internacional sobre Calderón y el teatro español del siglo de oro, Bd. 1. Madrid: CSIC 1983, 451-
459
Halkhoree, P.R.K., und J.E. Varey: Sobre el tema de la cárcel en *El príncipe constante.* In: Hans Flasche u.a. (Hg.): Hacia Calderón. Cuarto Coloquio Anglogermano. Wolfenbüttel 1975, Berlin, New York 1979, 30-40
Hesse, Everett W.: La dialéctica y el casuismo en Calderón. In: Estudios. Madrid
9, 1953, 517-531
Honig, Edwin: Calderón and the Seizures of Honor. Cambridge: Havard UP
1972
Kayser, Wolfgang: Zur Struktur des *Standhaften Prinzen* von Calderón. In: Richard
Alewyn u.a. (Hg.): Gestaltungsprobleme der Dichtung. Bonn 1957, 67-82
Küpper, Joachim: Diskurs-Renovatio bei Lope de Vega und Calderón. Un-
tersuchungen zum spanischen Barockdrama. Mit einer Skizze zur Evolution der
Diskurse in Mittelalter, Renaissance und Manierismus. Tübingen 1990

Küpper, Joachim: *La cisma de Inglaterra* y la concepción calderoniana de la historia. In: Hacia Calderón. Octavo Coloquio Anglogermano. Bochum 1987. Hans Flasche (Hg.). Stuttgart 1988, 183-201

Küpper, Joachim: Teleologischer Universalismus und kommunitaristische Differenz. Überlegungen zu Calderóns *La aurora en Copacabana*, zu Voltaires *Alzire, ou les Américains*, zu Sepúlveda und Las Casas. In: Karlheinz Stierle und Rainer Warning (Hg.): Das Ende. Figuren einer Denkform. München 1996, 435-466

Laitenberger, Hugo: Historia y comedia: La conquista del Perú en *La aurora en Copacabana* de Calderón de la Barca. In: Theodor Berchem, Hugo Laitenberger (Hg.): Lengua y literatura en la época de los descubrimientos. Actas del Coloquio Internacional Würzburg 1992 Junta de Castilla y León 1994, 121-144

Lumsden-Kouvel, Audrey: *El príncipe constante*: Drama de la contrarreforma. La tragedia de un santo martir. In: Luciano García Lorenzo (Hg.): Calderón. Actas del Congreso internacional sobre Calderón y el teatro español del siglo de oro, Bd. 1. Madrid: CSIC 1983, 495-501

Maccormack, Sabine G.: Calderón's *La aurora en Copacabana*: The Conversion of the Incas in the Light of Seventeenth-Century Spanish Theology, Culture, and Political Theory. In: The Jounal of Theological Studies, Oxford XXXIII, 1982 448-480

Menéndez y Pelayo, M.: Calderón y su teatro. Madrid 1910 (4. Aufl.)

Menéndez y Pelayo, M.: Estudios y discursos de crítica histórica y literaria. Madrid: CSIC 1941, Bd. III

Norwal, Maria: Another Look at Calderón's *El príncipe constante*. In: Bulletin of the Comediantes, 22, 1, 1973, 18-28

O'Reilly, Terence: The Sonnets of Fernando and Fénix in Calderón's *El príncipe constante*. In: Forum for Modern Language Studies 16, 4, St. Andrews 1980, 350-357

Pages Larraya, Antonio: El nuevo mundo en una obra de Calderón. In: Cuadernos hispanoamericanos 170, 1964, 299-319

Parker, A.A.: The Theology of the Devil in the Drama of Calderón. London 1958, 15-17

Parker, Alexander A.: Christian Values and Drama: *El príncipe constante*. In: Karl-Hermann Körner, Klaus Rühl (Hg.): Studia Iberica. Festschrift für Hans Flasche. München 1973, 441-458

Parker, Alexander A.: The Mind and Art of Calderón. Essays on the Comedias. Cambridge 1988

Parr, James A.: *El príncipe constante* and the Issue of Christian Tragedy. In: Robert Fiore u.a. (Hg.) Studies in Honor of William C. Mac Crary, Lincoln, Neb., Society of Spanish and Spanish-American Studies 1986, 165-175

Porqueras Mayo, Alberto: Impacto de *El príncipe constante* en la crítica hispanística (1972-92). In: Hans Flasche (Hg.): Hacia Calderón. Décimo Coloquio Anglogermano. Passau 1993, Stuttgart 1994, 213-222

Porqueras Mayo, Alberto: Introducción. In: Calderón de la Barca, *El príncipe constante*, Alberto Porqueras Mayo (Hg.). Madrid: Espasa Calpe 1975, XII-XVI

Porqueras-Mayo, Alberto: Función y significado de Muley en *El príncipe constante*. In: Michael D. Mc Gaha, Approaches to the Theater of Calderón. Lanham, New York, London 1982, 157-173

Rivers, Elias L.: Fénix's Sonnet in Calderón's »Príncipe constante«. In: Hispanic Review 37, 1969, 452-458

Sloane, Robert: Action and Role in *El príncipe constante*. In: MLN, 85, 1970, 167-183

Sloman, Albert E.: The Sources of Calderón's *El príncipe constante*. Oxford 1950

Spitzer, Leo: Die Figur der Fénix in Calderón's *Standhaften Prinzen*. In: Romanistisches Jahrbuch 10, 1959, 305-336

Strosetzki, Christoph: El milagro en Calderón. In: Manfred Tietz (Hg.): Texto e imagen en Calderón. Undecimo coloquio anglogermano sobre Calderón. St. Andrews, Escocia 1996, Stuttgart 1998, 240-253

Suscavage, Charlene E.: The Tragedy of the Hero's Achievement. In: dies., Calderón: the Imagery of Tragedy. New York 1991, 115-141

Valbuena Briones, A.: Perspectiva crítica de los dramas de Calderón. Madrid: Rialp 1965

Whitby, William M.: Structural Symbolism in Two Plays of Pedro Calderón de la Barca. Diss. Yale 1954

Wilson, Edward M.: Duncan Moir, The Golden Age: Drama 1492-1700. London, New York: Ernst Barnes und Noble 1971

6.   Autos sacramentales

Texte

Autos sacramentales. Enrique Rull Fernández (Hg.). Madrid. Fundación José Antonio de Castro, 1996-1997, 2 Bde.

El gran teatro del mundo. In: José Alcalá-Zamora und José María Díez Borque (Hg.): Pedro Calderón de la Barca. Obras Maestras. Madrid: Castalia 2000, 659-677

Das grosse Welttheater. Übers. von Hans Gerd Kübel und Wolfgang Franke, Kassel: Reichenberger 1999

Los encantos de la culpa. In: Angel Valbuena Prat (Hg.): Obras completas, Bd. 3: Autos sacramentales. Madrid: Aguilar 1952, 405-421

Loa para el auto sacramental intitulado *La segunda esposa y triunfar muriendo*. In: Pedro Calderón de la Barca. Una fiesta barroca. Loa para el auto. Entremés de los instrumentos [...], José María Díez Borque (Hg.). Madrid: Taurus 1984, 141-147

Forschungsliteratur

Arellano, Ignacio: Diccionario de los autos sacramentales de Calderón. Pamplona, Kassel 2000

Arellano, Ignacio: Los estudios sobre los autos sacramentales de Calderón. In: Luciano García Lorenzo (Hg.): Estado actual de los estudios calderonianos. Kassel 2000, 325-349

Bartrina, Sebastián: Contenido Bíblico en *El gran teatro del mundo*. In: Razón y Fé 158, 1958, 337-354

Blanco, Mercedes : El conceptismo en los autos sacramentales de Calderón. In: Ignacio Arellano u.a. (Hg.): Studia aurea, II, Teatro, Actas del III congreso de la AISO. Toulouse 1993, 75-85

Briesemeister, Dietrich: La interpretación y versión alemana de *El gran teatro del mundo* por Hans Urs von Balthasar. In: Hans Flasche (Hg.): Hacia Calderón. Décimo coloquio anglogermano. Passau 1993, Stuttgart 1994, 175-183

Briesemeister, Dietrich: La metafórica y puesta en escena en algunos autos sacramentales. In: Hans Flasche (Hg.): Hacia Calderón. Séptimo Coloquio Anglogermano. Cambridge 1984, Stuttgart 1985, 65-78

Bunes Ibarra, Miguel Angel de: El islam en los autos sacramentales de Pedro Calderón de la Barca. In: Revista de Literatura 1991, 53 (105), 63-83

Bustos, Eugenio de: Das »auto sacramental« Calderóns und sein Zusammenhang mit dem Fronleichnamsfest. In: Angel San Miguel (Hg.): Calderón. Fremdheit und Nähe eines spanischen Barockdramatikers. Akten des internationalen Kongresses anläßlich der Bamberger Calderón-Tage 1987. Frankfurt a.M. 1988, 115-145

Canet Vallés, José Luis: De la comedia humanística al teatro representable. Universidad de Sevilla, Universitat de València 1993

Cliveti, A.L., I. Arellano: Bibliografía crítica sobre el auto sacramental, Pamplona. Kassel: Reichenberger 1994

Delgado Morales, Manuel: La sinagoga y el judaísmo en los autos sacramentales de Calderón. In: Segismundo 39-40, 1984, 135-144

Díez Borque, José María: Calderón de la Barca. Una fiesta sacramental barroca. Madrid: Taurus 1983

Díez Borque, José María: El auto sacramental en los corrales de comedias. In: Hans Flasche (Hg.): Hacia Calderón. Noveno Coloquio Anglogermano. Liverpool 1990, Stuttgart 1991, 45-53

Egido, Aurora: El epílogo en los autos sacramentales de Calderón. In: Michel Moner (Hg.): Le livre et l' édition dans le monde hispanique, XVIe -XX siècles. Pratiques et discours paratextuels. Actes du colloque international Grenoble 1991. Grenoble 1992, 161-186

Egido, Aurora: El gran teatro de Calderón. Personajes, temas, escenografía. Kassel 1995

Egido, Aurora: La fábrica de un auto sacramental: *Los encantos de la culpa*. Salamanca 1982

Flasche, Hans: Die Struktur des auto sacramental *Los encantos de la culpa*. In: Hans Flasche: Über Calderón. Wiesbaden 1980, 533-575

Friedrich, Hugo: Der fremde Calderón, Freiburg 1955

Frutos, Eugenio: La filosofía de Calderón en sus autos sacramentales. Zaragoza 1952

Gewecke, Frauke: Thematische Untersuchungen zu dem vor-calderonianischen »auto-Sacramental«. Gent 1974

González Gutiérrez, Cayo : El teatro escolar de los jesuitas en la edad de oro (II). In: Cuadernos para Investigación de la Literatura Hispánica 19, 1994, 7-126

Hillach, Ansgar: Das spanische Fronleichnamsspiel zwischen Theologie und humaner Selbstfeier. In: Titus Heydenreich (Hg.): Pedro Calderón de la Barca (1600-1681). Beiträge zu Werk und Wirkung. Erlangen 1982, 45-61

Karnick, Manfred: Rollenspiel und Welttheater. München 1980

Kurtz, Barbara E.: »Cuestiones de la sacra teología«: Cuestiones de la apostasía en los autos de Calderón. In: Ysla Campbell (Hg.): El escritor y la escena II. Actas del II congreso de la Asociación internacional de teatro español y novohispano de los Siglos de Oro. 1993 Ciudad Juárez, Universidad autónoma de ciudad Juárez 1994, 165-174

Kurtz, Barbara E.: Calderón de la Barca contra la Inquisición: *Las órdenes militares* como proceso y como pieza. In: Actas del undécimo congreso de la Asociación internacional de hispanistas, Irvine, 24-29 de agosto de 1992. Madrid 1994, 146-154

Lorenz, Erika: Weltmakel und Eucharistie. In: Romanische Forschungen 73, 1961, 393-398

Maraniss, James E.: On Calderón. Columbia, London 1978

Marcos Villanueva, Balbino: La ascética de los jesuitas en los autos sacramentales de Calderón. Universidad de Deusto 1973, 41-49

Martínez Torrón, Diego: El mito de Circe y *Los encantos de la culpa*. In: Luciano García Lorenzo (Hg.): Calderón. Actas del »Congreso internacional sobre Calderón y el teatro español del siglo de oro«. Madrid 1981, Bd. 2. Madrid: CSIC 1983, 701-712

Michelsen, Peter: Das »Grosse Welttheater« bei Pedro Calderón und Hugo von Hofmannsthal. In: Theodor Berchem und Siegfried Sudhof (Hg.): Pedro Calderón de la Barca. Vorträge anläßlich der Jahrestagung der Görres-Gesellschaft 1978. Berlin 1983, 29-47

Pollmann, Leo: »Das große Welttheater« – eine Ontologie des Barock. In: San Miguel, Angel (Hg.): Calderón: Fremdheit und Nähe eines spanischen Barockdramatikers. Frankfurt a.M. 1988, 147-160

Reichenberger, Kurt: Calderóns Welttheater und die autos sacramentales. In: Franz Link und Günter Niggl (Hg.): Theatrum mundi. Berlin 1981, 161-175

Rodríguez Puértolas, Julio: La transposición de la realidad en los autos sacramentales de Calderón. In: Luciano García Lorenzo (Hg.): Actas del congreso internacional sobre Calderón y el teatro español del siglo de oro. Madrid 1983, 751-758

Sánchez, Alberto: Estructura conceptual trimembre en *El gran teatro del mundo*, de Calderón. In: Luciano García Lorenzo (Hg.): Calderón. Actas del »Congreso internacional sobre Calderón y el teatro español del siglo de oro«, Bd. 2. Madrid: CSIC 1983, 769-787

Schulte, Irmhild: Buch- und Schriftwesen in Calderóns weltlichem Theater. Bochum 1938

Shumway, Nicolas, Calderón and the Protestant Reformation: A View from the Autos Sacramentales. In: Hispanic Review 49, 1981, 329-348

Strosetzki, Christoph: Aspectos de »A Dios por razón de estado«: de la Trinidad al Dios ignorado. In: Ignacio Arellano u.a. (Hg.): Divinas y humanas letras. Doctrina y poesía en los autos sacramentales de Calderón. Kassel 1997, 507-525

Tietz, Manfred: La reacción de los personajes en los autos sacramentales: refexión y emoción. In: Hans Flasche (Hg.): Hacia Calderón. Séptimo Coloquio Anglogermano. Cambridge 1984, Stuttgart 1985, 91-101

Tietz, Manfred: Los autos sacramentales de Calderón y el vulgo ignorante. In: Hans Flasche (Hg.): Hacia Calderón. Sexto Coloquio Anglogermano. Würzburg 1981, Wiesbaden 1983, 78-87

Tietz, Manfred: Pedro Calderón de la Barca *El gran teatro del mundo*. In: Volker Roloff und Harald Wentzlaff-Eggebert (Hg.), Das spanische Theater vom Mittelalter bis zur Gegenwart. Düsseldorf 1988, 179-200
Vitoria, Baltasar de: Teatro de los Dioses de la gentilidad. Madrid 1646
Ynduráin, Domingo: El gran teatro de Calderón y el mundo del XVII. In: Segismundo X, 1-2. Madrid 1974, 17-71
Zafra, Rafael: Concordancias de los autos, (http://griso.cti.unav.es/)

7. Teatro breve

Texte

Las carnestolendas (entremés). In: José Alcalá-Zamora und José María Díez Borque (Hg.): Pedro Calderón de la Barca. Obras Maestras. Madrid: Castalia 2000, 721-726
Las visiones de la muerte (mojiganga). In: José Alcalá-Zamora und José María Díez Borque (Hg.): Pedro Calderón de la Barca. Obras Maestras. Madrid: Castalia 2000, 741-746
Teatro cómico breve. María Luisa Lobato (Hg.). Kassel 1989
Entremeses y mojigangas de Calderón para sus Autos sacramentales, Agustín de la Granja (Hg.). Granada : Universidad de Granada 1981
Der grosse Ehezwist. Ein Spiel vom Leib und der Seele. Übersetzung von *El pleyto matrimonial* durch Bernard Michael Steinmetz. Paderborn: Junfermann 1952

Forschungsliteratur

Arellano, Ignacio: Para el repertorio de los sacramentales calderonianas. Un autógrafo inédito de Calderón: la loa auténtica de »El Año Santo de Roma«. In: Criticón 62, 1994, 7-32
Bachtin, M.M.: L'oeuvre de François Rabelais et la culture populaire au Moyen âge et sous la Renaissance, Paris, Bibliothèque des idées 1970
Buezo, Catalina: La mojiganga dramática. De la fiesta al teatro. I. estudio. Kassel 1993
Fernández Oblanca, Justo: Literatura y sociedad en los entremeses del siglo XVII. Universidad de Oviedo 1992
Flasche, Hans: Die Struktur der Hof-Laudatio in den »Loas« der autos Calderóns. In: August Buck (Hg.): Europäische Hofkultur im 16. und 17. Jahrhundert. Hamburg 1981, 277-285
García Lorenzo: Luciano, Notas sobre lo grotesco y Calderón: La »Mojiganga de las visiones de la muerte«. In: Philologia hispaniensia in honorem Manuel Alvar, Bd. III. Madrid: Gredos 1986, 177-185
Granja, Agustín de la: Bárbula convida: texto, fecha y circunstancias de una mojiganga desconocida de Calderón. In: Criticón 37, 1987, 117-168
Granja, Agustín de la: Calderón de la Barca y el entremés de *La melancólica*. In:

Ascua de veras. Estudios sobre la obra de Calderón. Universidad de Granada 1981, 57-85

Granja, Agustín de la: Cinco obras cortas atribuibles a Calderón. In: Bulletin hispanique 86, 1-2, 1984, 355-378

Granja, Agustín de la: El entremés: La larga risa de un teatro breve. In: Ignacio Arellano, Víctor García Ruiz, Marc Vitse (Hg.): Del horror a la risa. Homenaje a Christiane Faliu-Lacourt. Kassel 1994, 161-189

Granja, Agustín de la: Entremeses y mojigangas de Calderón para sus autos sacramentales. Granada: Universidad de Granada 1982, 11-58

Granja, Agustín de la, María Luisa Lobato: Bibliografía descriptiva del teatro breve español (siglos XV-XX), Frankfurt a.M. 1999 (Biblioteca áurea hispánica 8)

Greer, Margaret R.: La vida es sueño- ¿o risa?: Calderón Parodies the Auto. In: Bulletin of Hispanic Studies 72, 3, 1995, 313-325

Laitenberger, Hugo: Ehre und Ehrenrache in den Zwischenspielen von Calderón. In: Angel San Miguel (Hg.): Calderón. Fremdheit und Nähe eines spanischen Barockdramatikers. Akten des internationalen Kongresses anläßlich der Bamberger Calderón-Tage 1987. Frankfurt a.M. 1988, 95-113

Lobato, María Luisa: Segunda parte inédita del entremés Las jácaras atribuido a Calderón. In: RILCE, II, 1, 1986, 119-140

Lobato, María Luisa: Tres calas en la métrica del teatro breve español del Siglo de Oro: Quiñoles de Benavente, Calderón y Moreto. In: Karl-Hermann Körner und Günther Zimmermann (Hg.): Homenaje a Hans Flasche. Festschrift zum 80. Geburtstag am 25. November 1991. Stuttgart 1991, 113-154

Lobato, María Luisa: Un códice de teatro desconocido del siglo XVII. Edición de la mojiganga La pandera de Calderón. In: Criticón 37, 1987, 169-201

Rodríguez Cuadros, Evangelina, Antonio Tordera: Calderón y la obra corta dramática del siglo XVII. London: Tamesis 1983

Rodríguez Cuadros, Evangelina: La gran dramaturgia de un mundo abreviado. In: Edad de Oro, V, primavera 1986, 203-216

Rodríguez Cuadros, Evangelina: La sonrisa de Menipo: El teatro breve de Calderón ante su cuarto centenario. In: Luciano García Lorenzo (Hg.): Estado actual de los estudios calderonianos. Kassel 2000, 99-186

Rodríguez Cuadros, Evangelina, y Antonio Tordera: Calderón y la obra corta dramática del siglo XVII, London Tamesis 1983

Varey, John: Del »entrames« al entremés. In: L. Quirante Santacruz (Hg.): Teatro y espectáculo en la Edad Media. Actas del Festival d'Elx 1990, Alicante, Instituto de cultura »Juan Gil Albert« 1992

Wilson, Edward M.: Una obra menor de Pedro Calderón. In: Studia hispanica in honorem R. Lapesa, Bd. 1. Madrid: Gredos 1972, 597-608

8.   Rezeption und Wirkung

Amezcua, José: Notas sobre la ideología de Calderón. In: Anthropos. Extraordinarios 1, 1997, 55-60

Briesemeister, Dietrich: La crítica calderoniana en Alemania durante la segunda mitad del siglo XIX. In: Hans Flasche, Robert D. F. Pring-Mill (Hg.): Hacia

Calderón. Quinto Coloquio Anglogermano. Oxford 1978, Wiesbaden 1982, 83-92

Briesemeister, Dietrich: Sobre la traducción de autos sacramentales por Joseph von Eichendorff. In: Hans Flasche (Hg.): Hacia Calderón. Segundo Coloquio Anglogermano. Hamburgo 1970, Berlin, New York 1973, 27-33

Brüggemann, Werner: Spanisches Theater und deutsche Romantik. Münster 1964

Buck, August: Vives' *Fabula de homine* im Kontext der »dignitas hominis«-Literatur der Renaissance. In: Christoph Strosetzki (Hg.): Juan Luis Vives. Sein Werk und seine Bedeutung für Spanien und Deutschland. Frankfurt a.M. 1995, 1-8

Canavaggio, Jean: El hispanismo francés ante Calderón: Algunas observaciones sobre la bibliografía del silencio. In: José Manuel López de Abiada, Augusta López Bernarsocchi (Hg.): De los romances-villancico a la poesía de Claudio Rodriguez: 22 ensayos sobre las literaturas española y hispanoamericana en homenaje a Gustav Siebenmann. Madrid: E. Estebana 1984, 65-80

Cardona Castro, Angeles: Recepción, incorporación y crítica de la obra calderoniana en Alemania desde 1658 a 1872. In: Sebastian Neumeister (Hg.): Actas del IX congreso de la asociación internacional de hispanistas. Frankfurt a.M. 1989, 181-393

Cardona-Castro, Angeles: Temas literarios coincidentes en Calderón y Schiller: *La devoción de la Cruz* y »Die Räuber«. In: Hans Flasche (Hg.): Hacia Calderón. Octavo Coloquio Anglogermano. Bochum 1987, Stuttgart 1988, 118-129

Carnero, Guillermo: El teatro de Calderón como arma ideológica en el origen gaditano del romanticismo español. In: Cuadernos de Teatro Clásico 1990, 5, 125-139

Cioranescu, Alejandro: Calderón y el teatro clásico francés. In: Henry W. Sullivan u. a. (Hg.): La comedia española y el teatro europeo del siglo XVII. London: Tamesis 1999, 37-81

Durán, Manuel, Roberto González Echevarría: Calderón y la crítica: Historia y antología. Madrid: Gredos 1976

Engelbert, Manfred: Calderón de la Barca. In: Klaus Portl (Hg.), Das spanische Theater. Von den Anfängen bis zum Ausgang des 19. Jahrhunderts. Darmstadt 1985, 240-279

Franzbach, Martin: La recepción de la comedia en la Europa de lengua alemana en el siglo XVII. In: Henry W. Sullivan u. a. (Hg.): La comedia espanola y el teatro europeo del siglo XVII. London: Tamesis 1999, 175-185

Franzbach, Martin: Untersuchungen zum Theater Calderóns in der europäischen Literatur vor der Romantik. München 1974

Friedrich, Hugo: Der fremde Calderón. Freiburg 1955

Hernández-Araico, Susana: Ironía y tragedia en Calderón. Berkeley 1986, Scripta humanistica 25

Hernández-Araico, Susana: Revisión semiótica del drama mitológico calderoniano. In: Bulletin of the Comediantes, Vol. 39, Summer 1987, No. 1, 273-280

Küpper, Joachim: Diskurs-Renovatio bei Lope de Vega und Calderón. Untersuchungen zum spanischen Barockdrama. Mit einer Skizze zur Evolution der Diskurse in Mittelalter, Renaissance und Manierismus. Tübingen 1990

Lauer, A. Robert: La imagen del rey tirano en el teatro calderoniano. In: Hans

Flasche (Hg.): Hacia Calderón. Octavo Coloquio Anglogermano. Bochum 1987, Stuttgart 1988, 65-76

Maravall, José Antonio: La cultura del Barroco. Barcelona: Ariel 1975

Mattauch, Hans, Calderón ante la crítica francesa (1700-1850). In: Hans Flasche, Karl-Hermann Körner, Hans Mattauch (Hg.): Hacia Calderón. Cuarto Coloquio Anglogermano. Wolfenbüttel 1975, Berlin, New York 1979, 71-82

Morel Fatio, Alfred: La comedia espagnole du XVIIe siècle. Paris: Champion 1923

Parker, A.A.: The King as Centre of Political Life. In: The mind and art of Calderón. Essays on the Comedias. Cambridge: Cambridge University Press 1988, 241-249

Regalado, Antonio: Calderón. Los orígenes de la modernidad en la España del Siglo de Oro. Barcelona 1995

Rivera de Rosales, Jacinto: Sueño y Realidad. La ontología poética de Calderón de la Barca. Hildesheim, Zürich, New York 1998

Strosetzki, Christoph: Calderón y la imagen de España entre los románticos franceses. In: Hans Flasche (Hg.): Hacia Calderón. Décimo Coloquio Anglogermano. Passau 1993, Stuttgart 1994, 91-104

Strosetzki, Christoph: Die Beschäftigung mit den spanischen Humanisten im Deutschland des 19. Jahrhunderts. In: Manfred Tietz (Hg.): Das Spanieninteresse im deutschen Sprachraum. Beiträge zur Geschichte der Hispanistik vor 1900. Frankfurt a.M. 1989, 22-33

Sullivan, Henry W.: Calderón in the German Lands and the Low Countries: His Reception and Influence, 1654-1980. Cambridge 1983

Sullivan, Henry W.: El Calderón alemán: recepción e influencia de un genio hispano (1654-1980). Übers. aus dem Engl.: Milena Grass. Frankfurt a.M. 1998

Tietz, Manfred: Stimmen zu Calderón in Spanien und Deutschland. In: Denzler, Georg, (Hg.): Calderón. 1600-1681. Bamberger Vorträge zum 300. Todesjahr. Bamberg 1983, 47-65

Tous, Pere Juan i: Calderón, ideologischer Kronzeuge oder literarisches Paradigma im katholischen Deutschland des 19. Jahrhunderts?. In: Angel San Miguel (Hg.): Calderón. Fremdheit und Nähe eines spanischen Barockdramatikers. Akten des internationalen Kongresses anläßlich der Bamberger Calderón-Tage 1987. Frankfurt a.M. 1988, 191-207

Urzainqui, Inmaculada: De nuevo sobre Calderón en la crítica del siglo XVIII. In: Luciano García Lorenzo (Hg.): Actas del Congreso internacional sobre Calderón y el teatro español del siglo de oro. Madrid 1983, 1493-1512

Vitse, Marc: Calderón trágico. In: Anthropos. Extraordinarios 1, 1997, 61-64

Wordropper, Bruce W.: The Standing of Calderón in the Twentieth Century. In: Michael D. McGaha, Approaches to the Theater of Calderón. Lanham, New York, London: University Press of America 1982, 1-16

Verzeichnis der wichtigsten spanischen Titel mit Übersetzung

A Dios por razón de Estado (*Zu Gott aus Staatsklugheit*)
Amor, honor y poder (*Liebe, Ehre und Macht*),
Arte nuevo de hacer comedias (*Die neue Kunst Theaterstücke zu machen*)
Bodas de sangre (*Bluthochzeit*)
Casa con dos puertas mala es de guardar (*Ein Haus mit zwei Türen ist schwer zu hüten*)
Contra valor no hay desdicha (*Gegen Mut gibt es kein Unglück*)
Doce trabajos de Hércules (*Zwölf Arbeiten des Herakles*)
Eco y Narciso (*Echo und Narziß*)
El alcalde de Zalamea (*Der Bürgermeister von Zalamea*)
El arte de la pintura (*Die Kunst der Malerei*)
El astrólogo fingido (*Der falsche Astrologe*)
El burlador de Sevilla (*Der Verführer von Sevilla*)
El desafío de Juan Rana (*Die Herausforderung des Juan Rana*)
El escondido y la tapada (*Der Versteckte und die Verhüllte*)
El golfo de las Sirenas (*Der Golf der Sirenen*)
El gran teatro del mundo (*Das große Welttheater*)
El hijo del Sol Faetón (*Phaethon, der Sohn der Sonne*)
El mayor encanto amor (*Der größte Zauber ist Liebe*)
El mayor monstruo del mundo (*Das größte Ungeheuer der Welt*)
El mayor monstruo, los celos (*Das größte Ungeheuer, die Eifersucht*)
El mayorazgo (*Das Mayorat*)
El mágico prodigioso (*Der wunderbare Zauberer*)
El médico de su honra (*Der Arzt seiner Ehre*)
El monstruo de los jardines (*Das Ungeheuer der Gärten*)
El nuevo palacio del Retiro (*Der neue Retiropalast*)
El pintor de su deshonra (*Der Maler seiner Schmach*)
El príncipe perseguido (*Der verfolgte Fürst*)
El príncipe constante (*Der standhafte Prinz*)
El sitio de Bredá (*Die Belagerung von Breda*)
El teatro de los dioses de la gentilidad (*Der Schauplatz der Götter der Heiden*)
El tirano castigado (*Der bestrafte Tyrann*)
En esta vida todo es verdad y todo mentira (*In diesem Leben ist alles Wahrheit und alles Lüge*)
Entremés del Triunfo de Juan Rana (*Zwischenspiel des Triumphes des Juan Rana*)
Fieras afemina amor (*Wilde macht Liebe weiblich*)
Fortunas de Andrómeda y Perseo (*Schicksale der Andrómeda und des Perseus*)
Hado y divisa de Leonido y Marfisa (*Schicksal und Devise von Leonido und Marfisa*)
Idea de un príncipe cristiano (*Die Konzeption eines christlichen Fürsten*)
La aurora en Copacabana (*Die Morgenröte in Copacabana*)
La cisma de Inglaterra (*Das Schisma von England*)
La cruz en la sepultura (*Das Kreuz im Grab*)
La dama duende (*Dame Kobold*)
La devoción de la Cruz (*Die Andacht zum Kreuz*)
La elección de los alcaldes de Daganzo (*Die Wahl der Bürgermeister von Daganzo*)
La estatua de Prometeo (*Die Statue des Prometheus*)

La exaltación de la Cruz (*Kreuzerhöhung*)

La fiera, el rayo y la piedra (*Die Waldfrau, der Strahl und der Stein*)

La gran Cenobia (*Die große Zenobia*)

La hija del aire (*Die Tochter der Luft*)

La locura por la honra (*Die Verrücktheit nach Ehre*)

La philosophia secreta (*Die geheime Philosophie*)

La segunda esposa y triunfar muriendo (*Die zweite Braut und sterbend triumphieren*)

La venganza de Tamar (*Die Rache Tamars*)

La victoria de la honra (*Der Sieg der Ehre*)

La vida es sueño (*Das Leben ist ein Traum*),

Las órdenes militares (*Die Ritterorden*)

Libro de las claras y virtuosas mugeres (*Buch über die berühmten und tugendhaften Frauen*)

Lo que va del hombre a Dios (*Was von Mensch zu Gott reicht*)

Loa entre un villano y una labradora (*Lob zwischen einem Nichtadligen und einer Bäuerin*)

Los cabellos de Absalón (*Die Haare Absalóns*)

Los encantos de la culpa (*Die Zauberei der Schuld*)

Los valles de Sopetrán (*Die Täler Sopetráns*)

Menosprecio de corte y alabanza de aldea (*Geringschätzung des Hofes und Lob des Landes*)

No hay burlas con el amor (*Die Liebe läßt nicht mit sich spaßen*)

No hay cosa como callar (*Nichts geht über Schweigen*)

Nuevo Mundo descubierto por Colón (*Die Neue Welt, entdeckt von Kolumbus*)

Oráculo manual (*Handorakel*)

Pleito matrimonial del Alma y el Cuerpo (*Der Eheprozeß von Leib und Seele*)

Reprobación de las supersticiones y hechicerías (*Tadel des Aberglaubens und der Zauberei*)

Tratado de la verdadera y falsa prophecia (*Traktat über die wahre und falsche Prophezeiung*)

Personenregister

Sammlung Metzler

Printed in the United States
By Bookmasters